Theologie interkulturell
Band 26

Die Reihe »Theologie interkulturell«
wird herausgegeben von »Theologie interkulturell« e. V.
am Fachbereich Katholische Theologie
der Johann Wolfgang Goethe-Universität
Frankfurt am Main
www.theologie-interkulturell.de

Leif E. Vaage

Trauma – Erzählung – Befreiung

Das Markusevangelium aus amerikanischer Perspektive

Matthias Grünewald Verlag

VERLAGSGRUPPE PATMOS

PATMOS
ESCHBACH
GRÜNEWALD
THORBECKE
SCHWABEN

Die Verlagsgruppe
mit Sinn für das Leben

Der Herausgeber dankt Beate Müller für die Übersetzung der Gedichttexte aus dem Englischen sowie für die Übersetzung einiger Textpassagen aus dem Spanischen in Kooperation mit Benedikt Rikels.

Für die Verlagsgruppe Patmos ist Nachhaltigkeit ein wichtiger Maßstab ihres Handelns. Wir achten daher auf den Einsatz umweltschonender Ressourcen und Materialien.

Bibliografische Information der Deutschen Nationalbibliothek
Die Deutsche Nationalbibliothek verzeichnet diese Publikation in der Deutschen Nationalbibliografie; detaillierte bibliografische Daten sind im Internet über http://dnb.d-nb.de abrufbar.

Umschlaggestaltung: Finken & Bumiller, Stuttgart
Satz: Andrea Töcker, Neuendettelsau
Druck: CPI – buchbücher.de, Birkach
Hergestellt in Deutschland
ISBN 978-3-7867-3027-9

Inhalt

Vorwort

Kapitel I
Anfang eines Evangeliums aus der Neuen Welt

Kapitel II
Das Trauma des Überlebens:
Eine kleine Einführung in das Markusevangelium

Kapitel III
Nur eine Leidensgeschichte:
Die „Versuchung des Scheiterns"
(Erster Teil)

Kapitel IV
Nur eine Leidensgeschichte: Die „Versuchung des Scheiterns“ (Zweiter Teil)

Kapitel V
Die Apokalypse ist schon vorbei: Wie tritt man jetzt in das Gottesreich ein?

Kapitel VI
(Ur) Christentum ohne Kirche? Was heißt Nachfolge Jesu im Markusevangelium?

Kapitel VII
Was für eine Lehre ist dies? Das Mysterium der Befreiung

Kapitel VIII
Wundermesse: Das Angesicht Gottes im (traumatischen) Alltag

Kapitel IX
Was noch gesagt werden muss …

Nachwort

Vorwort

In diesem Buch wird man bald merken, dass ich ab und zu provoziere. Das ist aber nur so, weil ich hier versuche, das Markusevangelium auf eine Weise auszulegen, die nicht der üblichen wissenschaftlichen Praxis entspricht.[1] Dieser Versuch soll aber trotzdem eine geschichtliche Interpretation des biblischen Textes darstellen. Ich unternehme diesen Interpretationsversuch, weil mir das Markusevangelium eine andere Geschichte Jesu zu erzählen scheint als die, die in den drei anderen kanonischen Evangelien erzählt wird.

Darum glaube ich auch, dass sich aus dem Markusevangelium ein ganz anderes Bild des Urchristentums entwickeln lässt als das Bild, das die Bibelwissenschaft im Allgemeinen zeichnet. Und deshalb glaube ich außerdem, dass man im Markusevangelium ein ganz anderes „Evangelium von Jesus Christus, dem Sohn Gottes" zu lesen bekommt als das, was wir oft als „die" urchristliche Frohe Botschaft verstanden haben.

Aus irgendeinem Grund provoziert das immer noch.

1. *Was heißt „Geschichte" in diesem Buch?*

Ich habe gesagt, dieses Buch solle zwar eine geschichtliche Interpretation des Markusevangeliums vorlegen. Was aber heißt in diesem Fall „geschichtlich"? Der Titel des Buches hat schon eine knappe Antwort darauf gegeben, nämlich: „Trauma – Erzählung – Befreiung". Ich versuche jetzt, dies noch etwas genauer zu erklären.

Wenn man prinzipiell das Wort „Geschichte" versteht als eine Art Erinnerung oder Gedenken an das, was „eigentlich gewesen war", dann fragt man sich bei einer Auslegung des Markusevangeliums in diesem geschichtlichen Sinn, ob die Erzählung tatsächlich stimmt, d.h. ob sie wortwörtlich oder auf andere Weise beschreibt, was einmal „wirklich" gesagt wurde oder passiert ist. Darum liest man z.B. die Leidensgeschichte Jesu im Markusevangelium aus dieser geschichtlichen Perspek-

---

1 Vgl. den berühmten Spruch einer Frau im Roman *Todas las sangres* (Buenos Aires 1968) des peruanischen Schriftstellers und Anthropologen José María Arguedas: „Yo siento a Dios de otro modo" (Ich spüre Gott auf eine andere Weise"); auch Gustavo Gutiérrez, *Entre las calandrias: Un ensayo sobre José María Arguedas*, Lima 1990.

tive, um zu erfahren, wie in Jerusalem der einzigartige Jude aus Nazareth verhaftet wurde und gestorben ist.

Wenn man aber prinzipiell die Geschichte Jesu im Markusevangelium als eine Erzählung innerhalb der urchristlichen Literatur versteht, die vor allem die Vorstellungen des urchristlichen Schriftstellers vermitteln soll, dann fragt man sich bei dieser geschichtlichen Auslegung des Markusevangeliums, wie der Text erzählerisch funktioniert, d.h. wie das Markusevangelium literarisch aufgebaut ist und rhetorisch wirken soll. In diesem Fall liest man z.B. die Leidensgeschichte Jesu, um zu verstehen, wie der Jesus, der nur in diesem Text erscheint, dargestellt wird.

Wenn man aber prinzipiell die Geschichte Jesu im Markusevangelium versteht als eine Art „Mythos" bzw. als Zeugnis eines Lebensprojektes, das im Namen Jesu vorgestellt wird, dann fragt man sich bei dieser geschichtlichen Auslegung des Markusevangeliums, was eigentlich der Sinn der Erzählung ist in Bezug auf ihre anthropologische, politische, theologische Wirkung, d.h. was für eine „Lebensweisheit" der Text eigentlich vermitteln will. Dann liest man z.B. die Leidensgeschichte Jesu im Markusevangelium, um zu erkennen, ob und inwiefern die Stimme des Evangelisten, die in diesem Text und als dieser Text noch präsent ist, uns ein Zeichen hinterlassen hat, das uns helfen kann, auf dem Weg weiterzugehen, der zu einem erfüllten oder erfüllteren Leben führen wird.[2]

---

2 Im 21. Kapitel des ersten Buches des Werkes *Über den Wortlaut der Genesis* (*De Genesi ad litteram*) hat der Kirchenvater Augustinus diese Fragestellung folgendermaßen beschrieben: „Man wird mich wohl fragen: Wo liegt der echte Ertrag an den Körnern, die du bei diesem angestrengten Dreschen herausgeklopft hast? Warum bleibt beinahe alles doch nur in den Fragen stecken? Stell doch etwas von den vielen Deutungen dieser oder jener Stelle einmal endgültig fest! Da antworte ich [...] Und wenn wir beim Lesen der göttlichen Bücher auf eine so große Zahl von Deutungsmöglichkeiten stoßen, die aus den wenigen Worten zu ermitteln sind und durch die Nüchternheit des katholischen Glaubens gesichert werden, wollen wir am liebsten diejenige wählen, bei der es uns am meisten gewiß erscheint, daß sie die Meinung dessen ist, den wir lesen. Bleibt das aber verborgen, dann wird der Zusammenhang der Schrift die Übereinstimmung mit dem gesunden Glauben nicht verhindern. Sollte aber auch der Zusammenhang kein klares Ergebnis bieten können, bleibt schließlich das allein, was der gesunde Glaube vorschreibt. Denn es ist zweierlei: nicht zu erkennen, was der Autor sich am ehesten gedacht hat, und von der Glaubensregel abzuweichen. Werden diese beiden Schwierigkeiten vermieden, ist die Frucht des Lesers vollkommen. Läßt sich aber beides nicht vermeiden, auch wenn die Intention des Autors ungewiß ist, wird es doch nicht nutzlos sein, zumindest eine Meinung ermittelt zu haben, die dem gesunden Glauben entspricht." Siehe Aurelius Augustinus, *Über den Wortlaut der Genesis*, übersetzt von Carl Johann Perl, 2 Bde., Paderborn 1961, 35–36.

2. *Der Aufbau des Buches*

Der Aufbau des Buches spiegelt das zuvor beschriebene dreifache Verständnis von Geschichte wider.[3] Darum geht es im ersten Teil des Buches – in den ersten zwei Kapiteln – um die Menschen, die einerseits urprünglich für das Markusevangelium und andererseits für die vorliegende Vorlesungsreihe über den biblischen Text verantwortlich sind. Zwischen dem Inhalt des ersten und dem des zweiten Kapitels gibt es selbstverständlich eine große Spannung. Vielleicht sollte man besser Kluft sagen. Der Mann, der hier das Markusevangelium „aus Amerika" auslegt, ist zweifelsohne nicht der Mensch, der ursprünglich diesen Text sozusagen „aus dem diskursiven Nichts" hervorgebracht hat. Zwischen dem heutigen Leser und dem ursprünglichen Verfasser des Markusevangeliums – genauso aber wie zwischen dem Werk des Verfassers des Textes und dem sogenannten historischen Jesus – gibt es keine klare (offensichtliche) Kontinuität.

Im zweiten Teil des Buches – im dritten bis sechsten Kapitel – werden wir uns mit der Leidensgeschichte Jesu im Markusevangelium und auch mit dem Thema der Apokalyptik und der Nachfolge Jesu in diesem Text beschäftigen. Die Fragestellung ist hier hauptsächlich literarisch. Das Hauptziel ist zu erklären, wie die besprochenen Texte, die alle einen wichtigen Aspekt der Erzählung des Markusevangeliums darstellen, d.h. eine wichtige Rolle in diesem Erzählwerk spielen, eigentlich „funktionieren". Z.B. wird im dritten und auch im vierten Kapitel untersucht, was die Besonderheit der Erzählung der Leidensgeschichte Jesu im Markusevangelium innerhalb der urchristlichen Literatur ausmacht. Es ist deshalb notwendig, die Erzählung mit anderen Erzählungen und Texten ähnlicher Art zu vergleichen, damit die Besonderheit der Leidensgeschichte Jesu im Markusevangelium besser erkannt werden kann. Der Zweck dieses Vergleiches ist es nicht an erster Stelle, von ideologischen Einflüssen auf den Evangelisten oder von literarischen Quellen des Werkes reden zu können, sondern die Wahrnehmung der Eigentümlichkeiten der Erzählung zu ermöglichen bzw. zu schärfen. Dasselbe gilt dann auch für die Frage der Bedeutung der apokalyptischen Elemente, die ab und zu im Markusevangelium vorkommen, und für die überhaupt nicht schmeichelnde Beschreibung der Gruppe der Zwölf Nachfolger Jesu in diesem Text. Bezüglich dieser Themen ist die Hauptfrage: Was für eine Erzählung ist das Markusevangelium? Was für ein Text wurde hier vorgelegt?

---

[3] Das schließt auch die damit verbundene „geschichtliche" Lektüre des Markusevangeliums ein.

Im dritten Teil des Buches – in den drei letzten Kapiteln – geht es um das Lebensprojekt, dem das Markusevangelium entspricht. In diesem Teil wird das Markusevangelium ausgelegt als Zeugnis eines Versuchs, nach dem Trauma der vorangehenden Geschichte ein besseres „göttliches" Leben zu führen. Darum ist das Hauptthema im siebten Kapitel des Buches die Frage nach der Befreiung, im achten Kapitel die Frage nach dem Wunder des Noch-einmal-Wiederdaseins und im neunten Kapitel die Frage nach dem, „Was noch gesagt werden muss", um das Markusevangelium weiterhin im Dienste des Lebens nutzen zu können.

3. *Was heißt „aus amerikanischer Perspektive" in diesem Buch?*

Um den Ursprungsort der Vorlesungsreihe genauer zu bestimmen, beschreibe ich mich im ersten Kapitel des Buches als „eine Art *homo americanus*", d.h. ich komme aus Kanada. Das ist aber eine Aussage, die ziemlich vage ist angesichts der Größe und Vielfalt dieses Landes, die es unmöglich machen, den Kanadier *an sich* zu charakterisieren. Das Land ist einfach zu „porös" und „zersplittert", um als Einheit begriffen zu werden.

Auch komme ich nicht nur aus Kanada, sondern bin im Laufe des Lebens durch andere Länder der Erdteile, die „Amerika" heißen, geprägt worden. Zugleich ist mir aber immer klarer geworden, dass ich noch tagtäglich aus der Quelle meiner Kindheit im Nordwesten Kanadas trinke. Diese Kindheit habe ich in einem kleinen Tal in der Mitte der Provinz British Columbia verbracht, weit entfernt von allem, was man normalerweise „Zivilisation" nennt. Es war eine Welt, die sozusagen am Rande der herrschenden Realität der Zeit lag. Oder, wie es mir jetzt ab und zu vorkommt, auf der anderen Seite des Mondes.

Darum habe ich hier als Übergang zum ersten Kapitel dieses Buches eine kleine Gedichtsammlung eingefügt, deren ersten Entwurf ich vor ungefähr 25 Jahren schrieb, als ich noch in Lima, Peru, wohnte. In dieser Zeit, unter Umständen, die sehr schwierig waren, habe ich zunehmend das Gefühl gehabt, völlig abgeschnitten von allem zu leben, was meine Kindheit und Heimat anging. Damals dachte ich, dass es vielleicht für meine Kinder irgendwann hilfreich oder wünschenswert sein könnte, auf diese Weise einen Einblick in die „urgeschichtliche" Lebenswelt ihres Vaters zu bekommen. Die Gedichte wurden ursprünglich in englischer Sprache verfasst, sind aber hier ins Deutsche übersetzt worden. Die Stimme, die ansonsten in diesem Buch das Markusevangelium „aus amerikanischer Perspektive“ erklären soll, hat die Wirklichkeit dieser Welt früher folgendermaßen erfahren.

***

Damals

Wir kamen, als die Fußwege noch
Holzwege waren. Das Baum-Fort im Hinterhof, sagte man mir
eines Tages, gehöre immer noch denen, die dort
zuerst gespielt hatten.
In der dritten Klasse gab uns Frau Singlehurst noch immer
Unterricht im Schulhaus, das eine Feuerfalle war. Einmal
in der Woche saßen wir alle auf dem Treppenabsatz,
der alles miteinander verband,
und lernten singen.
Kumbaya. Eine dicke Dame
in weißem Kleid spielte Klavier. Dann
ging ich, direkt aus Afrika,
nach Hause.

Reise ins Dorf

Immer wenn sie wusste, die Zeit ist gekommen,
brauchten sie
wieder zwei Tage mit dem Hundeschlitten aus dem Tal hinaus,
wo sie eingeschneit sechs Monate im Jahr lebten,
mit Qualen auf dem ganzen Weg,
um anzukommen. Am Ende war er blind,
wie Joseph, als dieser in Ägypten einzog, geblendet
vom Licht, nach einem Drink lechzend.
Sie erholte sich und stillte
das sechste oder neunte Kind,
er war sich nicht ganz sicher, bald ernüchtert
durch die Heimreise.

Forts

Eines bauten wir auf Pfähle,
das schwankte, wenn der Wind wehte
oder wir uns innen bewegten.

Das andere mochte ich lieber:
nur ein Loch
hinter dem Zaun, bei den Wurzeln
eines vertrauten Waldes.
Jeder Eimer Dreck
noch eine Möglichkeit:
Versteck. Labyrinth. Zuhause
weg von zu Hause.

Früh geschafft
Zweifelsohne eine Hausaufgabe – Beschreibe etwas.
Wann habe ich einen Pferdeschlitten unterwegs im Schneefall gesehen?
Wie die Eskimos erfinden meine Mutter und ich
tausende Wörter für weißes,
wirbelndes Zeug.
Die Mutti sagt,
sie mochte es, wisse aber nicht, warum
sie es nicht behalten habe, wünscht nun
sie hätte es getan.
Es wurde dann noch ein loses Blatt
im Umschlag eines Bandes aus der Winter-Bibliothek
eines mönchischen Eichhörnchens.
Das Erstlingsfrucht-Opfer für den Despoten
eines ordentlichen Haushalts.
Neolithische Wandmalerei,
in den weichen Sandstein gekratzt

Heizungsklappe am Vorderfenster
Gitterstäbe aus Metall
wie die Gattersäge von Onkel Gordon oder
der Eierschneider für Vorspeisen,
den ich in Eatons Winterkatalog entdeckt hatte,
drücken sich, leicht warm, auf
in meine Füße
im Gebet am atembeschlagenen,
doppelt verglasten Vorderfenster,
das Feuer im Ofen möge bald
brennen.
Mohammed, der mir bekannt ist
aus der World Book Enzyklopädie,

weiß, wenn er wirklich
der Prophet ist, dass auch ich, obwohl nicht
zum Gebet niedergeworfen,
in einer anderen Wüste
dieselbe Morgenröte
erwarte.
Wie eine Enthüllung Gottes – immer
schon vorbei – ist – Ekstase! – die Hitze,
die mein Bein plötzlich
hochschießt.
Ich hätte dort ewig stehen
bleiben können,
Mönch auf seiner Säule, wachsam
auf das kleinste Beben achtend
unter der kalten Ruhe

Einmal im Winter
Einmal im Winter konnten wir
auf Schlittschuhen den See überqueren.
Die Kälte, tief und sicher,
kam vor leichtem Schneefall.
Als ob man flöge, die Zehen
in die Wolken eingetaucht.
Als sich das Eis unter uns spaltete
und Links von Rechts
getrennt wurde, gab es ein Geräusch,
das nur mehr Eis androhte.
Eine winzige Himmelfahrt,
wo wir im Sommer sanken.
Nicht die Nacht, sondern Bänder,
die gummiartig wurden, haben uns schließlich
zur Landung gezwungen.

Verrücktheit: Wintermitte
Warum er gerade da war, wird nur er
wissen. Und im Nachhinein gab es keine
sichere Erklärung mehr.
Auch der Bär hat nicht gesagt, was
ihn aufwachen ließ, ganz verdrossen
vor dem leeren Schrank.

Jeder traf den anderen, eingewickelt
in die Kälte.
Sein Pferd wurde unter ihm
niedergehämmert, als er hastig
auf einen Baum kletterte
wie ein Insekt, das verfaultes Obst
verlässt, von ärgerlichen Klauen
verfolgt, die eigentlich
nicht fressen wollten – nur
die Störung töten, um dann wieder
einzuschlafen.
Sein Gesicht wurde links
zerquetscht, als ob es
ein Moskito-Schädel wäre.
Das Dorf betrat er
irgendwann, umtanzt von Dämonen,
die nur er sehen konnte,
ein Einsiedler, vom heißen Sand
entlassen.

Rite de passage
Der Sommer begann mit der Stampede.
Alle saßen am Straßenrand, um beim jährlichen Umzug
die frisch gelegten Pferdeäpfel anzuschauen.
Bemalte Schaufenster der Geschäfte in der Hauptstraße
bewarben, was jeden Tag verkauft wurde.
Aus den Klippen über dem Stampede-Gelände
wuchsen über Nacht die Tipis.
Wenn man nach Anbruch der Dunkelheit
in den Kreis hinunterstieg, stieg
eine Lichtkuppel wie ein Pilz vor dem Auge auf,
die dann zu vier kopflosen
Wänden wurde, die eine nervöse Nacht
ausgossen. Ein Hämmern und Zittern.
Es war ein Tanz. Beim Auftakt schwebten
die Flaschen hoch, dann stürzten sie
innen musikalisch ab.
Am nächsten Morgen hat Charlie Harry
die ganze Straße als Bett in Beschlag genommen.
Der Verkehr stand still, bis ein Bruder kam und ihn,

mit dem Gesicht nach unten, zum Bordstein
schleppte.

Jüngstes Gericht
Zum hundertjährigen Jubiläum Kanadas
ließen sich die Dorfmänner Bärte wachsen.
Auch der Pastor, der derlei Drüsen nicht besitzen sollte
und sich auf Koteletten beschränkte. Mein Vater,
der Banker, ließ sich einen Van Dyke wachsen,
gut gepflegt, damit die Kunden wussten, dass er
noch alles unter Kontrolle hatte.
Am letzten Tag – es war
ein Wettbewerb – trafen sie sich
in einem Zimmer, das zum Maple Leaf Hotel
oder zur Travel Lodge gehörte.
Wir saßen neben einem Trapper,
der kein Wort sagte. Sein Gesicht aber
ergoss sich, rot, wie Zorn
über eine Brust hinunter, die so groß war
wie Gottes eigener heiliger Berg,
das Abschmelzen schneebedeckter Wangen
unter einem zweimal blauen Himmel.
Er bewegte sich nicht, als ich
weggespült wurde.

Zuckerrohr-Reservat
Weil er neugierig war, fuhren wir eines Sonntags hinaus,
um zu gucken.
Zusammengepferchte Häuser mit zerbrochenen Augen.
Eine alte Frau starrte, verwirrt, aus dem schmutzigen Fenster.
Ich habe gar nicht gehört, dass jemand in der Lotterie gewonnen hat.
Wie sollte man sonst den weißen Mercedes Benz erklären,
der auf der ungepflegten Allmende graste wie ein Pferd,
das fett von süßem Gras ist und langsam, am Gestrüpp
zupfend, herumscheißt.

Irgendwo
Um die Ecke, da sind sie,
als ob wir eine Streitmacht wären, plötzlich
von einer Elch-Herde umlagert.

Bullen, Kühe, groß, donnern
vorbei, Erdenmuskel angespannt
zum Taktschlag der Furcht,
der Überraschung.
Wir hatten zum Tyee Lake gewollt,
haben ihn erreicht,
blieben jedoch unsicher noch da, wo sie
uns verlassen haben, eine braune Strömung, die unsere
Dreistigkeit durchriss, die Nüstern weit
geöffnet, die Augen wild,
souverän.

Stör

Größer als der Mann,
der sie herausgeholt hatte.
Dick wie der Baumstamm,
an dessen Wurzeln er den Kopf abgelegt hat.
Umgedreht und gestreichelt von einem Trucker,
der zuerst die Kette eines Caterpillars um den Stamm gewickelt hat,
dann die Angelschnur mit Rumpfstück und allem in den Chilco River warf,
um sie wieder einzuholen und an ihr einen Appetit
wie den eigenen zu entdecken – alles
Blut und Stahl.
Mir war ich selber das, was
er aus dem weißen Toben herauszog: etwas
Fremdartiges, hohläugig, zerbrechliche Mutter
der harten schwarzen Eier,
die wir essen.

Chezicut

Der Reifen platzt eine halbe Stunde
von der Hauptstraße entfernt. Hinaus stolpern wir
Richtung Luft, von Tomahawk-Bäumen
umgeben, reparieren den Platten, fragen
uns nun, was wäre, wenn wir jetzt
noch einen Platten hätten, besteigen das Auto
wieder, kriechen auf Zehenspitzen
um die Ecke, wo das Haus liegt,
das wir suchen. Lachend fahren wir vor,

wo sie gerade damit beschäftigt sind, Stacheln
aus den Nüstern einer Stute zu ziehen,
die sich einem Stachelschwein
nicht fernhalten konnte. Wir rücken so nahe heran,
wie wir uns trauen, schauen zu, wie die Zange
einen wildäugigen Tanz aus ihr reißt
bei jeder Auslegung der Schmerzensschrift,
die an den Pfosten gebunden
bleibt.
Der junge Zenturio scherzt und sorgt dafür,
dass die wie ein Derwisch wirbelnden Hufe
uns nicht erreichen.
Bald machen wir uns auf
zum Haus, das neben dem Fluss liegt,
der ein sandiges Bett hat
und seufzt, grün
und blau, als ob er eine schlafende Lunge wäre,
und, sagt man, im Punzi Lake,
unserem nächsten Ziel, verschwindet.

Kapitel I
Anfang eines Evangeliums aus der Neuen Welt

Wie soll ein Buch beginnen, das von einem, der so ist, wie ich es bin, im Namen von „Theologie interkulturell“ herausgegeben wird? In letzter Zeit habe ich mich mit dieser Frage mehr beschäftigt als mit denen, die mit der wissenschaftlichen Auslegung des Markusevangeliums zu tun haben, obwohl ich mich in den letzten Jahren ziemlich intensiv der Auslegung des Markusevangeliums gewidmet habe. Was muss ich in diesem ersten Kapitel sofort klären bzw. in Frage stellen, um jenen Dialog zu ermöglichen, den ich im Folgenden nicht nur mit dem biblischen Text, sondern auch und bevorzugt mit anderen (deutschen) LeserInnen dieses Textes weiterführen möchte? Was muss man schon zusammen mit mir voraussetzen oder von mir als erste Information bekommen, um mich auf dem Weg eines neuen Anfangs mit dem (Markus-)Evangelium begleiten zu können? Denn es geht in diesem Buch darum, durch eine „Relektüre“ des Markusevangeliums in eine neue Welt auszuwandern. Das heißt in jene andere Welt zu gelangen, die noch möglich ist.[4]

1. Ich komme aus Kanada

Es wäre jetzt wahrscheinlich hilfreich oder notwendig, mich etwas ausführlicher vorzustellen, damit klar wird, welcher Mensch die Vorlesungen hält, die dieses Buch einschließt. Diese Selbstvorstellung soll aber auch erklären, warum sowohl die Bibellektüre, die in jedem Kapitel stattfinden wird, als auch die Überlegungen des ganzen Buches fremdartig wirken können und warum sich diese Lektüre so oft und so gerne an die Grenze der „normalen“ Deutung des Markusevangeliums begibt.[5]

Ich komme aus Kanada. Ich bin also eine Art *homo americanus*. Was bedeutet es aber, sich als *homo americanus* zu bezeichnen? An erster

4 Im Namen von „Theologie interkulturell“ müsste man in diesem Fall das Markusevangelium zuerst als Erzählung eines „fruchtbaren Schwindelgefühls“ oder „produktiver Verwirrung“ oder „unbestimmter Überraschung“ betrachten. Denn solche Erfahrungen bestimmen die ersten Schritte aus der bekannten Welt hinaus.

5 Auf jeden Fall wird sofort klargestellt, mit wem man es hier zu tun hat. Und das sogenannte „Menschliche, allzu Menschliche“ hat sehr oft ziemlich viel mit dem Politischen bzw. Wissenschaftlichen und Theologischen zu tun.

Stelle bedeutet es nicht, dass ich „Amerikaner“ bin, sondern genau das Gegenteil! Was man früher in Mexiko über die Mexikaner gesagt hat, würde ich jetzt gerne auf die Kanadier übertragen: Ach, du armes Land, so weit entfernt von Gott, so nahe an den Vereinigten Staaten gelegen! Als Kanadier weiß man sich zweifelsohne beeinflusst von dem mächtigen Nachbarn, d.h. tief, allzu tief, mit ihm verstrickt. Trotzdem hat man als Kanadier oft das Gefühl, irgendwie wesentlich anders als diese „Amerikaner“ zu sein. Und gleichzeitig fällt es uns als Kanadier oft doch schwer, dem Unterschied einen konkreten Inhalt zu geben, obwohl die meisten Kanadier dieser Beschreibung des Landes und seiner Völker zustimmen würden. Als typischer Kanadier – ursprünglich aus dem „wilden“ Westen in British Columbia – bin ich deswegen nicht imstande, mit Sicherheit zu sagen, was das Wort „Kanadier“ eigentlich bedeuten soll. Und darum habe ich nur sagen können, dass ich „eine Art“ *homo americanus* bin. Was dieser Ausdruck aber sicher besagen will, ist, dass ich wesentlich, innerlich, mental „kein Berliner“ bin. Und das stimmt, auch wenn sowohl mein Vorname als auch mein Nachname deutlich westeuropäischer, und zwar norwegischer Abstammung sind.[6]

So ist es oft in Kanada. Man versteht sich vor allem als „Kanadier“ und trägt eine solche interkulturelle Identität ganz unbewusst mit sich herum.[7] Zugleich – aber gar nicht zusätzlich – stellt sich in Kanada immer öfter die Frage, ob und wie diese weitgehend interkulturelle Bevölkerung, die gegenwärtig die sogenannte demokratische Mehrheit des Landes darstellt, die weiter bestehende Anwesenheit der „Ureinwohner“ des Territoriums – der sogenannten *First Nations* – in diesem Staat, der nach und

---

6 Sowohl meinen Vornamen als auch meinen Nachnamen hat bis heute fast niemand in Kanada richtig aussprechen können. Beide Namen sind norwegisch und außerdem ziemlich häufig in Norwegen. Z.B. ist der Nachname „Vaage“ in der Region Sunnmøre an der Westküste zwischen Bergen und Trondheim besonders verbreitet. Die Aussage, dass ich „kein Berliner“ bin, ist deshalb nicht polemisch gemeint, sondern spiegelt die unerwartete Selbsterkenntnis wider, die ich erst relativ spät im Leben gewonnen habe, dass ich sozusagen ein „kreolischeres“ Wesen bein, als ich es mir früher vorgestellt hatte. Vgl. Danielle Palmyre-Florigny, *Kreolische Kultur und Religion in Mauritius*, Ostfildern 2009, bes. 33–41.

7 Auf jeden Fall ist es etwas Normales in Kanada, und vielleicht insbesondere in Toronto (wo ich an der Universität Professor für Neues Testament bin), Einwanderer oder ein Kind von Einwanderern zu sein und deshalb zu einer Familie zu gehören, in der zu Hause noch täglich eine andere Sprache gesprochen wird und andere Sitten gepflegt werden, die nicht eine oder beide der zwei „offiziellen“ Sprachen und Kulturen des Landes sind. Die beiden „offiziellen“ Sprachen und Kulturen Kanadas sind die englische und (in Québec) die französische (*québecoise*).

nach denselben Völkern ihre Stammländer weggenommen bzw. geraubt, hat, verstehen wird und soll. Diese Frage ist noch nicht zufriedenstellend beantwortet worden, und darum bleibt das Thema als kritisches Fragezeichen in Bezug auf alles, was man ansonsten über Kanada als Nation behaupten möchte.

Gleichzeitig ist das Alltagsleben in Kanada in letzter Zeit, genauso wie in Deutschland nach dem Zweiten Weltkrieg, immer mehr „amerikanisiert" worden. Das kann Begeisterung oder ein Gefühl von Bedrohung oder andere Empfindungen auslösen.[8] Auf jeden Fall war ich selber in Bezug auf die Berufsausbildung eine Ware, die den Stempel *Made in America* erhalten sollte. Alles, was das Studium an der Universität sowie die darauf folgende Doktorarbeit angeht, hat bei mir in den USA stattgefunden. Nach einer Schulzeit in British Columbia bin ich südlich der kanadischen Grenze ausgebildet bzw. umgebildet worden, zuerst am Concordia College in Portland, Oregon, dann an der Universität Valparaiso in der Nähe von Chicago, weiter an einem evangelisch-lutherischen „Priesterseminar" in Columbus, Ohio, und schließlich, um zu promovieren, an der Claremont Graduate School in Claremont, Kalifornien, einem Vorort von Los Angeles, einer Stadt, die dem Berliner Dichter Durs Grünbein zufolge „die Hauptstadt des Vergessens" sein soll. Ich bin also „im Bauch der Bestie"[9] ausgebildet worden.[10]

Das Land Kanada ist als geographische Fläche noch sehr dünn besiedelt. Fast möchte man sagen, dass es noch beinahe menschenleer ist. Von den ungefähr 35 Millionen Menschen, die das Land bewohnen, leben noch fast alle innerhalb eines etwa 160 Kilometer breiten Gürtels nördlich

---

8 Z.B. könnte man sich fragen, ob das Land Kanada eigentlich je etwas wesentlich „anderes" als die USA gewesen ist. Diese Art, sich selbst in Frage zu stellen, ist auch ganz typisch für die Kanadier.

9 *In the Belly of the Beast* ist ein 1981 erschienenes Buch von Jack Abbott, der in einem amerikanischen Gefängnis inhaftiert war. Das Buch besteht aus seinen Briefen an Norman Mailer über seine Erfahrungen mit dem, was Abbott als ein brutales und ungerechtes Gefängnissystem betrachtete. Mailer unterstützte Abbotts Entlassung auf Bewährung, die im Jahr 1981 erfolgte, demselben Jahr, in dem *In the Belly of the Beast* erschien. Das Buch war sehr erfolgreich und am 19. Juli 1981 veröffentlichte die *New York Times* eine begeisterte Rezension von Mailer. Am Tag zuvor hatte Abbott bei einem Streit in einem Restaurant einen Kellner getötet. Abbott wurde festgenommen, wegen Todschlags verurteilt und verbrachte den Rest seines Lebens bis zu seinem Selbstmord im Jahr 2002 im Gefängnis.

10 Was in diesem Fall typisch kanadisch ist, glaube ich, nicht zu wissen, ob das, was man selber erlebt hat, auch den Erfahrungen anderer Kanadier entspricht.

der Grenze zu den USA. Wenn man weiter nach Norden reisen will, muss man das Auto oder den Zug bald verlassen, um mit dem Flugzeug weiterzukommen, wenn es ein Flugzeug dafür gibt, denn die meisten Fluggesellschaften bieten für „da oben“ keine Flüge an, abgesehen von zwei bis drei Städten, die weit im Süden des Nordens liegen. Von Halifax, einer Stadt an der östlichen Küste Kanadas, kommt man schneller mit dem Flugzeug nach Frankfurt, als wenn man von Halifax mit demselben Flugzeug an die westliche Küste Kanadas reist. Ich wohne mit meiner Frau in einem Dorf, das – für kanadische Verhältnisse – nicht weit (300 Kilometer) entfernt von Halifax liegt. Ich bin aber, wie gesagt, auf der anderen Seite des Kontinents aufgewachsen, wo mein Vater heute noch lebt. Zwischen den beiden Heimaten liegt eine Entfernung von mindestens 6000 Kilometern. Und dieser Abstand schließt den Bundesstaat Labrador-Neufundland und die Inseln Haida-Gwaii nicht ein. In diesem Fall müsste man von ungefähr 8000 Kilometern sprechen. Deshalb sage ich, das Land Kanada ist einfach zu groß und damit auch zu porös, um von einem einzelnen Menschen – d.h. von mir – repräsentiert zu werden.

Direkt nachdem ich die Doktorarbeit in Südkalifornien fertiggestellt hatte, bin ich nach Lima, Peru, umgezogen, wo ich ungefähr fünf Jahre mitten im schlimmsten Bürgerkrieg gelebt habe, den das Land bis dahin – bis heute – erlebt hatte. Dieser Krieg war auf der einen Seite eine Folge des bewaffneten Aufstands, den die extrem-maoistische Bewegung *Sendero Luminoso* (Leuchtender Pfad) anzustoßen versuchte, und auf der anderen Seite eine Erfahrung der oft brutalen Unterdrückung, mit der das peruanische Militär und die verschiedenen Polizeigruppen des Landes das Volk, das sich zwischen den beiden Fronten befand, einzuschüchtern versuchten. Das Alltagsleben wurde eine sich beschleunigende Reise ins Ungewisse. In diesem Kontext sollte ich ein theologisches Ausbildungsprogramm entwickeln, das in größerem Ausmaß „kontextbestimmt“ sein sollte als das, was vorher üblich war. Die evangelisch-lutherischen Pfarramtskandidaten, die an diesem Programm teilnehmen sollten, waren alle Mitglieder von Gemeinden, die sich in den verschiedenen „Elendsvierteln“ (*pueblos jovenes*) der Großstadt Lima befanden. In diesen Gemeinden würden die Pfarramtskandidaten schließlich berufstätig sein, was die meisten von ihnen schon waren. Gleichzeitig habe ich auch am Unterrichtsprogramm einer anderen, methodistischen bzw. ökumenischen Hochschule teilgenommen, die kurz zuvor nach dem letzten gescheiterten Versuch, ein theologisches Ausbildungsprogramm zu entwickeln, einen Neuanfang gewagt hatte. Zusätzlich bin ich dann Mitglied einer Gruppe von *biblistas* (Populärbibelwissenschaftlern) geworden, die die Zeitschrift

RIBLA (*Revista de interpretación bíblica latinoamericana*) herausgab.[11]

Alles, was ich gerade erzählt habe, soll erklären und begründen, warum für mich der Begriff „Amerika“, wann immer er in diesem Buch vorkommt, das Leben in beiden Erdteilen der sogenannten Neuen Welt einbezieht und nicht nur das, was in den USA passiert. Auch deswegen bedeutet die Aussage, „eine Art *homo americanus*“ zu sein, in meinem Fall, dass ich sowohl aus Lateinamerika als auch aus Kanada und den USA die Substanz ziehe, die mir meine kulturelle „Note“ gibt. Und darum bedeutet der Untertitel dieses Buches, *Das Markusevangelium aus amerikanischer Perspektive*, nicht nur und nicht überwiegend, den biblischen Text aus dem Blickwinkel der USA zu betrachten, sondern den Text auch und oft viel mehr aus einer lateinamerikanischen und kanadischen Perspektive zu erklären.[12]

---

[11] Die beiden letzten „Verpflichtungen“ sind bis heute unter verschiedenen, sich immer wieder ändernden Umständen und in unterschiedlicher Form Teil meiner Berufstätigkeit geblieben.

[12] Ich bin seit fast 25 Jahren Professor für Neues Testament an der Universität Toronto, habe mich aber in dieser Stadt nie richtig zu Hause gefühlt, vielleicht weil ich in British Columbia geboren und aufgewachsen bin, in einer Provinz, die auf der anderen (westlichen) Seite der Rocky Mountains liegt. Obwohl ich seit fast 40 Jahren nicht mehr in diesem Teil Kanadas wohne, prägt diese Gegend meine Seele irgendwie immer noch. Ich bin auch erstgeborener Sohn eines nach dem Zweiten Weltkrieg ausgewanderten Norwegers – der auch, was noch schlimmer ist, Sunnmøringer ist (d.h. er stammt aus dem Vestland Norwegens) – und einer Mutter, die englischer Abstammung und in Kanada geboren ist und trotzdem oft hat anerkennen müssen, dass alle ihre drei Kinder – es gab noch einen Sohn und eine Tochter – irgendwie als „Norweger“ aufgewachsen sind. Unsere Erziehung war zweifelsohne norwegisch, eine Erziehung, die aus dem 19. Jahrhundert stammte, im Ausland weiterentwickelt wurde und ansonsten – das habe ich erst später als Erwachsener erfahren – in Norwegen nicht mehr aktuell ist. Darüber hinaus bin ich nach der kanadischen Highschool in die USA gegangen, um an verschiedenen Colleges und Universitäten zu studieren, und nach dem Studium nach Südamerika gezogen, um in Peru u.a. als moderner Missionar im Auftrag der evangelisch-lutherischen Kirche der USA zu arbeiten. Bis heute bin ich Mitarbeiter eines populär-theologischen Ausbildungsprojekts in Lima. Siehe den Abschnitt *Displaced Exegete: A Scriptural Biography*, in: Leif E. Vaage, Borderline Exegesis, University Park (PE) 2014, 92–104. Ich teile diese biographischen Details nur mit, um darzulegen, wie ich schließlich als Bibelwissenschaftler weder Fisch noch Fleisch wurde, sondern eine Art Mischling, bzw. dass ich zwischen allen Stühlen sitze. Zugleich bin ich mir aber immer mehr der Tatsache bewusst, dass ich eigentlich, *sensu stricto*, ein echter „Amerikaner“ bin, d.h. ein Mensch, der trotz allem in der für die ehemaligen Europäer „Neuen Welt“ irgendwie einheimisch ist. In diesem Fall schließt der Begriff „Amerika“ beide Kontinente ein, die einmal einer waren, bis der Panamakanal und alles, was damit zusammenhängt, sie voneinander getrennt hat.

Zufällig bin ich im Frühling 2013, bevor ich diese Vorlesungsreihe in Frankfurt gehalten habe, nach Lima eingeladen worden, um dort drei Vorträge über das Thema *Biblia e interculturalidad* zu halten. Ich wollte von den Menschen, die mich eingeladen hatten, über ein solches Thema zu sprechen, erfahren, was für sie das Wort *interculturalidad* (Interkulturalität) bedeutete. Sie hatten jedoch keine Ahnung, was das Wort zum Ausdruck bringen sollte.[13] Es gehe aber auf jeden Fall um eine kulturelle Frage, und insbesondere um die Frage der Bewertung jener Kulturen, die bis heute noch nicht richtig anerkannt worden seien, d.h. diejenigen, die unter der sogenannten Entdeckung des lateinamerikanischen Kontinents am meisten gelitten haben. Um eine Frage nach dem Erbe des Kolonialismus, und so weiter.

Als aber bei meinem ersten Vortrag ein peruanischer Kollege versuchte, den Begriff *interculturalidad* etwas genauer zu bestimmen bzw. eine vage Definition noch nebulöser zu erweitern, verschwand die Nebelwand aus Erklärungsversuchen, die sich vor mir aufgebaut hatte, als dieser Kollege plötzlich von „einem hysterischen Moment" (*un momento histérico*) sprach, der unsere interkulturelle Zeit prägen solle. Das heißt von einem Moment, in dem alles zumindest ein bisschen durcheinander geraten sei. Von einem kleinen Chaos. Plötzlich wisse man nicht mehr, was eigentlich los sei.

Das sollte der Ausgangspunkt für alles sein, was man als Erlebnis der *interculturalidad* beschreibt und worüber man jetzt nachdenken wollte. Nach dieser Definition wäre ein Projekt wie „Theologie interkulturell" prinzipiell aus einer „Kultur-Hysterie" hervorgegangen. Man hat irgendwann die bekannten Orientierungspunkte der „alten" Welt verloren. Und seit diesem Moment ist man dazu gezwungen, eine neue Weltkarte in die Luft zu zeichnen, die uns ins Blaue führen soll.[14] Und wenn man auch vorhat, wie ich es vorhabe, „Theologie interkulturell" mit einem Bibeltext in der Hand zu treiben, und zwar mit dem Markusevangelium, was für ein Verfahren wäre das?

Was bedeutet es z.B., insbesondere für die Exegese, in einer solchen „Kultur-Hysterie" im Markusevangelium die Mutter der urchristlichen „Theologie interkulturell" zu sehen?

---

[13] Im Rahmen meiner ersten Frankfurter Vorlesung habe ich gefragt, ob jemand am Fachbereich Katholische Theologie der Goethe-Universität mir bei diesem Problem helfen könne. Niemand hat sich gemeldet, um meine Frage zu beantworten.

[14] Ich verwende den Begriff „Hysterie" hier etwas spielerisch.

Vielleicht bedeutet es, das Markusevangelium an erster Stelle als einen „hysterischen" Text zu betrachten, eine Erzählung wie die des spanischen Filmes *Mujeres al borde de un ataque de nervios* (Frauen am Rande des Nervenzusammenbruchs) von Pedro Almodóvar (1988), in dem das Alltagsleben der Menschen plötzlich oder allmählich zu einem großen Durcheinander wird. In diesem Fall muss man aber auch bejahen, dass es sich im Markusevangelium um eine „traumatisierte" Hoffnung handelt. Und darum auch um einen Evangelisten, dem die alte, bekannte, einheimische Welt verloren gegangen ist. Nur deshalb war dieser dazu animiert oder verpflichtet oder gezwungen, weiter nach einer anderen, noch möglichen, neuen Welt zu suchen, obwohl derselbe „mit Asche zum Frühstück" (Durs Grünbein) sich nicht weit von der erlebten Katastrophe entfernen konnte.[15]

Ich sollte an dieser Stelle wohl etwas mehr über die Verwendung des Begriffs „Hysterie" schreiben, weil ich damit nicht genau das meine, was das Wort medizinisch am Ende des 19. Jahrhunderts bezeichnet hat. Und doch möchte ich mit dem Gebrauch dieses Begriffs an diesen früheren Diskurs anknüpfen, besonders daran, wie er sich in der Psychoanalyse Freuds entwickelt hat. In der europäischen Medizin der Jahrhundertwende war eine sogenannte hysterische Person jemand, der – paradoxerweise – entweder an einer körperlichen Lähmung litt oder eine bestimmte Aktivität zwanghaft ausübte, was die betroffene Person in beiden Fällen daran hinderte, auf eine „normale" Weise am gesellschaftlichen Leben der Zeit teilzunehmen. Die betroffene Person war oft eine (jüngere) Frau, daher das Wort „hysterisch" für diesen Zustand, das vom Griechischen *hysteron* oder „Gebärmutter" abgeleitet ist. Jedoch wurden sogar im Wien am Ende des 19. Jahrhunderts nicht nur Frauen im medizinischen Sinn des Wortes „hysterisch".

In der darauf folgenden Zeit hat das Wort immer seltener eine schwere psychiatrische Störung beschrieben. Vielmehr kann heute jemand – zumindest im Englischen – für Momente „hysterisch" werden, indem er oder sie, im Allgemeinen aus Wut, eine emotionale Antwort gibt oder ein Verhalten aufweist, das für deutlich überzogen und deshalb irrational, aber andererseits für im Grunde konventionell oder im Rahmen dessen, wie „der Mensch eben ist", gehalten wird. Darüber hinaus kann – zumin-

[15] Vgl. Durs Grünbein, *Asche zum Frühstück*, in: Nach den Satiren, Frankfurt a.M. 1999, 72–84. Auch diese Vorlesungsreihe könnte als hysterische Lektüre des biblischen Textes erscheinen, weil sie den Versuch unternommen hat, das Markusevangelium, wie es in Amerika verstanden worden ist bzw. verstanden werden könnte, an einer deutschen Universität in deutscher Sprache auszulegen.

dest im Englischen – das gleiche Wort umgangssprachlich verwendet werden, um etwas zu charakterisieren, das man für besonders lustig hält, wie in der Aussage „That's hysterical“ (Das ist total witzig). Somit bezeichnet der Begriff „hysterisch“ nicht unbedingt ein ernstzunehmendes persönliches Problem.

Doch während die ehemalige Assoziation von „Hysterie“ vor allem mit Frauen sicher weitere kritische Kommentare rechtfertigen würde, vermutet man heute keine „gynäkologischen“ Ursachen mehr dafür. Und es ist auf jeden Fall nicht diese Assoziation des späten 19. Jahrhunderts von „Hysterie“ mit Frauen, an die ich mit dem Begriff „Kultur-Hysterie“ anknüpfen möchte, sondern vielmehr die latente Beziehung zwischen dem Ausdruck „Hysterie“ und dem griechischen Wort *hysteron*, an das der Ausdruck erinnert.

Das griechische Wort bezieht sich unter anderem auf die Gebärmutter, weil die Gebärmutter als eine Instanz für die Form von „Leere“ wahrgenommen wurde, die das Wort *hysteron* sonst im Allgemeinen bezeichnet. Die „hysterische“ Leere ist sowohl eine Art Fehlen oder Nicht-Existieren als auch der Ort von all dem, was noch werden könnte, weil es noch nicht geschehen ist. Es ist diese produktive „Leere“, die der peruanische Kollege – zu Recht, glaube ich – gemeint hat, als er die kulturelle Voraussetzung für Interkulturalität als einen solchen „hysterischen Moment“ beschrieb. Diese kulturelle Voraussetzung habe ich „Kultur-Hysterie“ genannt.

Das erste Problem bei dem Versuch, das Markusevangelium als einen hysterischen Text zu verstehen bzw. „Theologie interkulturell“ mit diesem Text zu treiben, hat sich schon gestellt, als ich zur Vorbereitung der Gastprofessur an der Johann Wolfgang Goethe-Universität in Frankfurt am Main bestimmte Angaben machen musste. Zum Beispiel wurde ich gefragt: Wie soll der Titel der Vorlesungsreihe heißen? Ob er „Wieder einmal“ oder „Noch einmal“ heißen sollte. Ich habe aus dem Englischen „once again“ und aus dem Spanischen „otro comienzo“ ins Deutsche übersetzen wollen, ohne letztlich eine mich zufriedenstellende Übersetzung zu finden.[16]

Eine der unvermeidlichen Herausforderungen, vor denen man steht, wenn man „Theologie interkulturell“ treiben will, ist eindeutig die Tatsache, dass die Sprachen verschieden sind, und nicht nur in Bezug auf die einzelnen Worte. Man kann nicht immer in einer Sprache sagen, was man

[16] Schließlich hieß die Vorlesungsreihe „Wieder einmal (Anfang)“, aber „Wieder einmal neu anfangen“ wäre wahrscheinlich besser gewesen.

in einer anderen genau zu sagen weiß. Oder, im Fall meiner ersten Vorschläge, wie die Vorlesungsreihe heißen sollte, nicht so genau wissen wollte.

Es gibt noch ein Problem. Die Neue Welt, die „Amerika“ heißt, ist seit langem nicht mehr (oder nicht mehr so sehr) neu. Seit dem 16. Jahrhundert ist die sogenannte Neue Welt immer mehr so geworden, wie die Alte (west-europäische) Welt ist.[17] Trotz dieser Horizontverschmelzung, die eigentlich eine erzwungene Horizontverblendung war, ist der Begriff „Amerika“ immer noch eine Traumvorstellung, sei es als verschwommene Erinnerung an die Gelegenheit, die „Amerika“ einmal zu bieten schien, eine Gelegenheit, das menschliche Leben auf einen besseren Weg zu bringen, sei es als erschreckender Alptraum, unter dem schon zu viele gelitten haben. Ein wichtiger Teil dieses Mischgeschicks, das „Amerika“ heißt, hat mit dem theologischen Begriff „Evangelium“ und mit der Ableitung „Evangelisierung“ zu tun. Bei dieser Geschichte hat die Bibel oft eine bestimmende Rolle gespielt, d.h. ihre Interpretation sowohl auf der Kanzel als auch auf der Straße. So stellt sich jetzt die Frage: Wie fährt man, insbesondere als Christ, im Kielwasser dieser Geschichte mit der Heiligen Schrift weiter? Und wenn man wie ich glaubt, dass in dieser Geschichte allzu viel davon, was den Menschen als Evangelium aufgezwungen oder verkauft wurde, das genaue Gegenteil von einer Frohen Botschaft genannt werden muss, wie fängt man jetzt trotzdem – noch einmal – an, sich mit dem „Evangelium von Jesus Christus, dem Sohn Gottes“ (Mk 1,1) zu beschäftigen?[18]

3. *Und zwar mit dem Markusevangelium*

Der berühmte amerikanische Schriftsteller Hermann Melville hat im Jahr 1853 – kurz nachdem sein bekannter Roman *Moby Dick* zum ersten Mal veröffentlicht wurde – eine kurze Geschichte geschrieben, die *Bartleby the Scribner* (Bartleby der Kopist) heißt.[19] Diese Geschichte ist an sich weder sehr lang noch besonders kompliziert in ihrem formalen Aufbau.

[17] Vgl. W.G. Sebald, Unheimliche Heimat: Essays zur österreichischen Literatur, Salzburg 1991.

[18] Ob uns diese Relektüre des Markusevangeliums die Gelegenheit bieten kann, einen solchen Neuanfang in Bezug auf jene andere Welt, die noch möglich sein könnte, zu versuchen? Zuerst aber müssen wir ziemlich viel umlernen. Oder vielleicht besser gesagt: verlernen.

[19] Jacques Derrida hat diese Geschichte sehr geliebt und oft darauf Bezug genommen.

Trotzdem wirkt die Erzählung bis heute sehr eigenartig und etwas unheimlich. In der Tat ist es immer schwieriger geworden, sie zu verstehen.[20] Was für eine Geschichte erzählt dieser Text? Man hat oft gemeint, dass die Erzählung sicher „mehr“ bedeuten müsse. Dass sie etwas „mehr“ aussagen solle. Wie aber der Literaturkritiker Dan McCall vor ungefähr 25 Jahren geschrieben hat: „After decades of extremely productive work, the ‚Bartleby Industry‘ has put us in a rather peculiar position: the more we see of what went into the story, the less we understand the story itself. Each new discovery seems only to complicate and baffle our ability to read ‚Bartleby‘ coherently.“[21] Das gleiche gilt auch für das Markusevangelium. Was die Interpretation dieser Erzählung betrifft, so scheint man durch die einflussreichen Vorschläge verschiedener Wissenschaftler wie Wilhelm Wrede und Willi Marxsen sehr gut gelernt zu haben, *aus* dem Markusevangelium sehr viel herauszuholen, ohne aber die Erzählung als Erzählung besser zu verstehen.

Das Markusevangelium wird heute von den meisten Bibelwissenschaftlern für das älteste Evangelium des kanonischen Neuen Testaments gehalten. Fast niemand zweifelt mehr daran. Und trotzdem werden die Eigenarten dieses Textes noch erklärt, als ob wir alle schon wüssten, wie ein urchristliches Evangelium hauptsächlich sein sollte. Zugleich ist aber klar, dass es sich bei nicht wenigen Aspekten des Markusevangeliums um sehr seltsame oder merkwürdige Erzählelemente handelt. Z.B. gibt es das bekannte Rätsel, warum das Markusevangelium in 16,8 mit einer Notiz über die Erschrockenheit und das Schweigen der drei Frauen endet, die zum Grab gegangen waren, um dem Leichnam Jesu die letzte Ehre zu erweisen. Oder man fragt sich, warum im Markusevangelium die Gruppe der zwölf berufenen Jünger Jesu so dargestellt wird, als ob sie alle völlig unfähig wären, das Anliegen Jesu zu verstehen, und daher auch, ihm nachzufolgen. Oder man überlegt, wie man das sogenannte Messias-Geheimnis erklären kann. Das Geheimnis besteht darin, dass Jesus im Markusevangelium mehrmals verbietet, dass jemand, der gerade durch ihn geheilt worden ist, das Erlebnis dieser Heilung anderen Menschen mitteilt. All diese bekannten Probleme sollten meines Erachtens schon verdeutlicht haben, dass das Markusevangelium grundsätzlich verschieden ist im Vergleich zu den anderen kanonischen Evangelien.

In diesem Buch wird immer wieder diese Besonderheit des Markus-

[20] Beim Lesen dieser Geschichte denkt man sofort an die Parabeln und kürzeren Erzählungen von Franz Kafka.

[21] Dan McCall, *The Silence of Bartleby*, Ithaca-London 1989, 9.

evangeliums im Kontext des Urchristentums hervorgehoben, um die Möglichkeit zurückzugewinnen, den Begriff „Evangelium“ als etwas in erster Linie Rätselhaftes, Unbestimmtes und vielleicht auch Ungeheures zu entdecken.

4. Im Namen einer Mythos-Kritik

Ich frage noch einmal: Was für eine Geschichte erzählt das Markusevangelium? Und kann diese Erzählung noch heute eine Frohe Botschaft genannt werden? Diese Frage wurde zum ersten Mal (für mich) von Burton L. Mack in seinem Buch *A Myth of Innocence: Mark and Christian Origins* (1988) auf den Tisch der neutestamentlichen Wissenschaft gelegt. Mack selber hat die Frage mit einem entschiedenen Nein beantwortet. Im letzten Kapitel von *A Myth of Innocence* tritt die (für Mack) entscheidende Frage am deutlichsten hervor: ob der „Mythos“ des Markusevangeliums – die Geschichte Jesu, die der „Evangelist“ als eine besondere Erzählung oder Handlung zu einer bestimmten Zeit in einer bestimmten gesellschaftlichen Situation, die seit langem nicht mehr aktuell ist, aus verschiedenen Traditionen des Urchristentums geschaffen oder erfunden hat – noch einen Wert hat. Mack meint nicht nur, dass dieser „Mythos“ keinen besonderen Wert mehr habe, sondern auch, dass dieselbe Erzählung in der gegenwärtigen Situation der USA und (darum auch?) der Welt eigentlich lebensgefährlich sei. Mack zufolge wäre es am besten für uns alle, das Markusevangelium sofort abzuschaffen, um solch ein Evangelium so schnell wie möglich aus dem Blickfeld zu rücken. Kurz gesagt: Vergesst es!

Ich bin der Meinung, dass uns der Interpretationsansatz von Mack helfen kann, das Markusevangelium besser zu verstehen, auch im Bereich der Exegese. Ich meine aber auch, dass dieser Ansatz noch weiterentwickelt werden kann und muss. Meiner Ansicht nach hat Mack ein sehr gutes Beispiel dafür gegeben, wie man das Werk als einen „menschlichen, allzu menschlichen“ Diskurs deuten könnte, d.h. dass man das Markusevangelium als einen urchristlichen Diskurs verstehen sollte, dessen Entstehung grundsätzlich mit einem bestimmten sozialgeschichtlichen Kontext verbunden und von diesem abhängig war. Mack hat auch zu zeigen versucht, wie dieser Diskurs eine bestimmte Mentalität als Nachwirkung erschaffen kann. Selbstverständlich stimme ich nicht mit allem unbedingt überein, was Mack in dem Buch bezüglich der Exegese des Markusevangeliums vorgeschlagen hat. Trotzdem bin ich davon überzeugt, dass es sich lohnen wird, das Markusevangelium aus dem Blickwinkel seiner „Mythos-Kritik" zu betrachten. Das glaube ich unbedingt, obwohl ich gleichzeitig nicht meine, dass wir aus dieser Kritik unvermeidlich folgern müssen, dass man das Markusevangelium ohne weiteres vergessen darf.

Was hat Mack sonst noch zu zeigen versucht? Insbesondere, dass das Markusevangelium nicht in erster Linie eine Erinnerung oder irgendeine andere Art des Gedenkens an den historischen Jesus, sondern vor allem ein ideologisch geprägtes Erzählwerk ist, das hauptsächlich dem sozialen Interesse des Erzählers entsprungen ist, obwohl es auch von großem literarischen Erfindungsreichtum und Vorstellungskraft zeugt. Die sogenannte Redaktionsarbeit des Evangelisten wäre dann, wie es in jüngerer Zeit Eric J. Hobsbawm und andere Sozialwissenschaftler beschrieben haben, „the invention of tradition".[22] Das Ergebnis wäre in diesem Fall vielleicht Geschichte, aber überhaupt keine Historie. Daher stellt sich wieder einmal die Frage: Was für eine Geschichte erzählt uns das Markusevangelium?

In dem Buch *A Myth of Innocence* versucht Mack meines Erachtens, aus der modernen Bibelwissenschaft ein anderes intellektuelles Projekt zu erschaffen, für welches das Markusevangelium ein gutes Beispiel sein könnte. Darum ist es Mack wichtig klarzustellen, wie viele der üblichen Ergebnisse der sogenannten „historisch-kritischen" Interpretation des Textes zu einer ganz anderen Geschichtsschreibung oder Gestaltung des Urchristentums hinführen könnten. In diesem Fall wäre dann auch ein anderes Verständnis der Rolle der sogenannten Religion in den menschlichen Gesellschaften gewonnen. Deswegen versucht Mack nicht, eine eigene „Exegese" entscheidender Aspekte des Markusevangeliums durchzuführen, und genauso wenig, einen literarischen Kommentar über die verschiedenen Einzelheiten des Textes zu schreiben.

Für Mack ist das Markusevangelium nur ein gutes Beispiel dafür, wie man am besten die Frage nach der sozialgeschichtlichen oder anthropologischen Bedeutung von Schriften wie den neutestamentlichen erörtern sollte, zumindest wenn man sie wirklich wissenschaftlich betrachten will. Deswegen wurde Mack in seinem Buch auch nicht von einer Lektüre des Markusevangeliums geleitet, die es sich ab und zu erlauben muss, entweder verwirrt oder neugierig zu werden, sondern von Fragestellungen, die

---

22 Vgl. Eric J. Hobsbawm/Terence Ranger (Hg.), *The Invention of Tradition*, Cambridge 1983.

nicht nur oder nicht immer spezifisch das Markusevangelium betreffen. Darum kann man gelegentlich amüsiert oder erstaunt werden, wenn man bemerkt, dass Mack eine ziemlich „konservative“ oder ganz typische (moderne) Interpretation irgendeines Aspekts des Markusevangeliums übernimmt, obwohl es ansonsten ganz deutlich ist, dass er die ideologischen Zwecke dieser wissenschaftlichen Tradition nicht teilt. Es geschieht aber immer wieder, dass Mack diese Lesart nur übernimmt, damit er daraus völlig andere Schlussfolgerungen ziehen kann. Was aber passiert, wenn sich dieselbe Lesart als grundsätzlich falsch erweist? Kann man doch noch theoretisch recht haben, wenn man exegetisch in die Irre gelaufen ist? Auf jeden Fall bin ich davon überzeugt, dass die von Mack begründete „Mythos-Kritik“ des Markusevangeliums auch exegetisch erfolgen muss.

5. *Was heißt „Bibelrelektüre“ in diesem Buch?*

Ich habe schon erzählt, wie ich eine Verbindung zu Lima, Peru, und über Peru auch zu anderen Ländern Lateinamerikas bekommen habe. Die exegetische „Methode“, die ich bei der Auslegung des Markusevangeliums in diesem Buch anwende, entstammt der sogenannten „Bibelbewegung“ (*movimiento bíblico*) in Lateinamerika und spiegelt die in dieser Bewegung oft praktizierte „Populärbibellektüre“ (*lectura popular de la Biblia*) wider. Daher gibt es auch einen Hoffnungshorizont, der im besten Fall die Überlegungen dieses Buches bestimmt und sowohl der Exegese des Markusevangeliums als auch dem Verständnis des wissenschaftlichen Kontexts dieses Interpretationsversuchs in der Gegenwart zugrunde liegt.

Seit 1985 bin ich immer wieder in Peru gewesen. Am Anfang war es nur im Urlaub zu Besuch bei Freunden in Lima. Dann bin ich aus beruflichen Gründen in das Land eingewandert. Einige Jahre später wanderte ich aus anderen Gründen wieder aus, aber danach bin ich jedes Jahr zurückgekehrt, immer in Verbindung mit einem theologischen Ausbildungsprojekt, das immer mal wieder verändert oder erneuert werden musste zur Förderung einer „indigeneren“ Entwicklung der Pastoral und der Mission der Kirche, insbesondere unter den Armen des Landes. Die zentrale Frage ist dabei immer die folgende gewesen: Wie kann man in Peru bzw. in Lateinamerika eine theologische Ausbildung so gestalten, dass diese sowohl zu dem einzelnen Menschen passt als auch zu dem Umfeld, in dem der Mensch später arbeiten soll, obwohl man zunehmend dazu gezwungen ist, diese Ausbildung „ohne Zeit oder Geld“ zu absolvieren?[23]

Die exegetische „Methode“, die ich in diesem Buch anwende, kann als eine besondere Art der Bibelrelektüre = *relectura bíblica* oder bewusste Umdeutung des biblischen Textes beschrieben werden. Sie enthält einen Versuch, den Hoffnungshorizont einer anderen Welt, die noch möglich sein sollte und als Ziel des Zeugnisses des biblischen Textes wie auch als Element des gegenwärtigen Kontexts der heutigen Leser existieren könnte, zu entdecken. Der Zweck der Untersuchung soll sein, uns dieser „neuen“ Welt anzunähern.

Seit ungefähr 25 Jahren bin ich, wie gesagt, Mitglied einer Gruppe lateinamerikanischer Bibelwissenschaftler, die kollektiv die Zeitschrift RIBLA (*Revista de interpretación bíblica latinoamerica*) oder *Zeitschrift der lateinamerikanischen Bibelinterpretation* herausgibt. Milton Schwantes, der vor kurzem verstorben ist, hat bis zu seinem Tod diese Arbeitsgruppe und die Zeitschrift koordiniert. Auf dem Umschlag jedes Heftes der Zeitschrift beschreibt er die exegetische „Wette“, die diese Bewegung bestimmt:

„Diese [Interpretationspraxis] ist in den Glaubens- und Kampferfahrungen verschiedener lokaler Gemeinden und Kirchen verortet. Die Bibel wird gerade vom Volk zurückerobert. Das Leid, die Utopie und die Poesie der Armen sind durch das Leben der Gemeinden zum grundlegenden hermeneutischen Zugang für das Lesen der Bibel in Lateinamerika und der Karibik geworden. Diese Zeitschrift hat ihre Wurzeln im leidvollen Leben unserer Völker und in ihrem zähen Widerstand im Kampf für ein Leben in Würde und Gerechtigkeit. Die dort existierenden Gemeinden der Armen sind so zum Sauerteig für die Bibelinterpretation im Allgemeinen geworden.“

Im Februar 2014 ist ein Buch von mir mit dem Titel *Borderline Exegesis* (ungefähr „Grenzlandexegese“) erschienen.[24] Das Buch ist ein Versuch, diese exegetische „Wette“ von RIBLA und der „Bibelbewegung“ in Lateinamerika etwas genauer zu bestimmen oder sie zumindest im Kontext des Nordens etwas besser verständlich zu machen. In *Borderline Exegesis* wollte ich diese Bibelrelektüre in eine andere Kulturwelt übersetzen und

---

[23] Vgl. Leif E. Vaage, *Without Time or Energy: The Theological Formation of Lutheran Leaders in Lima, Peru*, in: Entrée 6/7 (1989), 7–10.

[24] Leif E. Vaage, *Borderline Exegesis*, University Park (PE) 2014.

auch anhand einiger Beispiele veranschaulichen. In dem Buch habe ich deshalb, um diese „Methode“ zu erklären und theoretisch in sie einzuführen, das Folgende geschrieben:

„Für den Grenzland-Exegeten ist der biblische Text jedoch niemals ein körperloses, frei schwebendes, rein literarisches oder gar primär diskursives Wort, als ob ein solches menschliches Artefakt in der Lage wäre, eine intellektuelle und moralische Freihandelszone zu errichten, in welcher der Leser spielen und ‚daraus machen könnte, was er will‘. Vielmehr wird der biblische Text von dem Grenzland-Exegeten vor allem als einzigartige Form eines konkreten Zeugnisses betrachtet. Mit anderen Worten, der Text ist eine Lebensspur. Durch einen (biblischen) Text wird zumindest jemandes ehemalige Bemühung da zu sein und sein Wunsch sinnvoll zu leben bezeugt. Der Text ist das, was von einem Leben übrig bleibt, das ihn zuerst produziert hat. Der Text ist wie die Knochen, die weiter existieren, nachdem das Fleisch verschwunden ist – das skelettartige Zeugnis der Tatsache, dass dort, wo nun der Text ist, früher ein Gesicht (oder Gesichter) mit Lippen und einer Stimme (oder Stimmen) war. Den Text in die Hand zu nehmen, um ihn zu lesen, hat somit Ähnlichkeit mit einer Nachbestattung. Der Leser sammelt die harten Überreste, die vom ‚toten‘ und ‚verwesenden‘ Autor übrig geblieben sind, um sie im Kontext eines anderen Lebens, das diese Art des Neuordnens beinhaltet, neu zu verorten.“[25]

„(Grenzland-)Exegese ist das Mittel, durch das der begrenzte ‚Text‘ weiter funktioniert als Mittel, das uns helfen soll, gründlich über die verschiedenen Dilemmata des Lebens, die dieses schwer oder lustig machen, nachzudenken. Mit anderen Worten, Exegese ist der Fachausdruck für die alltägliche und ‚menschliche, allzu menschliche‘ Bemühung, mit der verfügbaren *social technology* – in diesem Fall mit der christlichen Bibel – unter den aktuellen Umständen ‚klarzukommen‘.

Natürlich bleibt eine solche Aktivität nur attraktiv, zumindest als Werkzeug des Verstehens, wenn der Leser weiterhin den kulturellen Rahmen bewohnt, der für den kanonischen Fokus verantwortlich ist, den die exegetische Arbeit voraussetzt und impliziert. In der modernen Literaturkritik ist das Bewohnen dieses Rahmens die ‚Aussetzung der Ungläubigkeit‘ genannt worden, was die Art des Vertrauens beschreibt, das erforderlich ist, um sich auf eine bestimmte Geschichte einzulassen. Im

[25] Ebd., 5.

politischen Bereich bedeutet es die Zustimmung, dass man sich wie ein guter Staatsbürger verhält. In der Liebe bezeichnet es eine bestimmte und bewusste Blindheit oder Großherzigkeit, ohne die keine Beziehung von Dauer ist. Im Fall der Bibelinterpretation mag jedoch heute bei einer solchen Bedingung der Möglichkeit der Exegese die moderne Ungläubigkeit an die Grenze ihrer Vorstellungskraft stoßen. Jedenfalls ist mir sehr wohl bewusst, dass nicht jeder tun will, was eine Grenzland-Exegese unausweichlich mit sich bringt, wenn man die christliche Bibel liest. Und ich will nicht behaupten, dass das jeder tun muss – obwohl ich zugebe, dass ich ziemlich skeptisch hinsichtlich der Gründe bin, die gewöhnlich für diese Weigerung angeführt werden.

Zumindest mit Blick auf diejenigen, für die die Beiträge in diesem Buch ursprünglich geschrieben worden sind, kommt die angebliche Option, die kanonische Geschlossenheit der christlichen Bibel abzulehnen, dem Vorschlag gleich, dass die Armen mit der Arbeit gesellschaftlicher Veränderung beginnen sollten, indem sie sich nicht länger als arm betrachten – als ob so etwas als eine Art ‚Reframing' möglich wäre oder die gegenwärtige Lage der Armen irgendwie bedeutsam verändern könnte. Tatsächlich ist in Lateinamerika die christliche Bibel gerade als kanonischer Text Teil der schlimmen Lage, in der sich die körperlich Armen und die sozial Entrechteten im Lauf der Geschichte befunden haben. Der biblische Text ist eine der Quellen für die traditionelle Rechtfertigung dieses Leidens gewesen. Aus genau diesem Grund ist dann ein alternatives Lesen des kanonischen Textes eine nützliche und zugängliche Ressource beim Kampf gegen den einen oder anderen Aspekt dieser harten Realität."[26]

„Die Grenzland-Exegese liest den biblischen Text historisch – obwohl die Geschichte, die diese Exegese in, mit und unter dem Text entdecken will, nicht primär das ist, was irgendwann an einem anderen Ort geschehen ist, sondern vielmehr das, was jetzt ist und sich beim Leser in Bezug auf den Text oder vor sowohl dem Text als auch dem Leser entfaltet. Mit anderen Worten, die Geschichte, auf die sich diese Interpretationspraxis bezieht, ist vor allem die gegenwärtig existierende bzw. fortbestehende Realität, die zwangsläufig nur jetzt zu dieser Zeit und hier an diesem Ort, an ‚dem einen Tag', der sich immer wiederholt, sowohl den Text als auch den Leser umfasst. Hiermit soll natürlich nicht bestritten werden, dass es früher eine andere Zeit oder einen anderen Ort gegeben hat als hier und jetzt. Gleichzeitig muss aber hervorgehoben werden, dass die Geschichte,

---

[26] Ebd., 6–7.

an der sich die besondere Arbeit der Bibelauslegung orientiert, zumindest als Grenzland-Exegese, prinzipiell die Geschichte ist, die in diesem Moment den Text und den Leser in einer bestimmten Gegenwart vereint. Dieses Geschichtsverständnis könnte als Arbeit der Erinnerung oder als Tradition oder als Kontextualisierung bezeichnet werden. Keiner dieser Begriffe ist jedoch meinem Ansatz angemessen, falls und wenn der Gebrauch eines dieser Begriffe darauf abzielt, die Vorstellung von einer Vergangenheit zu bewahren, die einen methodischen, epistemologischen oder ontologischen Vorrang vor der Wahrheit des vergänglichen Augenblicks der Gegenwart hat.

Um so klar wie möglich zu sein, möchte ich deshalb wiederholen, dass in einer Grenzland-Exegese eines biblischen Textes die Wahrheit der Vergangenheit nicht vergessen oder verleugnet wird. Doch diese Vergangenheit lebt nur, immer noch, weil sie jemand, der sie heute noch durchmacht, zurückholt – durch die Erinnerung, durch die Vorstellung, durch Entschlüsselung und Extrapolation – in die Welt, die wir, die Lebenden, gerade verkörpern und die uns verkörpert."[27]

„Für die Interpretationspraxis, die eine Grenzland-Exegese darstellt, ist die drängende Frage wieder, wie man beginnen kann, ein lebenswertes Leben zu führen: ein erfülltes Leben, das nicht nur der lebendige Tod jedes menschlichen Körpers ist, dessen Möglichkeit sich gut zu entwickeln ständig verhindert oder programmatisch begrenzt worden ist, sondern ein Leben, das letztlich die Mühe verdient, die es erfordert, weil es genug Zufriedenheit ermöglicht, so sehr es auch von allem anderen geprägt sein mag, was unter der Sonne geschieht. Dies ist ein Leben, das nicht nur von sinnlosen Sorgen und den Gefahren des Lebens bestimmt wird, sondern auch von jenem seltsamen Wohlbefinden, das man hat, wenn man sich vollständig lebendig fühlt.

Grenzland-Exegese ist die Bibelwissenschaft, die im Dienste dieser Bemühung steht. Oder wie Nati – die Leiterin einer Ortsgruppe von *Lectura popular de la Biblia* in einem Vorort von Cuernavaca, Mexiko – mir und anderen, die in ihrem Wohnzimmer saßen, einmal erklärte: ‚Wir suchen die Versprechen.' So fehlt es einer Grenzland-Exegese biblischer Texte nicht an einem gewissen theologischen Interesse. Man könnte sogar sagen, dass sie einen eschatologischen Horizont hat. Eine Grenzland-Exegese folgt den Bruchlinien dieser anderen möglichen Wahrheit innerhalb des kanonischen Rahmens der christlichen Bibel. Sie sucht dort nach

[27] Ebd., 7–8.

Ritzen und Spalten, die auf der Textoberfläche verlaufen und das ‚Gefängnis der Sprache' aufbrechen. Sie versucht dort, jede Öffnung zu vergrößern, die sie findet, in der Hoffnung, dass etwas Licht durch diese Öffnungen dringen wird. Zumindest ist die Luft dort im Allgemeinen lieblicher."[28]

Das alles soll auch für diese „Relektüre" des Markusevangeliums gelten. Bald werden wir beginnen, nach den Spalten und Ritzen im biblischen Text zu suchen, durch die, so hoffen wir, eine andere Luft weht, damit wir erfrischt aufatmen und von jenem lähmenden Entsetzen, das wir ansonsten die Wirklichkeit nennen, befreit werden können.

6. Kein melancholisches Lied!

Was fehlt noch, bevor wir endlich mit unserem Thema beginnen können? Es gibt zwei jüngere Stimmen aus Deutschland, die ich gerne höre, denn ich empfinde sie als sehr wahrhaftig, denen ich aber gleichzeitig in der Tiefe meiner kanadisch-norwegisch-peruanischen Seele ein gewisses Misstrauen entgegenbringe. Eine der beiden Stimmen ist die des eigenwilligen Literaturwissenschaftlers W.G. Sebald, der ursprünglich aus dem Allgäu stammte. Die zweite ist die Stimme des Freidichters Durs Grünbein, der in Dresden geboren und aufgewachsen, jetzt aber in Berlin ansässig ist.[29] Wie Sebald und Grünbein glaube ich auch, dass es unbedingt notwendig ist – und nicht nur in Bezug auf das Markusevangelium –, genauer zu betrachten, was Sebald als eine „Naturgeschichte der Zerstörung" bezeichnet hat. Nur so wird man, unter anderem, Sebald zufolge das Leben in Deutschland nach dem Zweiten Weltkrieg, Grünbein zufolge das Leben in demselben Land nach der Wende und, so meine ich, dem urchristlichen Evangelisten des Markusevangeliums zufolge das Leben im Abendland nach dem Ersten Jüdischen Krieg begreifen können.

In all diesen Fällen wird man prinzipiell dazu genötigt, das Trauma der Vorgeschichte durchzuarbeiten, um das darauf folgende Trauma des Überlebens möglicherweise behandeln zu können.[30] Meiner Meinung

---

[28] Ebd., 9.

[29] Diese beiden Stimmen sind ansonsten sehr unterschiedlich.

[30] Wie Grünbein es auf eine zweifelsohne ironische, aber trotzdem zutreffende Weise beschrieben hat am Beginn des Aufsatzes *Kurzer Bericht an eine Akademie*, in: Antike Dispositionen, Frankfurt a.M. 2005, 11–14: „Vater und Mutter waren 22, als ich mit

nach wird man das Markusevangelium exegetisch nie richtig erklären, ohne die Zerstörung der „alten“ Welt des Evangelisten durch den Ersten Jüdischen Krieg mit in Betracht zu ziehen. Diese Welt ging im Ersten Jüdischen Krieg zugrunde, genauso wie überall in Amerika die ehemalige Welt der Ureinwohner schnell vernichtet wurde durch den wiederholten Angriff unbekannter Ankömmlinge, die diese „alte“ Welt für eine „neue“ hielten. Wir dürfen diesen Hintergrund der Kulturvernichtung und auch – was oft noch schlimmer sein kann – die darauf folgende Situation der Übriggebliebenen nie vergessen, wenn wir im Namen des Markusevangeliums von einem Neu-„Anfang des Evangeliums von Jesus Christus, dem Sohn Gottes“ reden wollen.

Die Frohe Botschaft des Markusevangeliums setzt eine tödliche Vorgeschichte voraus, die aber nicht in erster Linie der Tod Jesu war, der ungefähr zwei Generationen zuvor stattgefunden hatte, sondern die vor kurzem erfolgte Vernichtung der Lebenswelt des Evangelisten.[31] Man muss bereit sein, diesen großen Verlust mit dem Evangelisten exegetisch durchzuarbeiten, um das Ziel des Markusevangeliums verstehen zu können, um nicht nur das, was im Text noch als Erinnerung ans Traumatische versteckt ist, wieder einmal zu wiederholen.[32]

Zugleich bin ich aber auch der Meinung, dass dieses Durcharbeiten anders erfolgen kann und sollte, als es mir in den Werken von Sebald und Grünbein der Fall zu sein scheint. Es handelt sich hier nicht nur um eine Frage des literarischen Geschmacks, obwohl es zweifelsohne immer der Fall sein kann, dass ich wichtige Aspekte der (deutsch-europäischen) Perspektiven von Sebald und Grünbein vernachlässigt oder verkannt habe. In der Tat würde ich mich freuen, von jemandem belehrt zu werden, dass der eine oder der andere Schriftsteller oder beide kein tief melancholisches Lied voll witziger Ironie und auch barmherziger Zärtlichkeit singen. Denn es ist genau diese Art der Melancholie, die der peruanische Schriftsteller Julio Ramón Ribeyro „die Versuchung des Scheiterns“ (*la*

---

dem üblichen Geschrei eines Nachmittags aufdringlich zum Vorschein kam, traumatisiert von der Geburt genauso wie jeder andere“ (11).

31 Vgl. dagegen die Grundvoraussetzung der Dissertation von Shin Yoshida, *Trauerarbeit im Urchristentum: Auferstehungsglaube, Heils- und Abendmahlslehre im Kontext urchristlicher Verarbeitung von Schuld und Trauer*, Göttingen 2013.

32 Wie ein Psychotherapeut gebeten wird, in das Trauma, das dem Leiden eines Menschen zugrundeliegt, mit hineinzugehen und alles, was dieser Mensch einmal erlitten hat, einschließlich seiner ehemaligen Hoffnung, dieses Leiden vermeiden zu können, noch einmal durchzuarbeiten, so sollten sich auch die wissenschaftlichen Exegeten des Markusevangeliums dazu verpflichten, die Vorgeschichte dieses Textes mit einzubeziehen, um ihn vollständig verstehen zu können.

tentación del fracaso) genannt hat und die man ansonsten für den Grundstein einer sogenannten Realpolitik bzw. des Realitätsprinzips der „zivilisierten“ Kultur mit ihrem Unbehagen hält, was mich besonders bekümmert.[33] Und das ist so, weil es mir wie ein Zeichen einer Welt vorkommt, die schon in eine Sackgasse geraten ist und aufgegeben hat, nach einem Ausweg aus dieser Misere zu suchen.

Wie nimmt man aber die Tatsache ernst, dass diese Welt gescheitert ist, ohne damit die Hoffnung auf eine andere, noch mögliche Welt einfach aufzugeben? Gibt es eine abgrundtiefe Trauer, die noch Raum für Hoffnung lässt? Eine Heiterkeit, die nicht einfach alles vergessen bzw. verdrängen muss? Eine Auswanderung heimwärts?[34] Wenn ich derlei Fragen stelle, ist mir nicht nur die Tatsache bewusst, dass bestimmte Schlüsselkategorien wie Trauer, Melancholie, Durcharbeiten natürlich an die psychoanalytische Tradition Freuds anknüpfen, sondern auch, dass diese Begriffe innerhalb derselben Tradition und in anderen Zusammenhängen einen unsicheren Status haben. Zumindest ist die Frage nach der Beziehung zwischen „erfolgreicher“ Trauerarbeit und „erfolglosen“ Erscheinungsformen oder „Neurosen“ wie „Melancholie“ und „Depression“ nicht wirklich beantwortet worden.[35]

Von einigen wird der Zusammenhang deshalb bestritten.[36] Da mir die Voraussetzungen fehlen, um mich an diesen therapeutischen Diskussionen zu beteiligen, muss ich hier davon absehen. Es erstaunt mich jedoch, wie wenig Freud selbst über das Thema der Trauer als Aufgabe für das Durcharbeiten des Verlustes geschrieben hat – ich glaube, dass es tatsächlich nur zwei Schriften gibt, die sich direkt mit dieser Frage beschäftigen. Es ist aber auch bemerkenswert, dass beide dieser Schriften ur-

---

33 Vgl. Julio Ramón Ribeyro, *La tentación del fracaso*, 3 Bde., Lima 1992; Sigmund Freud, *Das Unbehagen in der Kultur*, Wien 1931; Norbert Elias, *Über den Prozess der Zivilisation: Soziogenetische und pyschogenetische Untersuchungen*, 2 Bde., Basel 1939.

34 Das ist ein Erlebnis des Verlusts, das die Verpflichtung einschließt, irgendwann auf dieser Erde wieder ein echtes Leben zu genießen.

35 Vgl. Leticia Glocer Fiorini/Thierry Bokanowski/Sergio Lewkowicz (Hg.), *On Freud's „Mourning and Melancholia“*, London 2007.

36 Vgl. z.B. *Eine Trauerhaltung lernen: Gespräch mit Sven Boedecker (1995)* und *Ich fürchte das Melodramatische: Gespräch mit Martin Doerry und Volker Hage (2001)*, in: Torsten Hoffmann (Hg.), W.G. Sebald, „Auf ungeheuer dünnem Eis“: Gespräche 1971 bis 2001, Frankfurt a.M. 2011, 111–121, 196–207, bes. 205: „Melancholie ist etwas anderes als Depression. Während Depression es einem unmöglich macht, sich etwas auszudenken oder auch nur über etwas nachzudenken, erlaubt die Melancholie, auch nicht unbedingt ein angenehmer Zustand, reflexiv zu sein und in Form gewisser Basteleien, die man im Kopf anstellt, versuchsweise Sachen zu entwickeln, von denen man vorher nichts geahnt hat.“

sprünglich im Schatten des Ersten Weltkriegs geschrieben wurden.[37] Darüber hinaus gibt es noch eine sehr kurze Notiz über die Erfahrung von Vergänglichkeit, die Freud zur gleichen Zeit geschrieben hat, offensichtlich nach einem Nachmittagsspaziergang und einer Unterhaltung mit dem „pathetischen" Dichter Rainer Maria Rilke. In dieser Notiz weist Freud die Vorstellung zurück, dass die Erfahrung von Vergänglichkeit unsere Freude an der Schönheit des Lebens mindern könnte; Freud behauptet vielmehr, dass unser Bewusstsein von der Vergänglichkeit der Dinge der Hauptgrund dafür sein sollte, dass wir uns an ihrer momentanen Präsenz erfreuen können.[38] In diesen drei Schriften – und vielleicht auch im Aufsatz *Zeitgemäßes über Krieg und Tod* – scheint mir Freud ein bestimmtes soziales Problem „durchzudenken", das durch das zunehmende Versagen des Österreichisch-Ungarischen Reiches im Krieg entstanden war, wenn auch unter den Bedingungen des individuellen psychischen Apparats und seiner Art, mit dieser Form des Verlusts zurechtzukommen.[39] In dieser Hinsicht ist Freuds Theorie der Trauer selbst eine Form des „Durcharbeitens" der Folgen eines Krieges, der auch für ihn bald das Ende der „alten" Welt einleiten würde.

Wie dem auch sei, es geht hier darum, den psychoanalytischen Hintergrund meiner Leitfragen hervorzuheben. Diese Fragen betreffen sowohl das Markusevangelium in seiner ursprünglichen Bestimmung als Werk der Trauer als auch die gegenwärtige wissenschaftliche Auslegung dieses Textes. Die Fragen sollen helfen, die besonderen Probleme eines katastrophalen Verlusts zu bestimmen und sie durchzuarbeiten. Dies wäre besonders angemessen, wenn Freuds Gedanken über Trauer und Durcharbeiten tatsächlich eine Funktion bzw. Nachwirkung seiner eigenen Erfahrung eines vereitelten und dann verlorenen Krieges wären. Es ist aber noch nicht klar, ob schon irgendjemand weiß, wie genau die Überlebenden einer solchen Erfahrung langsam lernen „loszulassen", was früher war, um dann in eine „neue" Welt(ordnung) „einzutreten". Es ist trotzdem sicher, dass diese Fähigkeit zu erwerben zu dem gehören muss, was wir sonst als Evangelium bezeichnen, zumindest unter katastrophalen Umständen wie denen, die den Ursprung des Markusevangeliums und auch

---

37 Vgl. Sigmund Freud, *Erinnern, Wiederholen und Durcharbeiten* und *Trauer und Melancholie*, in: Gesammelte Werke, Bd. 10, Werke aus den Jahren 1913–1917, London 1946, 126–36, 428–46.

38 Vgl. Sigmund Freud, *Vergänglichkeit*, in: Gesammelte Werke, Bd. 10 (wie Anm. 37), 358–361.

39 Dies ist etwas, was Freud meiner Meinung nach oft tut: Er denkt über die kulturellen Probleme seiner Zeit aus der Perspektive der Psychologie nach.

die folgende Relektüre des Textes „aus amerikanischer Perspektive“ geprägt haben.

Kapitel II
Das Trauma des Überlebens: Eine kleine Einführung in das Markusevangelium

Am Ende des letzten Kapitels habe ich die Hoffnung geäußert, dass uns das Markusevangelium helfen möge, eine Lebensfähigkeit zu entwickeln, die traditionell bei den Christen „Evangelium" heißt, eine Fähigkeit, die es uns ermöglichen soll, was immer im Leben schiefgegangen sein mag, vor einem bestimmten Horizont durchzuarbeiten.

Im Kielwasser einer „Scheißgeschichte" der Zerstörung sollte man noch imstande sein, das Überleben mit einer besonderen Heiterkeit zu feiern, ohne das geschehene Unglück vergessen oder verdrängen zu müssen. In diesem Sinne habe ich von einer „Auswanderung heimwärts" gesprochen.

Damit uns das Markusevangelium auf diesem „utopischen" Weg wird leiten können, müssen wir das Zeugnis des Textes besser kennenlernen. Darum schlage ich vor, zuerst den biblischen Text „historisch" zu betrachten. Was heißt „historisch" betrachten? In diesem Kapitel heißt „historisch": Wer hat das Markusevangelium geschrieben? Wann war das? Wo? Und wozu? Leider wird es an dieser Stelle notwendig sein, nochmals eine kleine Einführung in das Markusevangelium über sich ergehen zu lassen, damit deutlich wird, warum und wie das Markusevangelium als Zeugnis eines Traumas des Überlebens verstanden werden soll.

Das Markusevangelium „historisch" zu betrachten heißt auch hier, sich kein leibloses Evangelium vorzustellen, keinen Text, der nur Sprache ist. Und darum auch keinen Evangelisten, der eine Geschichte erzählt, die nicht zugleich die eigene ist. Und darum auch keinen Leser des Textes, der nicht auch die eigene damit verbindet.

Der Tag, an dem ich diese Vorlesung gehalten habe, war mein Geburtstag. Ich hatte das Gefühl, irgendwie dazu gezwungen zu sein oder die Erlaubnis zu haben, an solch einem Tag auch mich selber „historisch" zu betrachten. Ich dachte an die Zeit – metaphorisch ausgedrückt –, als ich als „lebendiger Text" zum ersten Mal „herausgegeben" wurde, und daran, woher dieser „verkörperte Diskurs", der sich bald in der Vorlesung artikulieren sollte, ursprünglich gekommen ist, und was für ein Lebensprojekt dieses „Geschrei" einst vor sich hatte. Plötzlich kam es mir vor, als ob ich von der anderen Seite des Mondes käme und auf der Erde in

Frankfurt am Main gelandet wäre. Wieso bin „ich", der einst so war, jetzt in dieser „fremden" Situation? Man kommt sich selber ab und zu ganz fremd vor.

In so einem Fall führt die Erinnerung zuerst zu einer Selbstentfremdung bzw. Selbstverfremdung. Man erkennt plötzlich, dass man nicht immer so gewesen ist wie jetzt – und darum auch, dass man nicht immer dazu gezwungen war oder die Erlaubnis hatte, das zu sein, was man im Moment ist. Wenn man das Markusevangelium „historisch" betrachtet, macht man mit dem Text eine ähnliche Erfahrung.

Weil es mein Geburtstag war, dachte ich auch an meine Eltern, d.h. an den kulturellen „Kontext", in dem ich ursprünglich „hergestellt" wurde. Ich habe mich daran erinnert, wie ich als Kind und auch als junger Mann zu Hause bei meinen Eltern immer glaubte, dass mein Vater Englisch genauso gut sprach wie ich und die anderen Kanadier in der Gegend. Alles, was mein Vater entweder zu mir oder in meiner Gegenwart sagte, klang für mich wie ganz „normales" Englisch. Erst nachdem ich von zu Hause ausgezogen war und geheiratet hatte, fing ich an, durch die Ohren meiner Frau und anderer Menschen zu entdecken, dass mein Vater eigentlich Englisch mit einem deutlich norwegischen Akzent sprach. Zweifelsohne war er noch mein Vater, aber plötzlich nicht mehr so, wie ich ihn mir immer vorgestellt hatte. Plötzlich konnte ich die Spuren einer Vorgeschichte erkennen, die vermutlich immer da gewesen waren, ohne dass ich sie beachtet hatte. Und sie waren genau das, was ihn deutlich von mir unterschied.

Wenn wir das Markusevangelium „historisch" betrachten, machen wir mit dem Text auch diese Erfahrung. Wir merken, dass sich der Text deutlich von uns unterscheidet. Warum aber tut man dies? Warum sollte man auf diesen Unterschied achten? Denn der biblische Text existiert genauso wie alles, was sonst auch „menschlich, allzu menschlich" ist, nämlich nicht von Ewigkeit zu Ewigkeit, sondern nur von einem bestimmten, ersten Erscheinungszeitpunkt an bis zu seinem endgültigen Verschwinden. Und bei seinem ersten Erscheinen taucht der Text nicht ohne weiteres überall auf, sondern nur an einem und keinem anderen Ort. Das Markusevangelium „historisch" zu betrachten heißt darum, diese Begrenztheit bzw. Zerbrechlichkeit des biblischen Textes und seines Zeugnisses zu bekennen. Nicht nur die ursprüngliche, sondern auch die fortwährende Gebundenheit dieses Diskurses an einen bestimmten sozialgeschichtlichen Kontext. Deswegen kommt das Gotteswort, auch im Markusevangelium, immer nur „senkrecht von unten".

1. *Wer hat das Markusevangelium geschrieben?*

Der traditionelle „Titel“ des Markusevangeliums sollte eine schnelle Antwort auf diese Frage selbstverständlich machen: jemand, der „Markus“ hieß. Wie aber allen Bibelwissenschaftlern bekannt ist bzw. ihnen bekannt sein sollte, gehört dieser Titel, nämlich *(Evangelium) nach Markus*, ursprünglich nicht zu der damit verbundenen Erzählung. Der Titel ist erst später hinzugefügt worden, und zwar auf der von David Trobisch „Endredaktion des Neuen Testaments“ genannten Entstehungsstufe.[40] Die Bezeichnung des Werkes als *Evangelium nach Markus* hat deshalb ursprünglich gar nichts mit der Erzählung zu tun. Wer sie geschrieben hat, wissen wir nicht. Der Verfasser der Erzählung des Markusevangeliums ist ganz und gar anonym geblieben.[41]

Mit diesem Ergebnis haben wir den ersten Gipfel einer historischen Betrachtung des Markusevangeliums schon erreicht, obwohl wir nicht imstande sind, das Territorium weiter zu betreten. Wer war der Autor dieses Werkes? Keine Ahnung! Und trotzdem existiert der Text.[42] Historisch betrachtet tritt uns das Werk jetzt ohne individuelles Gesicht, ohne Eigenname, ohne bestimmte Identität entgegen. Diese Tatsache bedeutet aber nicht, dass der Text eigentlich von niemandem produziert wurde. Sie bedeutet nur, dass auch dieser Text aus seiner ursprünglichen „Heimat“ namenlos bzw. „obdachlos“ in eine unbestimmte Zukunft hat auswandern müssen, wozu auch heute viele andere menschliche Stimmen gezwungen werden.[43]

---

40 Vgl. David Trobisch, *Die Endredaktion des Neuen Testaments: Eine Untersuchung zur Entstehung der christlichen Bibel*, Freiburg (Schweiz)-Göttingen 1996.

41 Diese Tatsache werden wir bald wieder berücksichtigen müssen, wenn wir die Frage zu beantworten versuchen, wo das Markusevangelium verfasst wurde.

42 Der Text oder, besser gesagt, die Texte. Tatsächlich gibt es nicht *ein* Markusevangelium, sondern viele verschiedene Handschriften „des“ Werkes, die aber nie genau denselben Text beinhalten.

43 Vgl. das Problem der Armut, das eigentlich kein Problem oder nicht „das“ Problem ist. Das wahre Problem ist, dass es viele Menschen gibt, die nicht genug zu essen bekommen, die keine Arbeit haben, die schlecht behandelt werden, die schutzlos leben müssen. Jeder von diesen Menschen hat ein Gesicht und einen Eigennamen, die uns, den Mächtigen, den Etablierten, den Bequemen, den Eingeschlafenen, völlig unbekannt bleiben.

2. *Wann wurde das Markusevangelium geschrieben?*

Es ist immer schwer, genau zu bestimmen, wann ein Text entstanden ist, auch wenn dieser Text explizit datiert ist, denn keine Schrift entsteht in einem einzigen Augenblick, insbesondere wenn sie ein „literarisches“ Werk sein soll. Und wenn der Text außerdem aus der Vergangenheit (Antike) stammt, anonym und nicht datiert ist, wie im Fall des Markusevangeliums, muss es noch schwieriger sein, die Frage nach dem Zeitpunkt der Entstehung des Werkes zu beantworten. Trotzdem müssen wir es wagen, diese Frage nach dem Wann des Textes irgendwie zu beantworten, zumindest wenn wir vorhaben, das Markusevangelium „historisch“ zu betrachten. Denn wie könnte man den Text historisch betrachten, ohne eine der zwei Grundfragen, die eine historisch-kritische Perspektive bestimmen – die andere ist die Frage nach dem Entstehungsort des Textes –, ernst zu nehmen? Historisch betrachtet muss jeder Text, den ein Mensch geschrieben hat, irgendwann fertiggestellt worden sein, und nicht nur irgendwann, sondern in einem bestimmten Jahr, in einem bestimmten Monat, an einem bestimmten Tag.[44] Und das steht fest, obwohl wir letztlich nicht genau bestimmen können, wann es eigentlich war.

Nicht alles, was einmal geschehen ist, kann nachher historisch erinnert werden, obwohl es tatsächlich einmal so war.[45] In der gegenwärtigen Bibelwissenschaft gibt es aber zumindest eine sonst seltene Übereinstimmung bezüglich der Frage, wann genau das Markusevangelium zuerst geschrieben wurde. Fast alle Forscher sind der Meinung, dass die Erzählung höchstwahrscheinlich vor dem Hintergrund des Ersten Jüdischen Kriegs entstanden ist.[46] Und zwar entweder kurze Zeit vor oder kurze Zeit nach dem Jahr 70, in dem die Römer die Stadt Jerusalem wiedererobert und dabei den Tempel zerstört haben.

Diese Datierung des Markusevangeliums basiert aber fast nur auf dem 13. Kapitel des Werkes.[47] Und zwar nur auf zwei oder drei Versen dieses

---

44 Es reicht aber nicht, wenn man z.B. das Markusevangelium historisch betrachten will, nur festzustellen, dass der Text irgendwann im 1. Jahrhundert, in diesem oder jenem Jahrzehnt, geschrieben wurde. Für eine wirklich historische Datierung des Markusevangeliums muss dieses Irgendwann zu einem bestimmten Zeitpunkt werden.

45 Es mag also letzten Endes unmöglich sein, einen Text wie das Markusevangelium historisch auszulegen, weil wir einfach nicht genau genug bestimmen können, wann und wo der Text ursprünglich geschrieben wurde.

46 Dagegen Martin Hengel, *Studies in the Gospel of Mark*, London 1985, 28 (übersetzt von John Borden), der meint, dass im Markusevangelium ein „völliges Unwissen über die Situation in Judäa zwischen 66 und 69“ herrscht.

47 Vgl. James G. Crossley, *The Date of Mark's Gospel: Insight from the Law in Earliest*

Kapitels. Das Grundstück, auf dem das Haus des wissenschaftlichen Konsenses gebaut worden ist, ist eindeutig nicht besonders groß. Aber wenn der Boden aus Felsen besteht, bleibt das Haus vielleicht noch eine Weile stehen.

Am allerwichtigsten für diese Datierung des Markusevangeliums ist der Vers 13,14: „Wenn ihr aber den *unheilvollen Greuel* an dem Ort seht, wo er nicht stehen darf – der Leser begreife –, dann sollen die Bewohner von Judäa in die Berge fliehen [...].“ Der Vers muss sich entweder auf eine oder mehrere der verschiedenen Besetzungen des jüdischen Tempels beziehen, die von 67 bis 70 n. Chr. wiederholt stattgefunden haben.[48] Diese Besetzungen wurden zuerst von jüdischen Gruppen durchgeführt, die aber keine Priester waren und den Aufstand fortzusetzen versuchten (siehe den Ausdruck „*spêlaion lêistôn*“ in Mk 11,17). Die letzte Besetzung wurde dann von den römischen Soldaten vollgezogen, die auch den Tempel zerstört haben. Die letzte Besetzung würde auch erklären, warum Jesus am Anfang des 13. Kapitels (Mk13,2) schon weiß: „Kein Stein [von den großen Bauten] wird auf dem anderen bleiben, alles wird niedergerissen.“[49]

Der wichtigste Hinweis für diese Datierung des Markusevangeliums, den diese Verse enthalten, ist der in ihnen enthaltene Anachronismus, der nur bzw. am besten damit zu erklären ist, dass der Text in einer Zeit entstanden ist, als der Tempel besetzt worden oder schon zerstört war. Im ersten Fall bedeutet das: erst nach dem Jahr 67; im zweiten Fall: erst nach dem Jahr 70. Auf jeden Fall lässt sich daraus schließen, dass nicht nur diese zwei oder drei Verse bzw. nur das 13. Kapitel des Markusevangeliums, sondern höchstwahrscheinlich auch das ganze Werk nicht vor dieser Zeit verfasst worden sein können.

Zugleich ist es auch merkwürdig, wie wichtig oder noch „lebendig“ das Thema „Tempel“ im Markusevangelium ist im Vergleich zur Behandlung desselben Themas beispielsweise im Matthäus- oder im Lukasevangelium. Darum können das *tempus ante quod* und *tempus a quo* nicht

---

Christianity, London 2004, bes. 19–43; G. Zuntz, *Wann wurde das Evangelium Marci geschrieben?* In: H. Cancik (Hg.), Markus-Philologie: Historische, literargeschichtliche und stilistische Untersuchungen zum zweiten Evangelium, Tübingen 1984, 47–71 (auf der Grundlage von Mk 13,14); John A.T. Robinson, *Redating the New Testament*, London 1976, 95, 107ff, 352–353 (auf der Grundlage von Clemens von Alexandria, *Hypotyposeis* 6 = Eusebius von Cäsarea, *Historia Eclesiástica* II,15,3–4).

48 Vgl. Joel Marcus, *The Jewish War and the* Sitz im Leben *of Mark*, in: Journal of Biblical Literature 111 (1992), 446–456.

49 Vgl. John S. Kloppenborg, Evocatio deorum *and the Date of Mark*, in: Journal of Biblical Literature 124 (2005), 419–450.

sehr weit auseinanderliegen. Denn ziemlich schnell wurde für das Urchristentum die Zerstörung des Tempels in Jerusalem eine rein historische Tatsache, die vielleicht noch als wichtiger Bezugspunkt dienen konnte, aber sonst nicht mehr so schmerzlich war in der (urchristlichen) Erinnerung, wie es noch im Markusevangelium der Fall zu sein scheint. Darum können wir mit großer Wahrscheinlichkeit feststellen: Das Markusevangelium ist im Schatten des Ersten Jüdischen Kriegs, und zwar im Jahr 70 oder wenig später, geschrieben worden.[50]

Das Markusevangelium setzt die Zerstörung des Tempels in Jerusalem voraus. Nicht nur der Tod Jesu, sondern auch die spätere Verödung des Heiligtums in dieser Stadt waren jetzt „voraussehbare" Ereignisse für den Evangelisten, weil beide für ihn schon in der Vergangenheit lagen. Die Zerstörung des Tempels aber bedeutete – für ihn und seine Zeitgenossen – nicht nur den Verlust eines wichtigen kulturellen Symbols, sondern auch die Vernichtung der alten, bekannten Welt. Denn mit der Zerstörung des Tempels ging auch ein ganzes Sozialsystem zugrunde. Man braucht z.B. nur daran zu denken, dass der Tempel die „Zentralbank" des Landes war, um sich vorstellen zu können, welche Konsequenzen diese Zerstörung für das Alltagsleben der betroffenen Menschen gehabt haben muss. Auch wenn es sicher schwer war, den Menschen, der Gottes Sohn sein sollte, durch ein erbärmliches Sterben zu verlieren, muss es noch schlimmer gewesen sein, den Untergang der bisher bestehenden Wirklichkeit zu erleben, weil dieser „Tod" eine sozialpolitische Katastrophe darstellte.

Im ersten Kapitel des Buches *A Myth of Innocence* unterstreicht Burton L. Mack die Wichtigkeit des Tempelsystems, indem er beschreibt, wie die „jüdische" Welt zur Zeit Jesu in Palästina um den Tempel herum organisiert war. Mack vergisst aber offenbar diese große Bedeutung dieses Tempelsystems, wenn er den Evangelisten als jemanden beschreibt, der plötzlich imstande gewesen sein sollte, die Zerstörung des Tempels

---

[50] Noch ein Indiz für dieses Datum könnte die Diskussion sein, die der Evangelist zum Thema „Sohn Davids" in Mk 12,35–37 eröffnet, d.h. zum Thema des politischen Messianismus. Man beachte, dass es in Mk 12,35 Jesus ist, der die Schriftgelehrten herausfordert, und nicht umgekehrt, wie es bei den anderen Auseinandersetzungen in diesem Kapitel des Markusevangeliums der Fall ist. Vgl. Marcus, *Jewish War* (wie Anm. 48), 456–460; auch Santiago Guijarro Oporto, *Los cuatro evangelios*, Salamanca 2010, 268–269. Obwohl eine Datierung des Markusevangeliums auf oder um das Jahr 70 in der Bibelwissenschaft fast selbstverständlich geworden ist, scheint es nicht ebenso selbstverständlich zu sein, daraus die entsprechenden Konsequenzen zu ziehen. Z.B. dass das Hauptthema des Markusevangeliums, das im ersten Vers des Werkes als „Evangelium von Jesus Christus, dem Sohn Gottes" bezeichnet wird, so wie die hier besprochenen Verse von Kapitel 13 von demselben sozialpolitischen Trauma geprägt sein muss.

als „an act of God's judgment upon Jerusalem for its rejection of Jesus as rightful sovereign" zu interpretieren, als ob der Evangelist unmittelbar nach dem Zusammenbruch des Tempelsystems, das seine Lebenswelt bestimmte, sich hauptsächlich für so eine christologische Fragestellung interessieren würde.[51] Als ob der Evangelist die innere Freiheit und (Vorstellungs-)Kraft gehabt hätte, seine zerstörte Wirklichkeit auf diese Weise „wieder in Ordnung" zu bringen, und nicht wie die meisten Zeitgenossen auch gezwungen gewesen wäre zu versuchen, jeden Tag irgendwie zu überstehen.

Am Anfang des 4. Abschnitts seines Buches, wo Mack versucht, die ideologische Arbeit des Evangelisten zu beschreiben, fasst er seine Sichtweise folgendermaßen zusammen: „Southern Syria in the seventies would be about right for such an intellectual labor as the Gospel of Mark. Jesus' apocalyptic instruction in Mark 13 is the important bit of evidence for a post-70 C.E. date and for a place from which the events of the Jewish War could be closely observed, yet without immediate involvement."[52] Das heißt: Damit das Markusevangelium und sein Verfasser so sein können, wie Mack sie sich vorgestellt hat, muss der ehemalige Schriftsteller vom Krieg „nicht direkt betroffen" („without immediate involvement") bleiben. Wie plausibel ist es aber, im rein historischen Sinne, dass der Evangelist so gut informiert („closely observed") und zugleich nicht direkt betroffen blieb von dem, was im Ersten Jüdischen Krieg geschehen war? Ist diese distanzierte Haltung eigentlich denkbar angesichts der extremen Verwirrung, die ein Krieg immer mit sich bringt?[53]

Das Erlebnis der Niederlage im Ersten Jüdischen Krieg wird den Zeitgeist des Evangelisten nicht nur tangiert, sondern wesentlich geprägt haben.[54] Eine solche Niederlage erlebt man nicht nur auf der Oberfläche

---

51 Siehe Burton L. Mack, *A Myth of Innocence: Mark and Christian Origins*, Philadelphia 1988, 243.

52 Ebd., 315.

53 Mack selbst erinnert uns daran: „The story Josephus tells of the sixties is one of famine, social unrest, institutional deterioration, bitter internal conflicts, class warfare, banditry, insurrections, intrigues, betrayals, bloodshed, and the scattering of Judeans throughout Palestine" (*Myth of Innocence*, 315). Wenn aber die Lage schon so schlimm war, bevor der Krieg schließlich verlorenging, wie kann man sich eine so schnelle Verbesserung der Situation des Evangelisten nach dem römischen Sieg vorstellen?

54 Dies alles wird erst später zu einer historischen Realität. Das Thema „Verfolgung" – ein Wort, das man im Markusevangelium besser mit „belästigt werden" oder „große Schwierigkeiten haben" übersetzen sollte – hat sehr viel mit den üblichen Folgen eines verlorenen Kriegs zu tun. Es bezieht sich in erster Linie nicht auf die Unstimmigkeiten, die es zweifelsohne auch zwischen den verschiedenen Parteien des damaligen Juden-

der Haut, sondern auch tief in der Seele, selbst wenn man ein sogenannter Evangelist sein sollte und den Versuch macht, wieder einmal mit dem „Evangelium von Jesus Christus, dem Sohn Gottes" neu anzufangen. Darum wählen wir in diesem Buch die in der Bibelwissenschaft übliche Datierung des Markusevangeliums als Grundstein für eine durchgängig geschichtliche Interpretation des Werkes. Das Markusevangelium ist unter dem Eindruck eines sozialgeschichtlichen Traumas entstanden, das immer die Kehrseite eines verlorenen Krieges ist. Die Datierung des Textes verweist auf diese „kulturelle" Lage. Sie ist der wichtigste Grund dafür, dass man das Markusevangelium als eine traumatisierte Erzählung charakterisieren sollte. Das Werk stellt einen Versuch dar, die Nachwirkungen einer vorausgegangenen Weltvernichtung und der dazu gehörenden Beschädigung der Existenz der betroffenen Menschen durchzuarbeiten.[55]

3. Wo wurde das Markusevangelium geschrieben?

Nach traditioneller Auffassung soll das Markusevangelium ursprünglich in Rom verfasst worden sein.[56] Das heißt in der Hauptstadt der (spät-)antiken Kultur. Auf die heutige Zeit übertragen wäre das so, als ob der Evangelist sein Werk in New York oder in Toronto, in Paris oder in Berlin verfasst hätte. Als ob das Markusevangelium in den Kontext einer solchen Lebenswelt gehörte. Wenn ich hier eine andere These aufstelle, nämlich dass das Markusevangelium ursprünglich nicht in Rom, sondern anderswo, und zwar in einem Grenzgebiet des Römischen Reichs ge-

tums gegeben hat, als das sogenannte Frühchristentum noch eine jüdische Bewegung bzw. Sekte war. Auch spiegelt dieses Thema nicht den Überlebenskampf einer Gruppe wider, die verboten war und deshalb als subversiv betrachtet wurde, einer Gruppe, die versuchen musste, sich einen sozialen Raum zu erobern und politische Legitimität im Kontext des Römischen Reichs zu erlangen.

55 Darum ist die übliche Datierung des Markusevangeliums auch der Hauptgrund dafür, warum man die Auslegung des Textes als einen weiteren Versuch betrachten sollte, das noch nicht beendete Durcharbeiten des Traumas seiner historischen Entstehung fortzusetzen.

56 Siehe J.R. Donahue, *The Quest for the Community of Mark's Gospel*, in: F. Van Segbroeck u.a. (Hg.), The Four Gospels, Leuven 1992, 2817–2838, bes. 2817–2020; ders., *Windows and Mirrors: The Setting of Mark's Gospel*, in: CBQ 57 (1995), 1–26; außerdem: Benoît Herman/Marguerite Ghislain/Marie Standaert, L'Évangile Selon Marc: Composition et Genre Litteraire, Zevenkerken-Brugge 1978/1984, 465–491; Hengel, *Studies in Mark* (wie Anm. 46); Robert H. Gundry, *Mark: A Commentary on His Apology for the Cross*, Grand Rapids 1993, 1026–1045; C. Clifton Black, *Mark: Images of an Apostolic Interpreter*, Columbia 1994.

schrieben wurde, heißt das, wieder auf die heutige Zeit übertragen, dass der Text nicht in der Mitte der sogenannten Zivilisation, sondern am Rande ihrer Wirklichkeit entstanden ist. Der Text kommt aus einem „Hinterland". Aus dem „Nirgendwo". Das Markusevangelium wurde an einem Ort wie z.B. der Insel Lampedusa (im Mittelmeer) oder der Kleinstadt Williams Lake (in British Columbia, Kanada) oder der Gegend von Tarapoto (im Amazonasgebiet, Peru) verfasst.

So stellt die Frage nach der historischen Herkunft des Markusevangeliums auch andere Vorstellungen in Frage, die unsere theologisch-politische Weltkarte bestimmen. Woher kann ein Evangelium wie das Markusevangelium kommen? Wo bzw. in welcher Lage muss man sich befinden, um so etwas schreiben zu können bzw. es historisch zu betrachten?

BC 97

Ich hatte vergessen, wie die Straße
Hinter dem Cache Creek zeitlich rückwärts bis zum Mond ansteigt.
Die Luft ist hauchdünn über braunem Gras.

Mein Bruder fährt mit mir und fotografiert
Jedes Heiligum: das Französische Café in Spuzzum,
Das Dairy Queen an der Ecke, den großen runden Fels.

Ich bin verblüfft, wie wenig sich die Landschaft
Verändert hat. Berge und Hügel haben sich kaum bewegt.
Sofort sehe ich, wo ich mich immer versteckt habe.

Im Rückspiegel dehnt sich der Raum aus:
Schon kann ich nicht erklären, warum meine Tage
So überfüllt sind und mein Blut so hoch.

Ich träume nicht davon zurückzukehren. Ich schlafe gut.
Obwohl ich wieder vergessen habe, dass die Sommernacht
Oft kalt und das Bett eines Kindes schwach ist.[57]

Die kirchlich-wissenschaftliche Tradition, nach der die Stadt Rom der Entstehungsort des Markusevangeliums sein soll, stützt sich vor allem auf

57 Siehe Leif E. Vaage, *Schooled in Salt*, Toronto 2003, 33.

das Zeugnis, das der urchristliche Bischof Papias von Hierapolis nach einem Text von Eusebius von Cäsarea (*Historia ecclesiastica* III,39,15–16) aus der ersten Hälfte des 4. Jahrhunderts abgelegt haben soll.[58] Diese Tradition ist sicher alt, wirkt aber nicht besonders überzeugend als historischer Beweis.[59] An erster Stelle ist zu erwähnen, dass alles, was Papias über das Markusevangelium geäußert haben soll, voraussetzt, dass der Text ursprünglich von jemandem mit dem Namen „Markus" geschrieben wurde. Diese Voraussetzung aber basiert einzig und allein auf dem Titel des Markusevangeliums, der der Erzählung erst nach ihrer Entstehung hinzugefügt wurde. Sonst gäbe es überhaupt keinen Grund, das Werk mit dem Namen „Markus" zu verbinden.

Ich habe im ersten Abschnitt dieses Kapitels schon erklärt, dass der Titel *(Evangelium) nach Markus* mit der Erzählung ursprünglich gar nichts zu tun hatte. Der Titel ist wie gesagt eine sekundäre Hinzufügung, die nur notwendig wurde durch die redaktionelle Arbeit der Menschen, die für die Zusammenstellung der vier kanonischen Evangelien verantwortlich sind. Die kanonische Sammlung, die „Evangelien" heißt, stellt eine der vier Einheiten dar, in die die überlieferten biblischen Handschriften normalerweise das orthodoxe oder rechtgläubige Neue Testament einteilen. Diese Zusammenstellung wurde frühestens in der Mitte des 2. Jahrhunderts vorgenommen.[60]

Ohne den Titel (*Evangelium) nach Markus* gibt es keinen Grund, die Entstehung der Erzählung des Markusevangeliums mit jemandem, der Markus heißt, zu verbinden. Denn dieser Name spielt für die Erzählung überhaupt keine Rolle.[61] Und ohne die Verbindung mit jemandem, der Markus heißt, kann und sollte das Zeugnis von Bischof Papias keine Rolle mehr bei der Fragestellung spielen, wo das Markusevangelium geschrieben wurde. Denn der Name Markus ist wiederum die einzige

---

58 Das Zeugnis von Papias soll aus den ersten Jahrzehnten bzw. aus dem ersten Jahrzehnt des 2. Jahrhunderts stammen. Vgl. Hengel, *Studies in Mark* (wie Anm. 46), 2–3, 47–50; außerdem: Irenäus, *Adversus Haereses* III,1,1, und die älteste Version des sogenannten „Antimarcionitischen Prologs" des Markusevangeliums.

59 Vgl. Helmut Koester, *Introducción al Nuevo Testamento*, Salamanca 1988, 683; Marcus, *Jewish War* (wie Anm. 48), 442–443. Grundlage für das Zeugnis von Papias soll 1Petr 5,13 sein.

60 Siehe Trobisch, *Endredaktion* (wie Anm. 40); auch Silke Petersen, *Die Evangelienüberschriften und die Entstehung des neutestamentlichen Kanons*, in: ZNW 92 (2006) 2, 250–74.

61 Der Titel des Markusevangeliums hat vielleicht eine Rolle dabei gespielt, wie die orthodoxen „Produzenten" der christlichen Bibel später die theologische „Natur" dieses Werkes verstanden. Vgl. Kurt Niederwimmer, *Johannes Markus und die Frage nach dem Verfasser des zweiten Evangeliums*, in: ZNW 58 (1967), 172–188, bes. 185–188.

„Brücke“, die die andere Verbindung zwischen dem Werk und dem Namen Petrus ermöglicht. Und der Name Petrus ist der allerwichtigste, um eine Verbindung zwischen dem sogenannten Markusevangelium und der Stadt Rom herzustellen.

Die ganze Argumentation hat aber wie gesagt gar nichts mit der Erzählung des Markusevangeliums zu tun, welche der üblichen Datierung des Markusevangeliums zufolge vermutlich aus dem 1. Jahrhundert stammt. Trotzdem ist der Einfluss des Zeugnisses von Papias zum Beispiel an der immer noch von zahlreichen Wissenschaftlern vertretenen These erkennbar, dass Petrus im Markusevangelium eine besondere Bedeutung habe.[62] Diese Bedeutung soll offensichtlich sein aufgrund der Häufigkeit, mit welcher der Name Petrus im Markusevangelium erscheint, und weil Petrus derjenige ist, der aus der Gruppe der zwölf berufenen Jünger am meisten herausragt. So ist z.B. Petrus der erste, der von Jesus berufen wird (Mk 1,16). Es ist Petrus, der auf die Frage Jesu: „Ihr aber, für wen haltet ihr mich?“die richtige Antwort gibt, nämlich: „Du bist der Messias!“ (Mk 8,29). Petrus ist derjenige, der im Namen aller anderen Jesus erinnert: „Du weißt, wir haben alles verlassen und sind Dir nachgefolgt“ (Mk 10,28). Es ist Petrus, der Jesus in Jerusalem mitteilt: „Der Feigenbaum, den du verflucht hast, ist verdorrt“ (Mk 11,21). Es ist Petrus, der darauf beharrt: „Auch wenn alle (an dir) Anstoß nehmen, ich nicht“ (Mk 14,29). Als in Gethsemane nur noch drei Jünger bei Jesus sind, wendet Jesus sich an Petrus (Mk 14,37). Und schließlich ist Petrus im vorletzten Vers des Werks (Mk 16,7) der einzige unter den zwölf Jüngern, der explizit genannt wird, als den Frauen am Grab befohlen wird, dieselbe Jünger daran zu erinnern, was Jesus ihnen vor seinem Tod gesagt hat.

Petrus ist also zweifellos derjenige, der im Markusevangelium an erster Stelle in der Gruppe der zwölf „Erwählten“ steht. Doch diese Position macht ihn in keiner Weise zum Beliebtesten. Vielmehr ragt Petrus als Repräsentant par excellence aus dieser Gruppe heraus, weil er besser als jeder andere ihr absolutes Scheitern repräsentiert.[63] Was auch immer der

---

62 Vgl. Richard Bauckham, *Jesus and the Eyewitnesses: The Gospels as Eyewitness Testimony*, Grand Rapids 2006, bes. 155–182. Nach Joel Marcus, *Mark 1–8*, New York 2000, 30, „most modern scholars have questioned Papias’ link between Mark and Peter“.

63 Wenn Petrus tatsächlich eine apostolische Autorität in Rom war, so hat man im Markusevangelium versucht, ihm jedes Recht auf dieses Amt abzusprechen. Sein sogenannter Vorrang in diesem Werk wäre dann kein Grund dafür, die Entstehung des Markusevangeliums in der Stadt Rom zu verorten, sondern ganz im Gegenteil. Das Thema der

historische Hintergrund für diese Darstellung gewesen ist, man kann, glaube ich, in der Figur des Petrus im Markusevangelium auf der Erzählebene auch beim besten Willen keine Person erkennen, die dafür geeignet wäre, eine Verbindung zwischen dem Werk und der christlichen Gemeinde in Rom zu schaffen.

Es gibt auch andere Argumente, mit denen versucht wird, die These von Rom als Entstehungsort des Markusevangeliums zu verteidigen. Wenn das Zeugnis von Papias keinen historiographischen Wert hat, fragt man sich aber, wie man auf die Idee kommt, Rom als Entstehungsort des Markusevangeliums zu bezeichnen und nicht eine andere Großstadt wie z.B. Alexandria, Tyrus oder Karthago. Diese anderen Argumente setzen eigentlich voraus, dass das Zeugnis von Papias noch irgendwie gelten muss, und darum auch, dass es entweder logisch oder anderweitig noch möglich ist, Rom als eine Art Standardeinstellung für die Beantwortung der Frage nach dem Ort der Niederschrift des Markusevangeliums beizubehalten.[64]

Ein anderer Grund für die These, dass Rom der Ort war, an dem das Markusevangelium verfasst wurde, hat mit der Annahme zu tun, dass es dem Evangelisten an genauen Kenntnissen der Geographie Palästinas fehle.[65] Es scheint nicht ins Gewicht zu fallen, dass der Evangelist sich im Markusevangelium auf zwei galiläische Dörfer bezieht, nämlich Magdala (Mk 15,40.47; 16,1) und Dalmanutá (Mk 8,10), die (fast) kein anderer antiker Text erwähnt, von zwei anderen Dörfern, Kapernaum und Genezareth, ganz zu schweigen.[66] Und wenn man das Markusevangelium mit anderen antiken Schriften vergleicht, die auch über das palästinensische Gebiet informieren wollen, einschließlich der bekannten Texte des Historikers Flavius Josephus und besonders seiner Beschreibung des Hinterlands des Sees Genezareth, ist das Ergebnis bemerkenswert. Dann stellt sich heraus, dass der Evangelist sehr viel bessere geographische Kenntnisse besitzt als die Verfasser dieser anderen antiken Dokumente,

---

Gruppe der Zwölf im Markusevangelium als Gruppe gescheiterter Jünger wird in Kapitel V dieses Buches wieder aufgegriffen und vertieft.

64 Sie stellen keine Argumentation für Rom als Entstehungsort des Markusevangeliums, sondern nur gegen andere Möglichkeiten wie z.B. Syria Palaestina dar.

65 Vgl. z.B. Niederwimmer, *Johannes Markus* (wie Anm. 61), 178–183; Dieter Lührmann, *Das Markusevangelium*, Tübingen 1987, 6; Ernest Best, *Mark: The Gospel as Story*, Edinburgh 1983, 26.

66 Vgl. Hendrika Nicoline Roskam, *The Purpose of the Gospel of Mark in its Historical and Social Context*, Leiden-Boston 2004, 109–110.

die andererseits eindeutig gelehrter waren als der Verfasser des Markusevangeliums.[67]

Die Annahme, es fehle dem Evangelisten an geographischen Kenntnissen, beruht hauptsächlich auf einigen „Fehlern", die der Evangelist bei der Beschreibung der Reisen Jesu im Text angeblich gemacht hat. Zum Beispiel bei der Beschreibung des Wegs, den Jesus von Jericho nach Jerusalem zurückgelegt haben soll, wo er durch „Betfage und Betanien" kommt, bevor er den Ölberg erreicht (Mk 11,1). Diese Wegbeschreibung entspricht nicht den Kenntnissen, die wir inzwischen auf der Grundlage archäologischer Ausgrabungen gewonnen haben.[68] Der größte Teil der Erzählung ist aber nicht von Fehlern dieser Art betroffen. Zum Beispiel nicht die Region Galiläa,[69] einschließlich der Gegend, in deren Zentrum der See Genezareth liegt.[70] Es steht trotzdem fest, dass es in Mk 5,1 ein echtes geographisches Problem gibt, das mit dem Namen der Stadt (Gerasa) zu tun hat, auf deren Gebiet Jesus den Besessenen getroffen hat, der Legion heißt.[71] In den anderen Fällen kann es durchaus sein, dass der Evangelist einfach das Gebiet Syria Palaestinas nicht überall gleichmäßig gut gekannt hat.[72] Oder dass er sich hin und wieder bezüglich der Örtlichkeiten geirrt hat. Sein Gedächtnis hat in dieser Hinsicht kurzfristig versagt.[73] (Selbst den moderneren Gelehrten kann so etwas ab und zu passieren.) Doch diese Schwäche – wenn sie der Evangelist wirklich hat – trifft wieder nicht auf die überwiegende Mehrheit der Orte zu, die im Markusevangelium erwähnt werden. Das Thema der (mangelnden) geographischen Erkenntnisse des Evangelisten kann also nicht als Argument für Rom als Entstehungsort des Werkes dienen.

Ein drittes Argument für Rom als Ort, an dem das Markusevangelium verfasst wurde, ist die Annahme, der Evangelist habe es für notwendig gehalten, einige sehr typische Gewohnheiten des jüdischen Volks zu

---

67 Vgl. Jürgen Zangenberg/Harold W. Attridge/Dale B. Martin (Hg.), *Religion, Ethnicity, and Identity in Ancient Galilee: A Region in Transition*, Tübingen 2007.

68 Vgl. Roskam, *Purpose* (wie Anm. 66), 97–99.

69 Ebd., 104–109.

70 Dagegen Niederwimmer, *Johannes Markus* (wie Anm. 61), 178–183; Roskam, *Purpose* (wie Anm. 66), 99–100, 107–108. Die geographischen Kenntnisse, die wir heute haben, hängen grundlegend davon ab, was übrig geblieben und entdeckt worden ist, was häufig reiner Zufall ist.

71 Ich werde weiter unten die Bedeutung dieses Irrtums kommentieren.

72 Vgl. Mk 7,31; 10,1.

73 In Mk 6,45.53 gibt es angeblich eine Art narrativen Widerspruch, denn das Dorf Betsaida werde durch den Evangelisten falsch verortet. Mir scheint es hier aber nicht um mangelnde geographische Kenntnisse zu gehen, sondern um einen „vergesslichen" Augenblick des berichtenden Evangelisten.

erklären, weil er sich nicht an einem jüdischen Ort befand. Zum Beispiel die Gewohnheit, sich vor dem Essen immer die Hände zu waschen (Mk 7,2–4). Doch diese Erklärungen wären nicht allein in Rom notwendig gewesen, sondern auch an jedem Ort, an dem die Juden nicht die Mehrheit der Bevölkerung stellten, d.h. für alle nicht-jüdischen Menschen. Auch dieses Thema stützt also die These von Rom als Ausgangspunkt des Markusevangeliums nicht.

Im Gegensatz dazu können die sogenannten Latinismen im Markusevangelium selbstverständlich den Anschein einer Verbindung des Textes mit Rom erwecken, denn in Rom wurde selbstverständlich Latein gesprochen, aber sonst normalerweise nirgends im Römischen Reich, wo die Weltsprache oder *lingua franca*, d.h. die Geschäftssprache der meisten Menschen, Alltagsgriechisch (*koinê*) war. Nach Vincent Taylor handelt es sich bei acht Wörtern im Markusevangelium um Latinismen, nämlich:

dênarion (6,37; 12,15; 14,5)
kentyriôn (15,39.44.45)
kênson (12,14)
kodrantên (12,42)
krabatton (2,4.9.11.12; 6,55)
legiôn (5,9.15)
xestên (7,4)
spekoulatôr (6,27)

Und auch bei einem Idiom:

to hikanon poiêsai = satis facere (15,15)[74]

Und vielleicht noch bei einigen anderen Wörtern, wie zum Beispiel:

pygmê (7,3)[75]

---

[74] Vgl. Vincent Taylor, *The Gospel According to St. Mark*, London 1952, 45. Außerdem: R.H. Gundry, *Mark* (wie Anm. 56), 1044; Adam Winn, *The Purpose of Mark's Gospel: An Early Christian Response to Roman Imperial Propaganda*, Tübingen 2008, 80–82 (*hodon poiein* = viam facere: Mk 2,23; *eschatôs echei* = ultimum habere: Mk 5,23; *katakrinousin thanatô* = capite damnare: Mk 10,33).

[75] Vgl. Martin Hengel, *Mc 7,3 [pygmê]: Die Geschichte einer exegetischen Aporie und der Versuch ihrer Lösung*, in: ZNW 60 (1969), 182–198; außerdem: B.H. Standaert, *L'Évangile selon Marc*, Paris 1983, 472–473.

Diese Wörter bzw. dieses Idiom werden im Markusevangelium ohne weiteren Kommentar oder Übersetzung benutzt, als ob der Sinn der Wörter und des Idioms selbstverständlich wäre. Dies steht in starkem Kontrast zu den sogenannten Aramäismen, die im Markusevangelium immer übersetzt werden, wenn sie keine Orts- oder Menschennamen darstellen (siehe Mk 5,41; 7,11.34).[76] Man hat deshalb gemeint, einen Beleg dafür zu haben, dass das Markusevangelium an einem Ort geschrieben wurde, wo das Alltagsgriechische vom Lateinischen beeinflusst und Aramäisch eine Fremdsprache war.

Der zweite Aspekt dieses Themas – die Aramäismen – ist bedeutender als Argument gegen Syria Palaestina als Ursprungsort des Markusevangeliums denn als Argument zugunsten Roms. Zugleich braucht dieser Aspekt des Textes, d.h. die Übersetzung der Aramäismen, fast keine besondere Erklärung. Er ist auf die Tatsache zurückzuführen, dass das Markusevangelium ursprünglich in griechischer Sprache geschrieben wurde.[77] Alle „barbarischen“ Wörter wie die aus dem Aramäischen stammenden Ausdrücke, die noch nicht ins Koine-Griechisch integriert worden waren – wie beispielsweise das Verb *aggareuein* in Mt 5,41, das aus dem Persischen stammt –, mussten übersetzt werden, damit sie überhaupt verständlich für eine Griechisch sprechende Leserschaft würden.[78]

Was die Latinismen betrifft, so könnten insbesondere die zwei Erklärungen in Mk 12,42 und 15,16 den Eindruck erwecken, dass das Markusevangelium für einen Leserkreis oder für eine Zuhörerschaft bestimmt war, der oder die Latein als Muttersprache hatte (obwohl das Markusevangelium nur auf Griechisch überliefert worden ist).[79] In den zwei Versen wird der Sinn von zwei griechischen Wörtern, die einfache Begriffe sind, durch zwei andere griechische Wörter erklärt, die eindeutig

---

[76] Zu allen aramäischen Wörtern im Markusevangelium siehe: Hans Peter Rüger, *Die lexikalischen Aramäismen im Markusevangelium*, in: Cancik (Hg.), Markus-Philologie (wie Anm. 47), 73–84.

[77] Vgl. Paul-Louis Couchoud, *L'Évangile de Marc. A-t-il écrit en Latin?* In: RHR 94 (1926), 161–192.

[78] Bei der Verwendung des Aramäischen geht es im Markusevangelium vor allem um Namen – von Personen und von Orten –, die zum Lokalkolorit des Textes beitragen. Man findet auch einige aramäische Ausdrücke, die Jesus in den Wundererzählungen verwendet. Und die letzte Klage Jesu, als er am Kreuz hängt und sich von Gott verlassen fühlt, ist in aramäischer Sprache.

[79] Vgl. Hengel, *Studies in Mark* (wie Anm. 46), 29. Hengel bezieht sich manchmal auch auf die Bezeichnung der Frau als „Syrophönizierin“ in Mk 7,6 und auf den Namen „Rufus“ in Mk 15,21 (vgl. Röm 16,13). Vgl. Marcus, *Mark 1–8* (wie Anm. 62), 32.

aus dem Lateinischen abgeleitet worden sind.[80] Diese Tatsache bedeutet aber nicht, dass das Markusevangelium nur „in Rom" geschrieben worden sein kann. Es kämen auch andere Städte des Römischen Reichs wie z.B. Karthago oder Alexandria in Frage.[81] Wie Helmut Koester schon bemerkt hat, herrschte „der Einfluss des Lateinischen an jedem Ort, an dem sich eine römische Garnison befand oder wo das römische Recht angewandt wurde".[82] Auch Vincent Taylor war der Meinung, dass „die Verwendung einiger dieser Wörter in den Papyri zeigt, dass sie zur *koiné* gehörten".[83] Die Latinismen bestätigen nur, dass wir es beim Markusevangelium mit einem Text zu tun haben, der ursprünglich irgendwo im Römischen Reich geschrieben wurde. Kein großartiges Ergebnis! Man kann es jedoch vielleicht ein bisschen mehr präzisieren: an einem Ort, „an dem sich eine römische Garnison befand oder wo das römische Recht angewandt wurde".[84] Das war wiederum nicht nur in Rom. Aber auch nicht überall oder an jedem Ort innerhalb des Römischen Reichs.

---

80 Außerdem weiß man nicht, ob das griechische Wort *lepton* in Mk 12,42 zur Entstehungszeit des Markusevangeliums noch einen präzisen bzw. spezifischeren Sinn hatte. Es scheint möglich zu sein, dass das Wort zu dieser Zeit nur eine Bedeutung wie „Kleingeld" hatte. Vgl. John Melville Jones, *A Dictionary of Ancient Greek Coins*, London 1986, 132. In diesem Fall hat die zusätzliche Erklärung gar nichts mit dem Lateinischen zu tun, sondern nur mit der damaligen griechischen Sprache, und ist darum kein Zeichen für den Ort, an dem das Markusevangelium geschrieben wurde. Vgl. Standaert, *L'Évangile selon Marc* (wie Anm. 75), 270–272. Dass das erklärende Wort *kodrantês* = quadrans ein römisches ist, hat auch nichts mit dem Lateinischen, sondern nur mit dem Geld zu tun. Denn zur Zeit des Römischen Reiches war es – keine große Überraschung! – das Geld aus Rom, das den Begriff „Geld" an sich bestimmte. *Mutatis mutandis* gilt dasselbe Argument auch für die Wörter *aulê* und *praitôrion* in Mk 15,16. Vgl. Marcus, *Jewish War* (wie Anm. 48), 444–45; ders., *Mark 1–8* (wie Anm. 62), 32.

81 Die Texte zeigen höchstens, dass Latein bei einigen Menschen in Gebrauch war, die schon im kulturellen Entstehungskontext des Markusevangeliums einflussreich waren. Aber auch diese Schlussfolgerung kann man nicht ohne Weiteres aus den Latinismen ziehen.

82 Koester, *Introducción* (wie Anm. 59), 683. Vgl. A.H. McNeile, *An Introduction to the Study of the New Testament*, Oxford 1953, 38; Werner Georg Kümmel, *Introduction to the New Testament*, übersetzt von Howard Clark Kee, London 1975, 97–98; Marcus, *Jewish War* (wie Anm. 48), 444–445.

83 Taylor, *Gospel* (wie Anm. 74), 45: „The presence of almost all these words in the papyri shows that they belonged to the Koine." Schließlich aber fügt Taylor den folgenden Kommentar hinzu: „[…] but their frequency in Mark suggests that the Evangelist wrote in a Roman environment." Doch diese Schlussfolgerung hat keine Grundlage in dem Beweis, den Taylor zuvor erbracht hat.

84 Die Latinismen beweisen also im Markusevangelium nur die Tatsache, dass das Römische Reich im Osten des Mittelmeers, wo die Geschichte Jesu, die uns das Werk erzählt, stattfindet, schon mehr als ein Jahrhundert die Herrschaft innehatte. Dies trifft auch auf andere römische Ausdrücke wie z.B. die Begriffe „Evangelium" und „Gottessohn" zu.

Es gibt also keinen Grund anzunehmen, das Markusevangelium hätte eine besondere Verbindung mit der Stadt Rom, wenn wir es historisch betrachten wollen. Außerdem ist es merkwürdig, dass im Markusevangelium nicht nur die Stadt Rom, sondern auch andere Merkmale des Römischen Reichs fast abwesend sind. *Brillan por su ausencia.* Das Römische Reich scheint im Text mehr oder weniger nicht zu existieren, obwohl es höchst wahrscheinlich ist, dass das Markusevangelium im Kielwasser des Ersten Jüdischen Kriegs gegen das Römische Reich geschrieben wurde und darum auch von dieser für die Bevölkerung des Landes daraus sich ergebenden Katastrophe tief geprägt worden ist. Es gibt aber vor dem vorletzten Kapitel (15) des Markusevangeliums nur zwei Wörter, die ausdrücklich auf das Römische Reich hinweisen.[85]

So fängt man langsam an, sich zu fragen, ob es nicht eine andere Möglichkeit geben könnte, die Frage zu beantworten, wo das Markusevangelium ursprünglich geschrieben wurde. Die in letzter Zeit üblicherweise als Alternative zu Rom genannte Möglichkeit ist das Gebiet Syria Palaestina. Das heißt im „Osten". Und zwar „irgendwo" im Osten. Denn diese Alternative nennt normalerweise keinen bestimmten Entstehungsort. Sie bedeutet nur: nicht in Rom, sondern (ungefähr) das genaue Gegenteil.

Dennoch lohnt es sich, in diesem Zusammenhang zu bemerken, dass man dieselben Argumente, die für die Entstehungszeit des Markusevangeliums um das Jahr 70 gelten, auch für das Gebiet Syria Palaestina als Entstehungsraum des Werkes geltend machen kann.[86] Wenn wir annehmen, dass alle „Juden" im Römischen Reich ziemlich schnell gewusst haben, was in Jerusalem, insbesondere mit dem Tempel, passiert war, und dass sich alle außerdem irgendwie davon betroffen würden, so wären es trotzdem nur diejenigen, die entweder in der Stadt Jerusalem oder in ihrer Umgebung wohnten, die das sozial-politische Trauma der Niederschlagung des ersten jüdischen Aufstands am eigenen Leib erlebt hatten, wie es im Markusevangelium noch zu spüren ist.[87]

---

85 Bald werden wir die Bedeutung dieses lexikalischen Zustands besprechen, um das Zeugnis, das der Text ansonsten ablegt, historisch erklären zu können. Aber in Bezug auf die Frage nach dem Entstehungsort des Markusevangeliums ist dieser philologische Tatbestand ein weiterer Grund dafür, die Frage nicht mit Rom zu beantworten.

86 Ein ähnliches Argument wird, nur in umgekehrter Reihenfolge – d.h. vom Entstehungsort zur Entstehungszeit – verwendet in: Guijarro Oporto, *Cuatro evangelios* (wie Anm. 50), 268–269. Vgl. Gerd Theissen, *The Gospels in Context: Social and Political History in the Synoptic Tradition*, übersetzt von Linda M. Maloney, Minneapolis 1991, 236–271.

87 Vgl. Marcus, *Jewish War* (wie Anm. 48), 448; ders., *Mark 1–8* (wie Anm. 62), 33–35. Ein anderer Beweis für die Provinz Syria Palaestina ist die Genauigkeit, mit der sich der

Um den Vorschlag „Syria Palaestina" etwas genauer oder konkreter zu bestimmen, hat man die folgenden Möglichkeiten genannt, die nach meiner Meinung mit zunehmender Wahrscheinlichkeit zutreffen könnten: Galiläa, das Umland Galiläas (Caesarea Philippi), die Dekapolis, Pella (eine Stadt der Dekapolis), Gerasa (auch eine Stadt der Dekapolis, die heute Jerash heißt und in Jordanien liegt).[88] Wir fangen mit dem ersten Vorschlag an. Das Gebiet „Galiläa" ist die Gegend, in der Jesus im ersten Teil des Markusevangeliums fast ausnahmslos erfolgreich und mit zunehmender Anziehungskraft wirkt. Auch später, in Jerusalem, und zwar direkt am Anfang der Leidensgeschichte Jesu, verspricht er seinen (zwölf) Nachfolgern, nach seiner Auferstehung wieder nach Galiläa zurückzukehren (14,28). Und diese Verheißung wird dann im letzten Kapitel des Markusevangeliums wiederholt (16,7), direkt nachdem der junge Mann im Grab den beiden Frauen erklärt hat, dass das Verschwinden des Leichnams Jesu ein Zeichen für seine Auferstehung sei (16,6).[89]

Trotzdem muss man einiges präzisieren. Zum Beispiel wird der Ortsname Galiläa im Markusevangelium vor allem als theologisches Symbol verwendet, das dem anderen, Jerusalem, gegenübergestellt wird. Deshalb wird Galiläa nicht in allen Teilen des Werks erwähnt, sondern hauptsäch-

---

Evangelist auf die verschiedenen jüdischen Gruppen der Region bezieht, insbesondere die Verortung der Pharisäer, die sich im Markusevangelium größtenteils in Galiläa aufhalten, während in Jerusalem vor allem die Schriftgelehrten und Priester in Erscheinung treten.

88 Ich bin, soweit ich weiß, der Erste, der die Stadt Gerasa als Entstehungsort des Markusevangeliums vorgeschlagen hat. Ich mache diesen Vorschlag aus drei zusammenhängenden Gründen, die ich bald darlegen werde. Zuerst aber bespreche ich die anderen Vorschläge, ohne sie in diesem Kontext ausführlich analysieren zu können. Außer Acht lasse ich den Vorschlag von Dean W. Chapman, *Locating the Gospel of Mark: A Model of Agrarian Biography*, in: Biblical Theology Bulletin 25 (1995), 24–36, der einfach vermutet, ohne Beweise dafür vorzulegen, die Stadt Jerusalem oder irgendein Ort in der Nähe der Stadt sei der Entstehungsort des Markusevangeliums.

89 Man könnte so noch weiter argumentieren. Z.B. kommt Jesus im Prolog des Markusevangeliums aus Galiäa, um sich von Johannes dem Täufer im Jordantal taufen zu lassen (Mk 1,9). Doch Jesus kehrt dann schnell zurück – „nachdem man Johannes ins Gefängnis geworfen hatte" –, um in Galiläa „das Evangelium Gottes" zu verkünden (Mk 1,14). In Galiläa gelangt Jesus sofort zu Ruhm – „Und sein Ruhm verbreitete sich rasch im ganzen Gebiet von Galiläa" (Mk 1,28) – und von dieser Region aus verbreitet sich sein Ruhm auch in anderen Orten (vgl. Mk 3,7–8) usw. Vgl. Ernst Lohmeyer, *Galiläa und Jerusalem*, Göttingen 1936; Willi Marxsen, *Der Evangelist Markus: Studien zur Redaktionsgeschichte des Evangeliums*, Göttingen 1956; 1959; Werner Kelber, *The Kingdom in Mark: A New Place and a New Time*, Philadelphia 1974; William E. Arnal, *The Gospel of Mark as Reflection on Exile and Identity*, in: Willi Braun/Russell T. McCutcheon (Hg.), Introducing Religion: Essays in Honor of Jonathan Z. Smith, London-Oakville (CT) 2008, 57–67.

lich im ersten Kapitel (Mk 1,9.14.16.28.39) und in den drei letzten Kapiteln (Mk 14,28; 15,41; 16,7).[90] Auch geht es Jesus in Galiläa nicht nur gut. In seinem Heimatort Nazareth zum Beispiel hat gar nichts geklappt: „Und sie nahmen Anstoß an ihm und lehnten ihn ab. [...] Und er konnte dort [fast] kein Wunder tun [...]. Und er wunderte sich über ihren Unglauben" (Mk 6,4–6; siehe auch 3,20–21). In Galiläa muss Jesus den gleichen Feinden begegnen, die ihn später in Jerusalem verfolgen werden (siehe z.B. Mk 2,6; 3,6.22). Galiläa ist auch der Ort, an dem sich die zunehmende Unfähigkeit der ersten (zwölf) Jünger, die Jesus selbst auserwählt hatte, ihm nachzufolgen, schon zu zeigen beginnt. Schließlich wird auch Johannes der Täufer, der im Markusevangelium die Funktion hat, das Schicksal Jesu vorzuzeichnen, in Galiläa getötet, als „Herodes an seinem Geburtstag seine Hofbeamten und Offiziere zusammen mit den vornehmsten Bürgern von Galiläa zu einem Festmahl" eingeladen hat (Mk 6,21). In Galiläa ist Jesus also nicht nur „zu Hause" (genauso wie Johannes).[91] Er kann nicht damit rechnen, dass man ihn dort überall aufnehmen wird.[92] Vielmehr muss er unter bestimmten Umständen von einem Ort zum anderen weiterziehen und manchmal die Gegend Galiläa verlassen, um sich ausruhen zu können (Mk 7,24). Oder er versucht einfach, den Kontakt mit den Menschen zu vermeiden, wenn er in dieser Gegend ist (9,30).

In seiner Bewertung der Bedeutung der unterschiedlichen Bezugnahmen auf außer-palästinensische Reisen Jesu im Markusevangelium legt Thomas Schmeller den widersprüchlichen Gebrauch dieser Texte durch die Wissenschaftler zugrunde: nämlich einerseits als Hinweis auf die Redaktionsgeschichte des Markusevangeliums und andererseits als angeblicher Quelle historischer Informationen über Jesus. Die betreffenden Texte sind für Schmeller: Mk 5,1–20; 7,24–30; 7,31–37; 8,1–10; 8,27ff. Im letzten dieser Texte sieht er den Schlüssel zur Identifizierung des Ortes, an dem das Markusevangelium geschrieben wurde. So schreibt Schmeller:

---

90 Vgl. außerdem Mk 3,7; 6,21; 7,31; 9,30. Der Name Galiläa hat in keinem dieser Texte eine besondere Bedeutung.

91 In Kapernaum *war* Jesus einmal zu Hause. Siehe Mk 1,21; 2,1; 9,33. Nach Mk 2,1.15; 3,20; 9,33 hatte er ein eigenes Haus in der „Stadt" (Mk 1,33). Das ist jedoch nur im Markusevangelium so, um den Kontrast zu unterstreichen zwischen dem Leben Jesu im ersten Teil des Werkes, wo die „Stadt" Kapernaum im Zentrum der Wirksamkeit Jesu steht, und dem Schicksal Jesu im zweiten Teil des Markusevangeliums, wo die andere Stadt, Jerusalem, dieselbe Rolle spielt.

92 Vgl. Marcus, *Mark 1–8* (wie Anm. 62), 35–36.

„Die Vergangenheit muß m.E. für ihn [den Evangelisten] und seine Gemeinde(n) enger mit der Gegenwart verknüpft gewesen sein als allein über die theologische Frage nach der Einbeziehung von Heiden in das von Christus gebrachte Heil. Eine solche engere Verknüpfung könnte nun die schwer zu deutende Lokalisierung des Petrusbekenntnisses im Gebiet von Caesarea Philippi nahelegen. Es ist ja zunächst kaum einzusehen, warum das Messiasbekenntnis und die Eröffnung des Leidensgedankens gerade dort, an der Grenze zwischen Judentum und Heidentum, nördlich von Galiläa, also gerade nicht auf dem Weg nach Jerusalem ihren Ort haben sollen. Die Antwort wird hier kaum wie an den anderen Stellen in einer vorgreifenden Zuwendung Jesu zum Heidentum zu finden sein – es treten ja gar keine Heiden auf. Auch sonst lassen sich plausible Antworten auf literarischer und theologischer Ebene kaum finden. Eine Antwort könnte aber darin liegen, daß Mk an dieser zentralen Stelle des Evangeliums seine Gemeinde(n) direkter als sonst einbeziehen will."[93]

Schmeller nennt dann drei Gründe für die Annahme, dass Caesarea Philippi mit bestimmter Absicht vom Evangelisten genannt wird. Von diesen drei Gründen ist wiederum der dritte oder letzte der allerwichtigste:

„3. Mk 8,27ff hat innerhalb der Texte, die in Nachbargebieten Galiläas lokalisiert sind, eine Sonderstellung: Nur hier ist Jesus allein mit seinen Jüngern (die bei Mk ja oft auf die Gemeinde hin transparent sind) im Heidenland; nur hier liegt der Skopus nicht bei einer Tat *Jesu*, die als Vorgriff auf die Heidenmission interpretiert werden könnte, sondern bei einem Bekenntnis des *Petrus*, d.h. eines Jüngers, der hier als Repräsentant der christlichen Gemeinden auftritt."[94]

Eine wesentliche Voraussetzung für die Argumentation Schmellers ist jedoch eine positive Einschätzung der repräsentativen Rolle von Petrus und der Gruppe der zwölf Jünger Jesu im Markusevangelium. Wenn jedoch, wie ich in Kapitel VI dieses Buches erörtern werde, das genaue Gegenteil dieser traditionellen Annahme richtig ist, kann der exemplarische Status des Textes in Mk 8,27ff, einschließlich des Gedankens seiner zentralen Bedeutung im Diskurs, nicht überzeugen. Stattdessen ist das sogenannte Bekenntnis des Petrus nur das erste Stück des entscheidenden

---

[93] Vgl. Thomas Schmeller, *Jesus im Umland Galiläas: Zu den markinischen Berichten vom Aufenthalt Jesu in den Gebieten von Tyros, Caesarea Philippi und der Dekapolis*, in: Biblische Zeitschrift 38 (1994), 44–66, bes. 53–54.

[94] Ebd., 54.

Abschnitts (8,27–9,13) in der tragischen Handlung des Markusevangeliums, wie ich in den Kapiteln III und IV dieses Buches zeigen werde. Es ist der Punkt, an dem nach der anfänglichen „Aufwärts"bewegung Jesu in der Erzählung des Evangelisten die andere Bewegung „nach unten" beginnt.

Vielversprechender, als in Galiläa bzw. im Umland Galiläas (Caesarea Philippi) nach dem Entstehungsort des Markusevangeliums zu forschen, wäre meines Erachtens eine Suche auf der anderen Seite des Galiläischen Sees, in einer Stadt der Dekapolis. Zum einen ist, wie schon bemerkt, Jesus im Markusevangelium in Galiläa nicht immer „zu Hause". Und die letzte Verheißung des Werkes, dass man den Auferstandenen in Galiläa werde wiedersehen können, wird auf der Ebene der Erzählung nie erfüllt.[95]

Zum anderen erscheint es mir immer wichtiger zu berücksichtigen, dass das „Projekt Jesu" im Markusevangelium hauptsächlich oder auf besondere Weise oder am besten in diesem Grenzland Galiläas – in dem am südöstlichen Ufer des Sees gelegenen Gebiet – funktioniert hat.[96] Es gibt viele Beispiele dafür im ersten Teil des Werkes – zu viele, um hier alle überprüfen zu können. Eines davon wird uns bald sowohl in diesem Kapitel als auch später in Kapitel VIII des Buches beschäftigen. Es geht um die Begegnung Jesu mit einem besessenen Gerasener. Hier werfen wir deshalb einen ganz kurzen Blick auf die anderen Beispiele.

Nachdem Jesus begonnen hat, in Kapernaum zu wirken, erinnert Simon (Petrus) ihn: „Alle suchen dich" (Mk 1,37). Man nimmt an, dass diese „alle" diejenigen sind, die in diesem Moment aus „ganz Galiläa" (*eis holên tên perichôron tês Galilaias*), wo man Kenntnis von Jesus bekommen hat, gekommen sind (Mk 1,28). Jesus antwortet Simon: „Lasst uns anderswo hingehen, in die benachbarten Dörfer [*eis tas echomenas kômopoleis*], damit ich auch dort predige; denn dazu bin ich gekommen" (Mk 1,38). Und danach heißt es wieder: „[...] er zog durch ganz Galiläa [*eis holên tên Galilaian*], predigte in den Synagogen und trieb die Dämo-

---

95 Zuerst wegen der Flucht der Gruppe der Zwölf aus dem Garten Gethsemane (Mk 14,50.52), die ihr endgültiges Verschwinden und das aller anderen männlichen Jünger Jesu aus der Erzählung des Markusevangeliums darstellt, und dann wegen der Furcht (*tromos*) und des Irrsinns (*ekstasis*; vgl. Mk 3,21) der drei Frauen, die niemandem die Worte des jungen Manns im leeren Grab mitgeteilt haben (Mk 16,8).

96 „Auf besondere Weise" bedeutet hier erfolgreicher als an irgendeinem anderen Ort. Außerdem gibt es die Themen des „Meers" (Mk 1,16; 2,13; 3,7; 4,1.39.41; 5,1.13.21; 6,47–49; 7,31) und des Halbwilden (Mk 1,35.45; 6,31.32.35; außerdem: 1,3.4.12.13) im ersten Teil des Markusevangeliums. Zum Thema „Meer" als Lokalkolorit siehe Theissen, *Gospels in Context* (wie Anm. 86), 237–238.

nen aus" (Mk 1,39). Diese geographischen Bezüge versetzen uns unter anderem in den Grenzbereich Galiläas im 1. Jahrhundert n. Chr.

Dann, im zweiten Kapitel des Markusevangeliums, fährt Jesus wieder aus Kapernaum „hinaus an den See […]. Als er weiterging, sah er Levi, den Sohn des Alphäus, am Zoll sitzen" (Mk 2,13–14). Das heißt an einer Zollkontrolle, die sich normalerweise an der Grenze, in diesem Fall zu Galiläa, befand. Man beachte, dass im Markusevangelium dieser Levi *nicht* auf der Liste der zwölf berufenen Jünger erscheint (siehe Mk 3,13–19, im Unterschied zu Mt 9,9; 10,3), denen der Evangelist schließlich die Fähigkeit zu einer beispielhaften Jüngerschaft abspricht. Die Figur des Levi bleibt dagegen im Markusevangelium die eines beispielhaften Jüngers.[97]

Im dritten Kapitel heißt es: „Viele Menschen aus Galiläa aber folgten ihm. Auch aus Judäa, aus Jerusalem und Idumäa, aus dem Gebiet jenseits des Jordan und aus der Gegend von Tyrus und Sydon kamen Scharen von Menschen zu ihm, als sie von all dem hörten, was er tat" (Mk 3,7–8). Mit anderen Worten: Alle, die in der Umgebung des Galiläischen Sees lebten, haben sich für den Fall Jesus interessiert. Von diesen vielen Menschen werden dem Evangelisten zufolge die aus Judäa und aus Jerusalem nicht bis zum Ende der Geschichte bei Jesus bleiben, sondern zu seinen Feinden werden, weil sie Pilatus schließlich bitten, Jesus zu kreuzigen. Und die Menschen aus Galiläa sind ein ambivalentes Publikum, was sich schon vorher bemerkbar gemacht hat. Was dagegen die Menschen aus Idumea und die von der anderen Seite des Jordan sowie die aus der Umgebung von Tyrus und Sidon betrifft, so lässt uns der Evangelist keinen Augenblick an ihrem frühen und kontinuierlichen Interesse am Nazarener zweifeln (Mk 1,24).

In Mk 5,1–20 – um diesen Text hier nur kurz zu kommentieren – wird der Fall eines Besessenen aus dem Distrikt Gerasa, einer Stadt der Dekapolis südöstlich des Sees Genezareth, erzählt.[98] Als „sie an das andere [östliche] Ufer des Sees, in das Gebiet von Gerasa" kamen (Mk 5,1), heilte Jesus diesen Kranken, jedoch auf Kosten von ca. 2000 Schweinen. Nicht alle am Ort ließen sich von dem Wunder beeindrucken. Bestimmt nicht die Besitzer der Schweine! Denn sofort „baten [sie und auch andere Menschen mit ihnen] Jesus, ihr Gebiet zu verlassen" (Mk 5,17). Trotzdem – und im Unterschied zu dem, was nach einer Heilung von Jesus typisch

---

97 Dieses Thema wird in Kapitel V dieses Buches wieder aufgegriffen und vertieft.

98 Beim Wort „Gerasa" in Mk 5,1 gibt es verschiedene Varianten in den Handschriften, weil der Hinweis eindeutig einen geographischen Fehler darstellt (vgl. Mt 8,28).

ist im Markusevangelium – sagt Jesus zu diesem Mann, der von so vielen Dämonen besessen war: „Geh nach Hause und berichte deiner Familie alles, was der Herr für dich getan und wie er Erbarmen mit dir gehabt hat. Da ging der Mann weg und verkündete [*kêryssein*] in der ganzen Dekapolis, was Jesus für ihn getan hatte, und alle staunten" (Mk 5,19–20). Auf diese Weise wird der zuvor Besessene zum ersten „Apostel" Jesu, dem es ausdrücklich erlaubt wird, die Rolle Jesu als Verkündiger der guten Nachricht Gottes (Mk 1,14) zu übernehmen, die mit Jesus im Markusevangelium gekommen ist.[99]

Später kommt Jesus zusammen mit seinen (zwölf?) Jüngern nach Genezareth. Sie sind gerade über den See nach Betsaida gefahren (vgl. Mk 6,45): „Als sie aus dem Boot stiegen, erkannte man ihn sofort. Die Menschen eilten durch die ganze Gegend und brachten die Kranken auf Tragbahren zu ihm, sobald sie hörten, wo er war. Und immer, wenn er in ein Dorf oder eine Stadt oder zu einem Gehöft kam, trug man die Kranken auf die Straße hinaus und bat ihn, er möge sie wenigstens den Saum seines Gewandes berühren lassen. Und alle, die ihn berührten, wurden geheilt" (Mk 6,53–56). Der Text ist eine Zusammenfassung, die offensichtlich vom Evangelisten verfasst wurde, und deshalb ist er hier von größtem Interesse. Denn nach der Zusammenfassung des Evangelisten soll dieses Gebiet an der Grenze zu Galiläa der Ort sein, an dem man Jesus sofort erkannte und durch die ganze Gegend eilte und alles Mögliche tat, um von Jesus „gerettet" zu werden.

Das Gleiche passiert in Mk 7,24–30 mit der Frau, die „von Geburt Syrophönizierin" war, als Jesus „in das Gebiet von Tyrus", ein anderes Randgebiet Galiläas, ging und ihr dort begegnete. In diesem Fall handelt es sich natürlich nicht um die Dekapolis. Der Fall ist sozusagen die Ausnahme, die die Regel bestätigt. Am Anfang möchte Jesus nicht mit der Frau in Beziehung treten. Anscheinend war er müde in das Haus gekommen, in dem er Unterkunft gefunden hatte, und wollte niemanden sehen. Trotzdem besteht die Frau auf ihrem Ziel und erreicht es. Zu Recht hat F.

---

[99] Nach dem Evangelisten ist der Gerasener Besessene der Einzige unter den Nachfolgern Jesu, dessen Bemühung im Bereich der Verkündigung erfolgreich war. In Mk 6,6b–7 sendet Jesus die Mitglieder der Gruppe der Zwölf aus, die dann einen gewissen Erfolg erzielen, der aber nur von kurzer Dauer ist. Denn in Mk 9,14–28 scheinen dieselben Jünger – außer den dreien, die mit Jesus bei seiner Verklärung auf dem Berg waren – ihre frühere Fähigkeit verloren zu haben, Kranke zu heilen und böse Geister auszutreiben. Die Mitglieder der Gruppe der Zwölf sind wie ein felsiger Boden, auf dem die Saat schnell aufgeht, aber keine Wurzeln hat und schnell vertrocknet (vgl. Mk 4,5–6). Dagegen ist der Gerasener Besessene wie der Samen, der auf einen guten Boden fällt und eine gute Ernte verspricht (vgl. Mk 4,8).

Gerald Downing darauf hingewiesen, dass das Interessanteste an diesem Bericht die Tatsache ist, dass Jesus durch die Frau gegen seinen Willen zum Handeln „gezwungen" wird.[100] Bei allen anderen Auseinandersetzungen, die Jesus im Markusevangelium beginnt oder zu denen er herausgefordert wird, bleibt Jesus immer über dem anderen (siehe z.B. Mk 2,6–12.23–27; 3,1–5; 12,13–17.18–27). Doch in diesem Fall gelingt es der Frau, die ein „Mischling" ist, Jesus durch die eigenen Worte zurechtzuweisen. Sie greift das auf, was Jesus ihr gerade gesagt hat, um noch einmal um das zu bitten, was sie von ihm braucht. Jesus hat keine weitere Antwort. Er findet keine Ausweichmöglichkeit mehr. Er muss sich ihr ergeben. Deswegen sagt er ihr fast kalt, ohne weiteren Kommentar: „Weil du das gesagt hast, sage ich dir: Geh nach Hause, der Dämon hat deine Tochter verlassen" (Mk 7,29).

In Mk 7,31–37 geht es um einen Gehörlosen, der Schwierigkeiten hat zu sprechen. Die Begegnung Jesu mit diesem Mann findet statt, nachdem Jesus das Gebiet um Tyrus verlassen und „über Sidon an den See von Galiläa, mitten in das Gebiet der Dekapolis" (Mk 7,31: *ana meson tôn horiôn Dekapoleôn*) gekommen ist.[101] Diesen Gehörlosen und halb Stummen heilt Jesus. Er „nahm ihn beiseite, von der Menge weg", und, wie es im Markusevangelium oft der Fall ist, „verbot ihnen [d.h. dem Mann und allen anderen Anwesenden], jemand davon zu erzählen" (Mk 7,36). In diesem Fall aber fügt der Evangelist den Kommentar hinzu: „Doch je mehr er es ihnen verbot, desto mehr machten sie es bekannt. Außer sich vor Staunen sagten sie: Er hat alles gut gemacht; er macht, dass die Tauben hören und die Stummen sprechen" (Mk 7,36–37). Es geschieht also wieder dasselbe, was der ehemalige Besessene aus Gerasa getan hat, nur tut es dieser Geheilte gegen den ausdrücklichen Befehl Jesu.[102] Als ob Jesus die Verbreitung seines Anliegens im Gebiet der Dekapolis nicht verhindern könnte.

Diese Beispiele, die man noch weiter untersuchen könnte, sind sepa-

---

[100] Vgl. F. Gerald Downing, *The Woman from Syrophoenicia*, in: George J. Brooke (Hg.), Women in the Biblical Tradition, Lewiston 1992, 129–149.

[101] Nach Niederwimmer, *Johannes Markus* (wie Anm. 61), 180–181, ist der in Mk 7,31 skizzierte Weg ein weiteres geographisches Problem, das jedoch nichts mit dem hier Besprochenen zu tun hat, denn Jesus heilt den Gehörlosen und Taubstummen erst, nachdem Jesus in die Region der Dekapolis zurückgekehrt ist.

[102] Oder vielleicht wollte der Evangelist die Tatsache hervorheben, dass es keine Möglichkeit mehr gab, das sogenannte Messiasgeheimnis zu wahren, nachdem „Jesus Christus der Sohn Gottes" begonnen hatte, die Grenze Galiläas zu überschreiten und „mitten in das Gebiet der Dekapolis" zu gehen, weil die Menschen in dieser Gegend schon wussten, worum es bei Jesus ging.

rate Fälle, oder selbstständige Episoden, die keine zusätzliche Erzählung brauchen, um völlig verständlich zu sein.[103] Man findet sie an verschiedenen Stellen im ersten Teil des Markusevangeliums. Gleichzeitig haben sie alle (außer der Begegnung Jesu mit der syrophönizischen Frau) gemeinsam, dass sie in der gleichen Gegend, östlich-südöstlich des Galiläischen Sees, stattgefunden haben. In diesem Gebiet wurde das Projekt Jesu sofort aufgenommen. Dort verstand man von Anfang an, was eigentlich mit Jesus „los war" oder durch ihn erreichbar wurde. In diesen sonst sehr unterschiedlichen Episoden begegnet man also der Erinnerung an eine andere Geschichte, die im Namen Jesu vermutlich passiert ist und deshalb auch weiterhin eine Alternative darstellen könnte.[104]

Nach Eusebius von Caesarea (*Historia eclesiástica* III,5,3) und auch Epiphanios (*Panarion* XXIX,7,7–8; 30.2.7) flohen die Christen vor der Belagerung Jerusalems durch das römische Heer, nachdem sie durch ein göttliches Orakel gewarnt worden waren, aus Judäa in die Stadt Pella, die am Fuße des Gebirges im Osten des Jordantals und im Süden des Sees Genezareth und der Stadt Gadara liegt. Die Historizität dieser Überlieferung ist nicht sehr sicher. Es handelt sich um eine umstrittene Möglichkeit, was immer bedeutet, dass die These von einigen Gelehrten vertreten wird.[105] In den warnenden Worten des Markusevangeliums: „dann sollen die Bewohner von Judäa in die Berge fliehen" (Mk 13,14) könnte man eine Vorwegnahme der oder eine Erinnerung an die Überlieferung dieser Flucht von Christen aus Judäa (Jerusalem) in die Stadt Pella sehen.

Allerdings muss sich der Ausdruck „in die Berge" natürlich nicht auf die Stadt Pella beziehen. Dieser Ausdruck kann sich auf irgendeine Anhöhe beziehen, die näher bei Jerusalem liegt oder höher ist als der höchste Punkt des Jordantals. Er könnte auch nur ein symbolischer Ausdruck sein.

---

103 Vgl. außerdem Mk 8,10; 10,1.

104 Im zweiten Teil des Markusevangeliums gibt es zwei andere Menschen, deren Jüngerschaft von Jesus anerkannt wird, nämlich die anonyme Frau aus Bethanien, die Jesus „im voraus [...] für das Begräbnis" mit kostbarem Öl begossen hat (Mk 14,8), und Joseph von Arimatea, „der auch auf das Reich Gottes wartete, zu Pilatus [ging] und es [wagte], [ihn] um den Leichnam Jesu zu bitten" (Mk 15,43). Beide Fälle werden in Kapitel V dieses Buchs wieder aufgegriffen und vertieft.

105 Zu dieser Überlieferung als teilweise historische Erinnerung siehe: Craig Koester, *The Origin and the Significance of the Flight to Pella Tradition*, in: CBQ 51 (1989), 90–106. Dagegen: Josef Verheyden, *The Flight of the Christians to Pella*, in: ETL 66 (1990), 368–384. Vgl. Jürgen Wehnert, *Die Auswanderung der Jerusalemer Christen nach Pella – historisches Faktum oder theologische Konstruktion*? in: ZKG 102 (1991), 231–255; auch Jorge Pixley, *Santiago y la iglesia de Jerusalén*, in: RIBLA 22 (1996), 121–138, bes. 131, Anm. 12, der sich auf Samuel George Frederick Brandon, *Jesus and the Zealots*, Manchester 1967, 208–217 bezieht.

Man kann es nicht genau wissen.[106] Trotzdem muss der Vorschlag unsere historiographische Vorstellungskraft ansprechen, weil es ihr hilft, die Entstehung des Markusevangeliums an einem spezifischen Ort zu konkretisieren. Das Werk muss also an irgendeinem Ort, wie Pella, entstanden sein, um danach auch an anderen Orten und in anderen Kontexten gelesen zu werden.

Genauso wie die zwei oder drei Verse im 13. Kapitel des Markusevangeliums die Schlüsseltexte für die übliche Datierung des Werkes sind, ist meines Erachtens die Episode um den Gerasener Besessenen in Mk 5,1–20 der Schlüsseltext, um die Frage nach dem Entstehungsort des Markusevangeliums zu beantworten. Was diesen Text zu einem Schlüsseltext macht, sind die drei eigentümlichen Fehler, die nur hier im Markusevangelium gemacht werden. Jeder der drei Irrtümer ist eine Ausnahme im Erzählwerk. Zugleich weisen aber alle drei Irrtümer eine merkwürdige Kohärenz auf, wenn man sie zusammen betrachtet, und zwar nicht nur untereinander, sondern auch in Bezug auf das, was wir hinsichtlich der Entstehungszeit des Markusevangeliums festgestellt haben. (Bei dieser letzten Fragestellung hat die Episode des Gerasener Besessenen bisher keine Rolle gespielt.) Die drei Irrtümer im Text (Mk 5,1–20) sind meines Erachtens eine Art Fingerabdrücke, die der Evangelist bei der Niederschrift seines Werkes hinterlassen hat. Alle drei Fehler sind auffällig und wirken zusammen, um die Episode des Gerasener Besessenen zu einem besonderen „Wegweiser“ für das örtliche Umfeld des Evangelisten zu machen.[107]

Der erste Irrtum findet sich im ersten Vers des Textes (Mk 5,1) und ist geographischer Art.[108] In der Bibelwissenschaft ist es hinsichtlich dieses

---

[106] Vgl. Rudolf Pesch, *Das Markusevangelium*, 2 Bde., Freiburg 1976, 2295–2296. Man sollte diese historiographische Fantasie nicht zu schnell ablehnen, weil sie uns helfen kann, den Evangelisten konkreter zu verorten, auch wenn es offensichtlich eine Art realistischer Fiktion ist, ihn an einem bestimmten Ort zu situieren. Auf jeden Fall hat es keinen Zweck, im Namen der historiographischen Vorsicht keine derartigen Vermutungen anzustellen. Wenn man so etwas nicht tut, wird die Vorstellung von dem Ort, an dem das Markusevangelium geschrieben wurde, nur weiter in den Wolken „Syria Palaestinas“ schweben.

[107] Ich lasse die Frage unbeantwortet, ob der ganze Text dem Evangelisten zuzuschreiben ist oder ob der Evangelist einem traditionellen Text lediglich einige Elemente hinzugefügt hat. Zwei der drei Fehler – im ersten Vers der Episode (Mk 5,1) und in den beiden letzten (5,19–20) – werden gewöhnlich dem Evangelisten zugeschrieben. Und sogar den anderen Fehler (in Mk 5,9) könnte man ihm zuschreiben, ohne dass die ganze Episode zu einer literarischen Erfindung des Evangelisten werden muss.

[108] Denn wie jeder weiß, auch diejenigen, die diesen Text für die biblischen Handschriften kopiert und den Fehler zu korrigieren versucht haben, lag – und liegt immer noch – die Stadt Gerasa ca. 50 Kilometer vom Ufer des Galiläischen „Meers“ entfernt. Ganz un-

Verses üblich gewesen, von einem Mangel an geographischer Kenntnis des Gebiets Syria Palaestina beim Evangelisten auszugehen, um dann in der Regel wieder Rom als den wahrscheinlichsten Entstehungsort des Markusevangeliums zu betrachten, doch diese Vermutung stimmt nicht – abgesehen von dem ersten Vers der Episode um den Gerasener Besessenen (5,1). Z.B. ist der Evangelist geographisch sehr viel besser informiert als andere Schriftsteller der Antike, die auch versucht haben, über das Gebiet Syria Palaestina zu informieren, einschließlich der Schriften von Flavius Josephus, insbesondere seiner Beschreibung der Gegend, die den Galiläischen See umgibt.[109] Eigentlich gibt es nur in Mk 5,1 einen geographischen Hinweis, der eindeutig falsch ist, auch auf der Ebene der Erzählung. Dieser Hinweis ist aber so falsch, dass einem der Irrtum fast beabsichtigt oder bewusst begangen vorkommt. Der Fehler hat mit der Distanz zwischen der Stadt Gerasa und dem Ufer des Galiläischen Sees zu tun. Die Stadt Gerasa lag ungefähr 50 Kilometer vom See entfernt, eine Tatsache, die die Erzählung um den Exorzismus des Gerasener Besessenen, wörtlich verstanden, einfach unmöglich macht.

Der zweite Fehler, den dieselbe Episode enthält, hat mit dem Namen des bösen Geistes „Legion“ in Mk 5,9 zu tun, ein Wort, das zunächst nur ein weiterer Latinismus zu sein scheint. In diesem Fall jedoch entstammt das Wort der Terminologie des römischen Militärs. Das Wort ist ohne Übersetzung ins Alltagsgriechische (*koine*) übernommen worden. Es war zu dieser Zeit ein Wort wie heute „Marine“. Außer diesem Vers (5,9) gibt es im Markusevangelium nichts, was auf das römische Militär hinweist, bis plötzlich Pilatus und seine Soldaten, die Jesus ans Kreuz nageln, im vorletzten Kapitel (15) des Werkes ohne jegliche Vorbereitung durch den Erzähler erscheinen, als ob sie aus dem urzeitlichen Nichts aufgetaucht oder als umgekehrter „Deus ex machina“ herabgekommen wären. Und dann treten sie in der Leidensgeschichte Jesu nicht als besonders „römisch“ (abgesehen von der Kreuzigung) auf. Im Gegensatz dazu ist der

---

möglich wäre es deshalb, aus dem klaren Bezug auf die Stadt im aktuellen literarischen Kontext eine geographisch korrekte Angabe zu machen. Auch nicht, indem man die Tatsache hervorhebt, dass es im Text nicht „in der Stadt Gerasa“ heißt, sondern „im Gebiet der Gerasener“, um die Bedeutung des Wortes „Stadt“ so weit wie möglich zu erweitern. In Mk 5,1 beginnt die Episode mit einem geographischen Fehler, der außerdem so grob oder übertrieben ist, dass er gewissermaßen beabsichtigt zu sein scheint, weil es im Markusevangelium nichts Vergleichbares gibt.

[109] Vgl. Jürgen Zangenberg/Harold W. Attridge/Dale B. Martin (Hg.), *Religion, Ethnicity, and Identity in Ancient Galilee: A Region in Transition*, Tübingen 2007. Außerdem hatten die anderen Schriftsteller höchstwahrscheinlich eine bessere Bildung als der Evangelist, der das Markusevangelium geschrieben hat.

Name „Legion“ in Mk 5,9 zweifelsohne römisch-militärisch. Und, wie Fergus Millar geschrieben hat: „these legionaries [...] *were* the Roman empire as expressed in this early period in the Near East [...] the Roman state *was* its military forces.“[110] Das heißt in Mk 5,9 findet man, im Unterschied zu dem im Markusevangelium Üblichen (einschließlich der Leidensgeschichte Jesu), einen klaren Hinweis nicht nur auf das Römische Reich, sondern insbesondere auf das römische Militär.

Dieser zweite Irrtum ist ein reiner Anachronismus (genauso wie die Worte über die Besetzung bzw. Zerstörung des Tempels, die für die Datierung des Markusevangeliums entscheidend sind). Es gab bis zum Ersten Jüdischen Krieg (d.h. ungefähr bis zur Entstehungszeit des Markusevangeliums) keine römische Legion im Süden Syria Palaestinas. Mit anderen Worten: Es gab zur Zeit Jesu in dieser Gegend überhaupt keine römische Legion. Erst später, und zwar zur Zeit des Evangelisten, war das römische Militär dauerhaft im Süden Syria Palaestinas stationiert. Und soweit es sich beweisen lässt, war das nur in der Stadt Gerasa in der Zeit vor dem 2. Jahrhundert der Fall. Auf jeden Fall konnte in Gerasa die Anwesenheit – zumindest einer Kohorte – einer römischen Legion kurz nach oder vielleicht noch während der Niederschrift des Markusevangeliums nachgewiesen werden.[111]

Dieser anachronistische Fehler, der sich in Mk 5,9 in Bezug auf Jesus findet, ist somit eine sehr genaue Angabe in Bezug auf den Evangelisten. Der erste geographische Fehler in Mk 5,1, der sich auf die Gegend von Gerasa bezieht, war zusammen mit dem zweiten, der eine Legion anachronistisch in der Region verortet, historisch gesehen nur an diesem Ort möglich, soweit wir wissen. Bei der Niederschrift seines Werkes wusste der Evangelist, was sich erst vor kurzem und nur im „Gebiet der Gerasener“ angesiedelt hatte. Wieso? Höchstwahrscheinlich nur, weil auch er in dieser Stadt wohnte.

---

[110] Fergus Millar, *The Roman Near East, 31 B.C. – A.D. 337*, Cambridge 1993, 32–33. Im Gegensatz zur Münze mit der Abbildung Cäsars, die eindeutig ein Reflex des Römischen Reiches ist. Gleichzeitig aber – wie nach Terentianus (*De litteris, de syllabis, de metris* 1286: *pro captu lectoris habent sua fata libelli*) auch die Bücher – könnte die Münze schnell eine andere Bedeutung bekommen, d.h. einen Zweck, der ihrer ursprünglichen Absicht nicht entspricht. Mit einer Körperschaft, die „Legion“ heißt, wäre das nicht möglich gewesen.

[111] Vgl. Matthias Klinghardt, *Legionsschweine in Gerasa: Lokalkolorit und historischer Hintergrund von Mk 5,1–20*, in: ZNW 98 (2007), 28–48. Außer Gerasa gibt es keinen Ort in der Gegend, wo man etwas Ähnliches gefunden hat. Das heißt, dass man bis jetzt auf keine archäologischen Überreste oder einen anderen Beleg gestoßen ist, der die Präsenz einer Legion an einem anderen Ort der Region Syria Palaestina vor dem 2. Jahrhundert n. Chr. bezeugen könnte.

Der dritte Irrtum kommt am Ende in den drei letzten Versen des Textes (5,18–20) vor. Dieser Irrtum ist aber eigentlich kein echter Fehler wie der erste (geographische) und der zweite (anachronistische), sondern eine merkwürdige Ausnahme in der „Erzähltendenz“ des Markusevangeliums.[112] Z.B. ist es normalerweise Jesus, der im Markusevangelium jemanden aufruft, ihm nachzufolgen.[113] In Mk 5,18 ist es aber der Geheilte, der selber und allein auf die Idee kommt, „bei Jesus“ zu sein (vgl. 3,14); und nur diesem Menschen wird es im Markusevangelium ausdrücklich verweigert (5,19), Jesus nachzufolgen.[114] Oder z.B. sagt Jesus nur zu diesem ehemaligen Besessenen aus Gerasa und trotz des sogenannten Messiasgeheimnisses im Werk, der Mann solle nach Hause gehen und dort „deiner Familie alles berichten, was der Herr für dich getan und wie er Erbarmen mit dir gehabt hat“ (5,19).[115] Normalerweise verbietet Jesus nach einem Wunder die Verkündigung des Geschehenen vor anderen Menschen.[116] Oder z.B. macht der Mann genau das, was Jesus von ihm gefordert hat. Der Mann verkündigt das, was Jesus für ihn getan hat, und „alle staunten“, d.h. alle glaubten an sein „Evangelium“. Dadurch wird der Nicht-mehr-Besessene von Gerasa der erste berufsmäßige Apostel Jesu im Markusevangelium und auch der einzige, der mit dieser „Mission“ einen klaren Erfolg hat, im Gegensatz – wie wir in Kapitel VI dieses Buches bestätigen werden – zur Gruppe der Zwölf.

Und das ist nicht alles. In der dem hier besprochenen Text (Mk 5,1–20) vorausgehenden Episode in Mk 4,35–51, die das erste der zwei Wunder beschreibt, die „auf hoher See“ (siehe auch Mk 6,45–52) stattfinden, hat die Gruppe der Zwölf schon begonnen zu zeigen, dass es ihr an den notwendigen Voraussetzungen fehlte, um die Jüngerschaft, zu der sie Jesus berufen hatte, durchzuführen.[117] Als Jesus mit ihnen (Mk 5,1: *êlthon*) „an das andere Ufer des Sees“ in das „Gebiet der Gerasener“

[112] Die (zwei) letzten Verse werden fast immer als diesem Text nachträglich hinzugefügtes Element betrachtet, in der Annahme, es hätte eine frühere Überlieferung zum gleichen Thema (d.h. eines von der „Legion“ Besessenen) gegeben.

[113] Siehe Mk 2,14.

[114] Vgl. Mk 10,52.

[115] Vgl. die in Mk 5,19–20 verwendete Sprache: *hypage ... kai apaggeilon ... kai apêlthen kai êrxato kêryssein*; und in 3,14: *kai hina apostellê autous kêryssein*. Man beachte außerdem das Thema der Dämonenaustreibung als weiteres gemeinsames Element.

[116] In Mk 5,34 sagt Jesus zu der Frau mit dem Blutfluss: „Meine Tochter, dein Glaube hat dich gerettet. Geh in Frieden! Du sollst von deinem Leiden geheilt sein.“ Ihr befiehlt Jesus nicht, niemandem darüber etwas zu sagen. Er verbietet ihr nicht ausdrücklich zu sprechen. Aber er erteilt ihr auch nicht, wie dem ehemaligen Besessenen, den Auftrag, anderen mitzuteilen, was ihr mit ihm passiert ist.

[117] Dieses Thema wird in Kapitel V dieses Buches wieder aufgegriffen und vertieft.

kommt, steigt nur Jesus aus dem Boot (Mk 5,2: *exelthontos autou ek tou ploiou*) und trifft danach auf den Besessenen. Es gibt somit keinen Hinweis darauf, dass irgendeiner aus der Gruppe der Zwölf Jesus begleitet hat, als er das Gebiet der Gerasener betritt. In Mk 5,17 bitten die Gerasener nur Jesus, ihr Gebiet zu verlassen. Und in Mk 5,18 betritt nur Jesus wieder das Boot (*kai embainontos autou eis to ploion*), das nur er vor kurzem verlassen hatte. Es sind also zwei klar voneinander abgegrenzte Fälle: einerseits jener der Zwölf, die sich als ganz schön feige (Mk 4,40: *deiloi*) erwiesen bei dem „auf hoher See“ Geschehenen; und andererseits der des Gerasener Besessenen, der erst vor kurzem „von den Grabhöhlen“ gekommen war, jedoch bald wieder völlig „bei Verstand“ ist (5,15: *sôfronounta*). Nur durch Jesus sind die beiden Fälle miteinander verbunden. Und er lässt nicht zu, dass sie sich vermischen, indem er verbietet, dass der ehemals Besessene sich nach seiner Heilung der Gruppe der zwölf Jünger anschließt. Statt ihm dies zu erlauben, gibt Jesus dem gerade genesenen Mann einen anderen Auftrag, nämlich nach Hause zu gehen, um dort zum ersten (erfolgreichen) Apostel Jesu im Markusevangelium zu werden.[118]

In Mk 5,18–20 hat das Projekt Jesu „von Anfang an“ ohne irgendeinen anderen Impuls gut funktioniert. Das ist ein einmaliger Vorgang im Markusevangelium.[119] Darum können wir festhalten, dass es höchstwahrscheinlich „im Gebiet der Gerasener“ war, wo der Evangelist seinen eigenen (Neu-)„Anfang des Evangeliums von Jesus Christus, dem Sohn Gottes“ geschrieben hat.

---

[118] Nochmals: Dieser zuvor Besessene ist der erste Mensch, den Jesus ausdrücklich im Markusevangelium beauftragt zu verkünden, was „der Herr“ mit ihm getan hat. Der Mann führt diesen Auftrag nicht nur aus, indem er anderen mitteilt, was „Jesus“ an ihm getan hat, sondern er tut dies in allen Gegenden der Dekapolis. Das unterscheidet ihn von der Gruppe der Zwölf, die die Bitte Jesu, mit ihm in Gethsemane zu wachen, nicht erfüllen, und auch von den Frauen, die am Ende des Werkes „niemandem etwas davon sagten“, was ihnen der junge Mann im leeren Grab mitgeteilt hatte.

[119] All diese Bemerkungen sollen die Besonderheit des Inhalts der drei letzten Verse des Textes (Mk 5,18–20) im Vergleich zum typischen Erzähldiskurs des Evangelisten hervorheben. Der Inhalt der drei letzten Verse ist nicht mit dem sogenannten Messiasgeheimnis im Markusevangelium vereinbar und auch nicht mit dem Thema einer schwierigen Jüngerschaft, sondern scheint in quasi prosaischer Form daran zu erinnern, wie die erste Kunde von Jesus die Gegend „der Dekapolis“ erreichte, wo „alle staunten“. Das ist weder kompliziert noch ambivalent, was diese Erinnerung zu etwas Außergewöhnlichem im Kontext des Markusevangeliums macht.

4. *Wozu wurde das Markusevangelium geschrieben?*

Diese Frage kann noch nicht vollständig beantwortet werden. Zuerst müssen wir sowohl den besonderen Inhalt als auch die Gestaltung der Erzählung des Textes besser kennenlernen. Wir müssen dem, was der Evangelist beschreibt, zuerst richtig „zuhören".

Dennoch scheint mir schon klar zu sein, dass das Ziel des Markusevangeliums etwas mit dem Trauma zu tun haben muss, das sowohl der Untergang der alten, bekannten Welt des Evangelisten vor dem Ersten Jüdischen Krieg als auch danach das Überleben bzw. Übrigbleiben in einer neuen Wirklichkeit verursacht haben. Das Markusevangelium beantwortet die Frage, wie man wieder einmal neu anfängt, nach einer Katastrophe weiterzuleben, sei diese Katastrophe der Erste Jüdische Krieg (wie für den Verfasser des Markusevangeliums), sei sie die europäische Eroberung des amerikanischen Kontinents (wie für die Ureinwohner der Erdteile), sei sie die Situation Deutschlands vor und nach dem Zweiten Weltkrieg (wie für W.G. Sebald), sei sie (für uns alle) in dieser Zeit die weltweit zu erwartende Apokalypse einer Umweltzerstörung, durch die das Leben nicht wird weitergehen können, wie es bisher war.

Das Hauptziel des Markusevangeliums ist es deshalb nicht, ein besonderes theologisches bzw. christologisches oder ekklesiologisches Problem zu lösen, als sei der Text eine Art dogmatischer Aufsatz *avant la lettre*, sondern über die sozialgeschichtliche Lage der Empfänger dieses Werkes, die auch die des Verfassers war, zu sprechen und damit, hoffentlich, etwas für ihr Leben Hilfreiches beizutragen.[120] In diesem Sinne ist das Markusevangelium nicht zuerst, oder nicht nur, ein Werk der sogenannten urchristlichen Literatur, sondern grundsätzlich eine Nachwirkung bzw. Mutation des „interkulturellen" Zusammenstoßes, den wir den Ersten Jüdischen Krieg nennen. Nach dieser Katastrophe, mitten im leidvollen Durcheinander, versucht der Evangelist „im Gebiet der Gerasener" ein weiteres Mal mit dem „Leben Jesu" neu anzufangen, um sich eine neue Welt, die nicht nur die Verlängerung der vorangehenden Vernichtung ist, vorstellen zu können. Um sich irgendwie bei dieser Arbeit zu trösten, wird der Evangelist vielleicht das folgende, erst am Ende des 19. Jahr-

[120] Der wichtigste Grund für die Entstehung des Markusevangeliums war also nicht die Bewahrung der Erinnerung an (den historischen) Jesus nach dem Sterben der ersten Generation von Augenzeugen. Auch nicht die Erklärung der Tatsache, dass Jesus nicht schon während seines Lebens auf der Erde als Menschensohn oder Gottessohn anerkannt wurde. Und auch nicht die Erklärung eines schmachvollen Todes oder der sogenannten Parusieverzögerung.

hunderts veröffentlichte Gedicht auf einem Blatt Papier notiert haben. Wenn der Dichter von „Deutschland“ und von den „deutschen“ Sorgen redet, meint er selbstverständlich „das Heilige Land“ und alles, was in ihm passiert ist.

Denk’ ich an Deutschland in der Nacht,
Dann bin ich um den Schlaf gebracht,
Ich kann nicht mehr die Augen schließen,
Und meine heißen Tränen fließen.

[...]

Seit ich das Land verlassen hab,
So viele sanken dort ins Grab,
Die ich geliebt – wenn ich sie zähle,
So will verbluten meine Seele.

Und zählen muß ich – Mit der Zahl
Schwillt immer höher meine Qual,
Mir ist, als wälzten sich die Leichen
Auf meine Brust – Gottlob! sie weichen!

Was er aber in der letzten Strophe gemeint hat, können wir noch nicht enträtseln:

Gottlob! durch meine Fenster bricht
Französisch heitres Tageslicht;
Es kommt mein Weib, schön wie der Morgen,
Und lächelt fort die deutschen Sorgen.[121]

Wo befinden sich im Markusevangelium die oben beschriebenen Fenster, durch die „französisch heitres Tageslicht“ bricht? Was heißt „französisch“ in diesem Werk? Und wer ist das „Weib, schön wie der Morgen“, das eine neue Welt, die noch möglich ist, in das verdunkelte Zimmer des Alltagslebens des Schriftstellers bringt, „und lächelt fort die deutschen Sorgen“? Es wäre sehr schön, diese Frau kennenzulernen und von ihr „erleuchtet“ zu werden.

[121] Vgl. Heinrich Heine, *Sämtliche Werke*, Bd. 1, Gedichte, München 1969, 332–333.

Kapitel III
Nur eine Leidensgeschichte: Die „Versuchung des Scheiterns“ (Erster Teil)

In diesem Kapitel und im nächsten beschäftigen wir uns mit der Leidensgeschichte Jesu im Markusevangelium hauptsächlich als Erzählung der urchristlichen Literatur, die jemand bzw. der Evangelist zu einer bestimmten Zeit an einem bestimmten Ort geschrieben hat. Die Erzählung kann und soll mit anderen Erzählungen und Schriften verglichen werden, damit die Besonderheit der Erzählung und auch der anderen Texte besser erkannt wird. Der Zweck dieses Vergleichs ist es nicht, von verschiedenen ideologischen „Einflüssen“ auf den Schriftsteller oder von den literarischen „Quellen“, die in dieser Schrift benutzt worden sind, sprechen zu können, sondern eine bessere Wahrnehmung der Eigentümlichkeiten dieser Erzählung und auch der anderen Texte zu ermöglichen oder sie zu „verschärfen“. Erst im nächsten Kapitel werden wir uns mit der Fragestellung beschäftigen, ob und inwiefern die Leidensgeschichte Jesu im Markusevangelium verstanden werden kann als eine besondere Art der „Erinnerung“ an das, was der historische Jesus in Jerusalem erlitten hat, und auch mit dem Thema, was für ein Zeugnis oder „Lebenszeichen“ diese Erzählung enthält.[122] Zuerst aber müssen wir in diesem Kapitel einige literarische Voruntersuchungen anstellen bzw. Vergleiche der Leidensgeschichte Jesu im Markusevangelium mit ähnlichen Texten ziehen.

Was im Folgenden schwierig ist oder was uns noch einige Schwierigkeiten bereiten könnte, ist die Annahme, dass wir die Leidensgeschichte Jesu im Markusevangelium schon ziemlich gut kennen. Zweifelsohne kennen wir die Darstellung davon, die jedes Jahr in der Liturgie für die Karwoche vorgetragen wird. Die Frage ist, ob diese Darstellung der Leidensgeschichte Jesu die Erzählung des Markusevangeliums ganz wiedergibt. Ich kann aus meiner Erfahrung während des letzten Bürgerkriegs in Peru erzählen, wie es möglich ist, dass man glaubt, eine bestimmte Realität schon gut gekannt zu haben, aber dann entdeckt, dass dies eigentlich nicht stimmt. Die Erfahrung, auf die ich mich hier beziehe, war in Bezug auf ihren Anfang und ihr Ende das genaue Gegenteil der Relektüre der Leidensgeschichte Jesu im Markusevangelium, über die ich bald sprechen

[122] Der Anfang des Markusevangeliums (1,1–15) behandelt genau diese Fragestellung.

werde, aber die Notwendigkeit einer „Umkehr" der Perspektiven ist die gleiche.

Die Erfahrung, die ich in Peru gemacht habe, war folgende: Für mich und für die allermeisten Menschen, mit denen ich am Ende der 80er und am Anfang der 90er Jahre täglich Kontakt hatte, war der immer schlimmer werdende Bürgerkrieg selbstverständlich eine Geschichte des Untergangs. Außer der allgemeinen Unsicherheit und dem Mangel an vielen Dingen, die in einem „normalen" Alltagsleben vorhanden sein sollen, bekamen wir in der Hauptstadt Lima immer mehr „einheimische Auswanderer" aus dem Land, die wegen des Bürgerkrieges aus ihrer Heimat fliehen mussten. Die Zahl der informellen Siedlungen – der sogenannten *invasiones* oder *pueblos jovenes* – stieg am Rande der Hauptstadt exponentiell. Für uns alle schien es ein einfaches Faktum zu sein, dass diese Geschichte, die sich damals in Peru abspielte, eine reine Katastrophe darstellte. Eine weitere tragische Geschichte. Und es besteht kein Zweifel daran, dass das Leben in Peru zu dieser Zeit schwer und oft gefährlich war.

Dann aber hat mir jemand erzählt, dass nicht alle Peruaner dieser Meinung waren. Und diese anderen Peruaner waren eben die Menschen, die aus der Heimat hatten fliehen müssen. Für diese Menschen war diese Geschichte mit all ihren Schwierigkeiten und Verlusten eigentlich eine Chronik der allmählichen Verbesserung der Lebensqualität, z.B. mit einem leichteren Zugang zur Bildung und zur medizinischen Versorgung als je zuvor. Diese Relektüre der Leidensgeschichte Perus am Ende des 20. Jahrhunderts kam mir anfangs unbegreiflich vor. Trotzdem war es so. In diesem Fall musste ich noch etwas über das Leben im „Wunderland" – in Peru beschreibt man das Land oft als *el pais de las maravillas* (vgl. Lewis Caroll, *Alice im Wunderland*) – lernen. Etwas Ähnliches gilt, glaube ich, wenn wir jetzt anfangen, uns mit der Leidensgeschichte Jesu im Markusevangelium zu beschäftigen.

1. Erster Vergleich

Der Roman *Jeder stirbt für sich allein* von Hans Fallada (Rudolf Wilhelm Friedrich Ditzen) erschien zum ersten Mal im Jahr 1947.[123] Der Roman schildert den Fall des Berliner Ehepaars Quangel, das nach dem Tod des

[123] Es gibt auch einen darauf basierenden Fernsehfilm von Falk Harnach aus dem Jahr 1962, die TV-Miniserie der DEFA von Hans-Joachim Kazprzik aus dem Jahr 1970 und den Kinofilm von Alfred Vohrer aus dem Jahr 1975.

einzigen Sohnes im Frankreich-Feldzug damit beginnt, Flugblätter, die Postkarten waren, gegen Hitler auszulegen. Sie werden erst nach jahrelanger Suche von der Gestapo gefasst und vor dem Volksgerichtshof zum Tode verurteilt. Otto Quangel stirbt am Ende unter dem Fallbeil. Seine Frau Anna kommt bei einem Bombenangriff in der Todeszelle ums Leben. Die Geschehnisse des Romans folgen in groben Zügen den von Fallada recherchierten Prozessakten des Ehepaars Hampel, die er von Johannes R. Becher zu diesem Zweck erhalten hatte. In weiteren Handlungssträngen werden die Schicksale einer Reihe von Personen geschildert, die im Umfeld der Quangels leben oder die durch die Flugblattaktion betroffen sind. Die Erstausgabe des Romans und dann auch weitere Ausgaben wurden aus politischen Gründen stark gekürzt. Im Jahre 2009 wurde dann das Werk erstmals ins Englische übersetzt und es kam danach zu einer Wiederentdeckung des Autors. Im Frühjahr 2011 wurde der Roman in Deutschland erstmals in einer ungekürzten Fassung neu herausgegeben.

Wahrscheinlich hat man schon geahnt, was mir im Kopf herumgegangen ist. Das ist die Möglichkeit eines Vergleichs zwischen diesem ganz modernen Roman und dem Fall Jesu im Markusevangelium. Z.B. dass Jesus nach dem Verlust seines jetzt einzigen Nachfolgers Petrus im Jerusalem-Feldzug unter dem Fallbeil des Kreuzes genauso wie Otto Quangel für sich allein stirbt. Und bald danach sind die drei Frauen – zwei Marias und eine Salome –, die Jesus einen letzten Kuss zu schenken gedacht hatten, fast ums Leben gekommen bei dem Bombenangriff der Auferstehung, den das Verschwinden des Leichnams Jesu (siehe Mk 15,45) in der Todeszelle des Grabes darstellt. Zitternd, ratlos und verschlossen fliehen die Frauen, von Furcht übermannt, am Ende des Markusevangeliums. Die Geschichte Jesu hat in diesem Werk also kein Happy End. Zum Schluss ist die Erzählung eine reine Tragödie. Nur eine Leidensgeschichte. Genauso wie der anrührende Fall des Ehepaars Quangel im Roman von Hans Fallada.

Die „Versuchung des Scheiterns", wie der peruanische Schriftsteller Julio Ramón Ribeyro seine Autobiographie betitelt hat, ist auch den Hauptfiguren der zwei Geschichten, die Fallada und das Markusevangelium erzählen, sehr vertraut und zudem eine Herausforderung für sie.[124] Ganz bewusst wird diese Versuchung in beiden Fällen zuerst erfahren und dann schließlich akzeptiert. Oder sie verschwindet einfach mit den Protagonisten selber in den Tod. Erst die postume Erzählung der Tragödie, diese Darstellung einer scheinbar unvermeidlichen Unglücksgeschichte,

[124] Vgl. Ribeyro, *Tentación del fracaso* (wie Anm. 33).

macht daraus oder damit „etwas mehr“, das nicht nur die Verlängerung des schlimmen Schicksals ist. Aber um dieses „etwas mehr“ in der Tragödie begreifen zu können, das, was über das völlige Scheitern hinausgeht, wird es zuerst notwendig sein wahrzunehmen, dass die Leidensgeschichte Jesu im Markusevangelium eigentlich eine erschreckende Erzählung ist. Genauso wie der Fall des Berliner Ehepaars Quangel eine grausame Geschichte ist. Die Leidensgeschichte Jesu im Markusevangelium ist zunächst einmal „just another horror story“.[125]

2. *Wozu (und warum) gibt es eine Leidensgeschichte Jesu im Markusevangelium?*

Bevor das Markusevangelium geschrieben wurde, gab es bei den Urchristen kein besonderes bzw. beweisbares Interesse am Thema „Tod Jesu“, wie er gestorben ist. Diese Behauptung ist freilich keine Annahme, die von der gegenwärtigen Bibelwissenschaft ohne Weiteres geteilt wird. Warum dies so ist, hat aber meines Erachtens nicht sehr viel mit der Bibelwissenschaft an sich zu tun, d.h. mit dem sogenannten „historisch-kritischen“ Teil des beruflichen Gehirns. Oder besser gesagt, was wir in dieser Abteilung der wissenschaftlichen Welt schon wissen oder wissen sollen, wird im anderen, noch dogmatisch geprägten Teil derselben Welt oft vergessen bzw. verdrängt. Das ist aber nicht das erste Mal in der Geschichte des christlichen Glaubens, dass es eine innere Spannung oder Spaltung dieser Art im Namen des „Evangeliums“ gegeben hat.

Bevor das Markusevangelium geschrieben wurde, gab es schon andere urchristliche Schriften, die versuchten, das „Evangelium“ oder „Kerygma“ Jesu zu übermitteln. Der Evangelist, der das Markusevangelium geschrieben hat, war also nicht der erste unter seinen Glaubensgenossen, der etwas über das Thema „Jesus Christus, der Sohn Gottes“ veröffentlichte. Zu diesen vormarkinischen Texten gehören z.B. das sogenannte (intrakanonische) Spruchevangelium bzw. die Logienquelle, das (außerkanonische) Thomasevangelium und vielleicht auch das (kanonische) Johannesevangelium und selbstverständlich die mindestens sieben „echten“ Paulusbriefe bzw. neutestamentlichen Bücher von Paulus. Diese Texte sind alle vormarkinisch oder enthalten vormarkinische Traditio-

---

125 D.h. ein Alptraum, wie es die moderne Geschichte der sogenannten Neuen Welt für die Ureinwohner dieses Erdteils gewesen ist.

nen.[126] Keiner von diesen Texten, meines Erachtens auch nicht die paulinischen Schriften, hat aus dem Sterben Jesu einen Schwerpunkt des urchristlichen theologischen Denkens gemacht. Im Falle des Spruchevangeliums wie auch des Thomasevangeliums wird auch die Tatsache des Todes Jesu nicht erwähnt. Und obwohl es im Johannesevangelium eine Leidensgeschichte Jesu gibt, leidet Jesus darin eigentlich nicht. Man kann nicht sagen, dass das Sterben Jesu im Johannesevangelium so ernst genommen wird, dass durch die Einzelheiten dieses Todes irgendeine theologische Einsicht über ihn oder seine Wahrheit gewonnen wird. In all diesen Texten, die entweder älter als oder genauso alt wie das Markusevangelium sind, spielt das Thema „Tod Jesu“ keine (entscheidende) Rolle. Warum hat es dann, gleichsam *ex nihilo*, im Markusevangelium plötzlich eine ausführliche Leidensgeschichte Jesu gegeben?

Im Thomasevangelium beinhaltet die Lehre Jesu im Gegensatz zum Markusevangelium keine Aussage über die Tatsache, dass „der Menschensohn den Hohenpriestern und den Schriftgelehrten ausgeliefert [wird]; sie werden ihn zum Tod verurteilen und den Heiden übergeben; sie werden ihn verspotten, anspucken, geißeln und töten. Aber nach drei Tagen wird er auferstehen“ (Mk 10,33–34; vgl. auch 8,31 und 9,31). Dem Leser des Thomasevangeliums wird vielmehr versprochen, dass er den Tod nicht kennenlernen muss – „er wird den Tod nicht schmecken“ –, vorausgesetzt, dass er den Sinn der Lehre Jesu richtig verstanden hat. Für diese urchristliche Tradition hat die Erinnerung an Jesus nichts mit Leiden und Tod zu tun, sondern nur mit dem Leben, das Jesus sozusagen „in absoluter Form“ (vgl. Joh 10,10) offenbart hat, und danach in schriftlicher Forum im Thomasevangelium.

Ähnlich verhält es sich mit der synoptischen Quelle der Sprüche Jesu, dem Dokument Q.[127] Auch hier gibt es keinen expliziten Hinweis auf das

---

[126] Vielleicht auch das Petrusevangelium, obwohl ich davon nicht überzeugt bin. Vgl. John Dominic Crossan, *Four Other Gospels: Shadows on the Contours of Canon*, Minneapolis 1985; ders., *The Cross That Spoke: The Origins of the Passion Narrative*, San Francisco 1988. Die beiden anderen synoptischen Evangelien kommen nicht in Frage, wenn man der Meinung ist, dass beide das Markusevangelium als literarische Quelle benutzt haben. Deshalb sollte man bei allem, was diese zwei späteren Evangelien berichten, auch über den Tod Jesu, immer in Betracht ziehen, dass es sich um eine redaktionelle Weiterentwicklung der Vorlage handeln kann.

[127] Zum Dokument Q vgl. John S. Kloppenborg Verbin, *Q: El evangelio desconocido*, Salamanca 2005 (übersetzt von J.P. Tosaus); Santiago Guijarro Oporto, *Dichos primitivos de Jesús: Una introducción al „proto-evangelio de dichos Q“*, Salamanca 2004; auch: ders. ‚*El „Documento Q“*, in: ders., Jesús y el comienzo de los evangelios, Estella (Navarra) 2006, 103–117.

Leiden und Sterben Jesu.[128] Nur in einem Spruch – Q 14,27 – wird in dieser Schrift das Wort „Kreuz“ genannt, was natürlich immer auf den Tod Jesu bezogen sein kann. Dennoch liegt der explizite Fokus dieses Spruchs nicht darauf, dass Jesus am Kreuz gelitten hat, sondern auf dem schweren Weg, den jeder seiner Jünger gehen muss, um ihm nachfolgen zu können. In diesem Spruch (Q 14,27) geht es, wie auch anderswo in diesem Dokument, um das riskante und gefährliche Leben, das dem Dokument Q zufolge im Namen Jesu (und auch des Johannes) beginnt. Der Spruch ähnelt einer Aussage des Philosophen Epiktet, der mit Sicherheit nicht am Kreuz starb, aber mit seinen Jüngern über diese Möglichkeit als Teil der Risiken und Gefahren des philosophischen Lebens sprach.[129] Deshalb glaube ich nicht, dass der Hintergrund des Spruchs in Q 14,27 unbedingt der Tod Jesu sein muss.[130]

Relativ häufig ist auch die These aufgestellt worden, dass sich hinter den verschiedenen Sprüchen des Dokuments Q (6,22–23; 11,47–48.49–51; 13,34–35), die vom unheilvollen Schicksal der Propheten handeln, eine Erinnerung an den Tod Jesu verbirgt. Zweifellos könnte es so sein. Trotzdem liegt der explizite Fokus dieser Texte wiederum nicht auf dem speziellen Fall Jesu, sondern auf dem aktuellen Leiden der Empfänger des Dokuments. Obwohl der Fall Jesu sicher als Teil der schmerzlichen Geschichte der Propheten verstanden werden kann, bedeutet dies auch, dass der spezielle Fall Jesu aus der Perspektive des Dokuments Q keine Neuigkeit dargestellt hat. Der Tod Jesu war nichts Außergewöhnliches. Er war, wieder einmal, „nur“ das Übliche. Die gleiche Geschichte wie vor und nach Jesus. Aus diesem Grund hat sein Tod, auch wenn er schmerzlich war, als solcher keine besondere Bedeutung gehabt.

Der Fall des Paulus ist ein bisschen komplizierter. Obwohl er nicht so kompliziert wäre, wenn man nicht weiterhin voraussetzen würde, dass der Apostel der erste Lutheraner *avant la lettre* war. Obwohl Luther den Roh-

---

128 Vgl. John S. Kloppenborg Verbin, *Excavating Q: The History and Setting of the Sayings Gospel*, Edinburgh 2000, 369–374.

129 Vgl. Epiktet, *Diss.* 2,2,20; auch 2,3,5.7; 2,18,4; 2,22,12; 4,1,153–154; Dion von Prusa, *Or.* 8,16; Seneca, *Ep. mor.* 4,24; *De beat. vit.* 19,3; Lukian, *Peregr.* 23.

130 Auch dieser gehörte zum Alltag des Römischen Reichs, d.h. zu einer unsicheren Welt, in der es üblich war, jeden Dissidenten zu bestrafen.Vgl. Santiago Guijarro Oporto, *Fidelidades en conflicto: la ruptura con la familia por causa del discipulado y de la misión en la tradición sinóptica*, Salamanca 1998, 309: „Vermutlich war es kein Zufall, dass man diesen Spruch [Q 14,26, der davon handelt, die Eltern zu hassen] sehr früh mit demjenigen verbunden hat, der seine Jünger dazu aufgefordert hatte, ihr eigenes Kreuz zu tragen (Q 14,27). Das Kreuz, das heißt, die soziale Ächtung und die Verfolgung, war das, was diejenigen erwartete, die die Treue zu Jesus über diejenige stellten, die sie ihren eigenen Eltern schuldeten.“

stoff seiner Kreuzestheologie (*theologia crucis*) insbesondere einigen der paulinischen Briefe entnommen hat, hat Paulus selber meines Erachtens keine Theologie dieser Art getrieben. Das Kreuz Jesu ist bei Paulus nie der Schwerpunkt seines theologischen Denkens geworden, auch nicht im Römerbrief. Wenn jemand Lust hat, noch weiter über dieses Thema zu sprechen bzw. zu streiten, haben wir glücklicherweise noch eine (ewige) Stunde nach der Pause (dieses Lebens), um den dazu gehörenden Austausch von exegetischen Einzelheiten zu genießen.

Es steht außer Zweifel, dass die protestantische Lesart der Bibel – sowohl die lutheranische als auch die reformierte – seit dem 16. Jahrhundert ihre theologische Interpretation des Todes Jesu in den paulinischen Schriften zu finden geglaubt hat. Und dies nicht nur als diskursives Element, das in ein später entstandenes theologisches Schema eingefügt worden ist. Deshalb ist es dann auch nicht schwierig gewesen, sich zu einem anderen Zeitpunkt vorzustellen, dass das Markusevangelium, als sein Bericht über das Leiden und Sterben Jesu verfasst wurde, den gleichen Standpunkt hatte. Der Evangelist sei ein Erzähler der zweiten Generation gewesen, der jedoch vermutlich im paulinischen Stil geschrieben habe. Die enge Verbindung zwischen den beiden Autoren werde zum Beispiel in Mk 14,22–25 bestätigt, einem Text, der 1Kor 11,23–25 sehr ähnelt. Doch diese exegetischen Annahmen verlieren jedes Fundament, wenn man nicht voraussetzt, dass es bei Paulus eine „Kreuzestheologie" gab, wenn das Thema des Sterbens Christi oder des Kreuzes nicht der grundlegende Inhalt seines Evangeliums war. In diesem Fall müsste das Warum der Erzählung vom Leiden und Sterben Jesu im Markusevangelium auf andere Weise beantwortet werden.

Zum Beispiel bezieht sich Paulus in seinem ersten Brief an die Thessalonicher, der ältesten biblischen Schrift des Apostels, dreimal (2,15; 4,14; 5,10) auf die Tatsache, dass Jesus gestorben ist.[131] Diese Tatsache hat im Brief aber keine Bedeutung für die Erlösung, die man noch im Namen des Herrn Jesus Christus zu erfahren hofft. Der Tod Jesu spielt im Brief keine soteriologische Rolle. Vielmehr ist die Rückkehr Jesu aus dem Himmel – oder, besser gesagt, das nächste Erscheinen (*parousia*) Jesu – nach Paulus das entscheidende Ereignis für die Thessalonicher. Deshalb gründet der Rat, den Paulus in 4,13–18 den Thessalonichern gibt, die sehr beunruhigt waren wegen des unvorhergesehenen Todes einiger

---

[131] Der erste Text (1Tes 2,15) gehörte vermutlich nicht zum Originalbrief. Vgl. Birger A. Pearson, *1 Thessalonians 2:13–16: A Deutero-Pauline Interpolation*, in: Harvard Theological Review 64 (1971), 79–94; Darrel Schmidt, *1 Thess 2:13–16: Linguistic Evidence for an Interpolation*, in: Journal of Biblical Literature 102 (1983), 269–279.

Brüder und Schwestern, auf dem, was noch geschehen wird. In seinem ersten Brief an die Thessalonicher scheint für Paulus letztendlich nicht so wichtig zu sein, was Jesus schon getan hat, weder das, was er bei seinem Leiden und Sterben erlitten hat, noch das, was er als Auferstandener erfahren hat, sondern nur das, was er bald tun wird, wenn er endlich auf den Wolken des Himmels erscheinen wird.

Es ist sicher, dass Paulus am Ende seines apostolischen Weges, in seinem Brief an die Römer, im Gegensatz zum ersten Brief an die Thessalonicher den Tod Jesu doch als soteriologisch bedeutsames Thema betrachtet, denn hier scheint Paulus an den Punkt gelangt zu sein, den Tod Jesu als eine Art Sühneopfer (Röm 3,25) zu verstehen.[132] Außerdem wird in einem anderen Kapitel des Römerbriefs die christliche Taufe als Weg gesehen, sich mit dem Tod Christi zu vereinen, denn „wir wurden mit Christus begraben durch die Taufe und wir sind gestorben, um wieder auferweckt zu werden“ (6,4; vgl. Gal 2,20). Die Neuigkeit dieses Diskurses führt aber zu einigen Fragen. Zum Beispiel ist zu klären, warum es diesen Perspektivwechsel gegeben hat.[133] Auch müssen wir berücksichtigen, dass Paulus im Römerbrief kein einziges Mal auf die Idee gekommen ist, sich auf das Kreuz oder die Kreuzigung Jesu zu beziehen. Als hätte der Sinn des Todes Jesu für Paulus noch nichts mit der Geschichte seines Leidens und Sterbens zu tun gehabt. Als sei diese Geschichte für Paulus noch nicht von theologischem Interesse gewesen.[134]

Von den anderen „echten“ biblischen Büchern des Paulus sind es vor allem seine polemischen Briefe an die Korinther und die Galater, in denen sich Paulus am häufigsten auf das Kreuz Christi bezieht.[135] Obwohl Paulus in 2Kor 5,16 jegliches Interesse daran abstreitet, in diesem Moment „Christus nach dem Fleisch“, den wir heute den historischen Jesus nennen, kennenzulernen bzw. zu erinnern, ist es offensichtlich, dass die Person Jesus Christus, und zwar als der Gekreuzigte (1 Kor 2,2), eine rhetorisch sehr wichtige Rolle in diesen Schriften spielt. In seinem ersten Brief an die Korinther ist es zum Beispiel nach Paulus das Kreuz, das die „törichte“ Weisheit und die „schwache“ und somit „leidende“ Macht, die Gott offenbart hat, erkennen lässt. Das steht im Gegensatz zu den Erwar-

[132] Elsa Tamez hat diese Neuigkeit in Röm 3,24–26 in ihrem Buch *Contra toda condena: la justificación por la fe desde los excluidos*, San José 1991, 125–129, anders erklärt; auch in: dies., *Justicia de Dios: vida para todos*, San José 1990, 61–65.

[133] Vgl. Leif E. Vaage, *Redençâo e violencia: o sentido da morte de Cristo em Paulo*, in: Revista de Interpretación Bíblica Latinoamericana 18 (1994), 112–130.

[134] Tatsächlich ist weiterhin die Erfahrung des Geistes das, worauf die Reflexion des Paulus über den christlichen Glauben im Kapitel 8 des Römerbriefs letztlich gründet.

[135] Vgl. auch Phil 2,8; 3,18.

tungen der Korinther (1Kor 1,23–25). Es ist das Kreuz, das in Gal 2,19–21 den Glauben Christi zeigt, der einen anderen Heilsweg für diejenigen geschaffen hat, die keine Juden sind (Gal 2,7), einen Weg, der nichts damit zu tun hat, die „Werke des Gesetzes“ zu erfüllen oder nach den Sitten des jüdischen Volkes zu leben (Gal 2,14).

Doch sogar wenn Paulus auf diese Weise spricht, kommt es ihm überhaupt nicht in den Sinn, weiter zu vertiefen, wie Jesus auf das Kreuz gerichtet war und am Kreuz starb. Was Paulus interessiert zu haben scheint, ist vielmehr das Kreuz als theologisches Symbol, als Zeichen des Unvorhergesehenen, des Überraschenden, des Ungewöhnlichen, was für Paulus die Erfahrung „in Christus zu sein“ war. Deshalb repräsentiert das Kreuz in seinen Briefen an die Korinther und an die Galater paradoxerweise letztlich nicht das Leiden und Sterben Jesu, sondern das alternative christliche Leben, das Paulus selbst verkörpert und gefördert hat. Es hat also wenig bzw. nichts mit einem Bericht über das Leiden und Sterben Jesu zu tun, von dem plötzlich in den zwei (drei) letzten Kapiteln des Markusevangeliums die Rede ist.

So stellen wir vorläufig fest, dass am Ende der Geschichte Jesu, die das Markusevangelium erzählt, etwas geschieht, das eine Neuheit im Bereich der urchristlichen Literatur war. Diese Neuheit ist die Leidensgeschichte Jesu, insbesondere die Erzählung von seiner Verhaftung und Hinrichtung in den (vor)letzten Kapiteln des Werkes. Zum ersten Mal im Urchristentum hat, soweit wir dies beweisen können, jemand – der Evangelist – sich entschieden, dieses Thema, nämlich wie der Gottessohn Jesus von Nazareth Schritt für Schritt vernichtet wurde, schriftlich zu behandeln.

Obwohl uns dieses Thema jetzt, nach der Entwicklung der Liturgie im späteren Christentum mit ihrem jährlichen Kalender, als etwas erscheinen mag, das theologisch selbstverständlich ist, war dasselbe Thema im Kontext des Urchristentums fast eine komische Erfindung. Und darum – weil sie kein selbstverständlicher Schwerpunkt eines „Evangeliums Jesu Christi, des Sohnes Gottes“ gewesen war – sollte man sich für die Leidensgeschichte Jesu im Markusevangelium interessieren. Man sollte fragen: Warum wurde der Tod Jesu im Markusevangelium, mit allem Schmerz, mit seiner Erniedrigung und Schande, nicht nur anerkannt, sondern sogar zum Ziel der ganzen Erzählung gemacht?

Zugleich muss man aber zugeben, dass es im Mittelmeerraum in der Antike ansonsten nicht außergewöhnlich war, sich dafür zu interessieren, wie jemand gestorben war. Z.B. denkt man an den wohlbekannten Spruch von Aristoteles in der Nikomachischen Ethik: „Sollen wir nun auch sonst keinen Menschen glücklich nennen, bis er gestorben ist [d.h. solange er lebt …].“ An der Art und Weise, wie jemand gestorben war, sollte man erkennen, was für ein Leben der Mensch gehabt hat. Darum war es immer– und ist es oft noch – wichtig, wenn man, wie der griechische Vielschreiber Plutarch, eine Biographie über jemanden schrieb, der Beschreibung seines Sterbens besondere Aufmerksamkeit zu widmen.[136] In der antiken Tragödie (als Erzählform) war das schlechte Sterben der Inbegriff eines schlimmen Schicksals. Auch die sogenannten Historiker beschrieben gerne, wie jemand gestorben war, und zwar wenn der Mensch entweder als besonders „ehrenhaft“ oder als besonders „unanständig“ dargestellt werden sollte.

Auch in den Heiligen Schriften Israels kann man ab und zu dasselbe Interesse an der Art und Weise des Sterbens sowohl „großer“ als auch „verdammter“ Menschen bemerken. Das trifft aber nicht auf die Propheten zu, in deren Büchern der Tod des Menschen, auch im Fall des Jeremias, keine Rolle spielt. Darum ist es aus literaturkritischer Perspektive sinnlos, von der Leidensgeschichte Jesu im Markusevangelium als „prophetischer“ Erzählung zu sprechen.

Aus dem Blickwinkel der antiken Welt stellte die zweite Hälfte des Markusevangeliums – insbesondere die drei letzten Kapitel des Werkes, die sich mit dem Thema „Tod Jesu“ beschäftigen – keine Neuheit dar. Um zu wissen, wer jemand eigentlich war, auch und besonders wenn er ein Gottessohn sein sollte, musste man erzählen (können), wie dieser gestorben war. Sonst wäre es nicht möglich gewesen, ihn als Gottessohn zu erkennen.

3. Weitere Vergleiche

Obwohl das Interesse des Markusevangeliums am „Tod Jesu“ somit als kulturelles „Gemeingut“ bzw. antike *shareware* verstanden werden kann, unterscheidet sich die Leidensgeschichte Jesu von anderen Erzählungen dieser Art in der Antike. D.h. jeder stirbt für sich allein, in seinem Stil. In dieser Hinsicht ist jede Leidensgeschichte einzigartig. Und dies ist nicht nur so, weil wiederum „jeder für sich allein stirbt“, sondern auch, weil die ideologischen Zwecke jeder Erzählung, der literarische Stil jedes Textes und das soziale Milieu jedes Empfängerkreises sehr verschieden sein

---

[136] Vgl. Patricia Cox Miller, *Biography in Late Antiquity: A Quest for the Holy Man*, Berkeley 1983.

können. Die Bedeutung der Geschichte hängt immer davon ab, wer sie erzählt hat und wie und für wen sie erzählt wurde. Das gilt unverändert auch heute.

Wenn man verschiedene Leidensgeschichten miteinander vergleicht, ist es deshalb am besten, ihre Unterschiede hervorzuheben. Gleichzeitig weist aber jede Geschichte eine Parallele zu den anderen auf. Sie hat zumindest etwas mit ihnen gemein. Und das Gemeinsame ermöglicht uns, das wahrzunehmen, was in jeder anders ist. Freilich kann ich hier keinen detaillierten Vergleich zwischen der Leidensgeschichte Jesu im Markusevangelium und anderen Texten dieser Art, nicht nur in der Antike im Mittelmeerraum, sondern auch später und in anderen Kulturräumen, ziehen. Das Ziel ist deshalb hier nur dieses: die Rolle, die solch ein Vergleich bei einer Relektüre des Markusevangeliums spielen könnte, anhand einiger Beispiele zu erläutern.

Wenn es mir möglich wäre, alle Beispiele eingehend zu besprechen, würde ich sofort anfangen, zumindest die folgenden Texte mit der Leidensgeschichte Jesu im Markusevangelium und auch miteinander zu vergleichen: i) den bekannten Fall des Philosophen Sokrates; ii) die vier für die christliche Theologie sehr hilfreichen „Lieder" über den „leidenden Knecht" im Prophetenbuch Jesajas; iii) die Geschichte des leidenden Gerechten im Buch der Weisheit (1–4); iv) die verschiedenen – jüdischen, christlichen und auch anderen – Märtyrergeschichten, wie z.B. 2. und 4. Makkabäer; v) die Biographie des wundertätigen Philosophen Apollonius von Tyana, die Philostrat geschrieben hat; vi) die Biographie des witzigen Sklaven und umherziehenden Weisen Äsop; vii) den späteren Fall des Unruhestifters Sigurd Slembedjakn in den Sagen der norwegischen Könige von Snorri Sturlason; und viii) den verhängnisvollen Fall des Königs (der Inka) Atahualpa in Cajamarca (Peru). Diese Texte erzählen alle u.a. eine besondere Leidensgeschichte. Und der Vergleich jeder von ihnen mit der Leidensgeschichte Jesu im Markusevangelium würde uns sicher helfen, letztere besser zu verstehen.

Versuche ich aber hier, auf all diese Texte ausführlich einzugehen, dann wird wahrscheinlich der Leser noch eine Leidensgeschichte am eigenen Leib erfahren. Deswegen mache ich im Folgenden nur einige eher knapp gehaltene Bemerkungen zum Thema, um den mutmaßlichen Beitrag eines Vergleichs dieser Art zu einem besseren Verständnis der Leidensgeschichte Jesu im Markusevangelium zu unterstreichen.[137]

[137] Ich müsste ausführlicher auf diese Texte eingehen, um zu erklären, warum ich von den üblichen Erklärungen der Leidensgeschichte Jesu im Markusevangelium nicht überzeugt bin.

i) Der Fall Sokrates: Im Fall des Sokrates wie auch im Fall der späteren – jüdischen, christlichen und anderen – Märtyrergeschichten ist es beeindruckend, wie redselig diese Menschen gerade vor dem Tod sind. Wie viel sie sprechen. Als ob die Hinrichtung der beste Anlass wäre für einen letzten Vortrag über ein bestimmtes Thema, mit dem sich der Verdammte zuvor oft beschäftigt hat. Auf diese Weise verteidigt man beim Sterben sein „Bekenntnis" und zugleich setzt man es um. Sokrates gibt z.B. noch kurz vor seinem Tod Unterricht über das Thema „Seele". Und von dem, was ihm bald angetan werden soll, scheint er fast nichts zu merken. Was der Märtyrer am besten kann und am liebsten tut, ist, allen Anwesenden zu erklären, warum er seinem Bekenntnis treu geblieben ist, warum er gar nicht anders kann, warum ihn keine andere Möglichkeit überzeugt oder lockt. In dieser Hinsicht ist es eigentlich die sogenannte Leidensgeschichte Jesu im Johannesevangelium, die dem Fall des Sokrates und den anderen Märtyrergeschichten am ähnlichsten ist. Auch hier spricht der Mann Gottes, der das ewige Wort (*logos*) verkörpert, als ob es ihm egal bzw. für ihn besser wäre, bald zu sterben.

Im Markusevangelium dagegen bleibt Jesus während des Prozesses fast stumm, bis zu dem Moment am Ende der Geschichte, als Jesus, scheinbar verzweifelt, den Geist, der ihn zu einem Gottessohn gemacht hat, mit einem Schrei „aushaucht". Im Unterschied zu Sokrates und zu den späteren Märtyrern spricht Jesus auch nach seiner Verhaftung sehr wenig. Und was er sagt, ist entweder (bitter) ironisch gemeint oder es ist ein Schmerzensschrei. Verglichen mit dem Fall des Sokrates ist Jesus im Markusevangelium vor seinem Tod kein Vorbild an Souveränität, sondern ungefähr das Gegenteil davon.

ii) Die vier Lieder über den leidenden Knecht im Buch des Propheten Jesaja: In den ersten drei von diesen vier Liedern ist es unklar, ob der Knecht gestorben ist. Zweifelsohne hat er Misshandlungen erlitten, und zwar in zunehmendem Maße, vermutlich ohne daran schuld zu sein. Die Geschichte des Knechts in diesen drei Liedern hat aber gar nichts mit einem (grausamen) Tod zu tun. Es ist darum nicht möglich, diese Texte als Vorlage für die Leidensgeschichte Jesu im Markusevangelium zu betrachten. Nur im vierten Lied des Prophetenbuches (Jes 52,13–53,12) gibt es einige Anknüpfungspunkte, die den Text ohne Schwierigkeiten mit der Leidensgeschichte Jesu im Markusevangelium und mit den ersten vier Kapiteln der Weisheit Salomons verbinden könnten. Die Verse im vierten Lied, die am meisten mit der Leidensgeschichte Jesu im Markusevangelium übereinstimmen, sind diejenigen, die die Vernichtung des Knechts beschreiben:

„Er wurde verachtet und von den Menschen gemieden, ein Mann voller Schmerzen, mit Krankheit vertraut. Wie einer, vor dem man das Gesicht verhüllt, war er verachtet; wir schätzten ihn nicht. [...] Er wurde misshandelt, und niedergedrückt, aber er tat seinen Mund nicht auf. Wie ein Lamm, das man zum Schlachten führt, und wie ein Schaf angesichts seiner Scherer so tat auch er seinen Mund nicht auf. Durch Haft und Gericht wurde er dahingerafft, doch wen kümmerte sein Geschick? Er wurde vom Land der Lebenden abgeschnitten und wegen der Verbrechen seines Volkes zu Tode getroffen. Bei den Ruchlosen gab man ihm sein Grab, bei den Verbrechern seine Ruhestätte, obwohl er kein Unrecht getan hat und kein trügerisches Wort in seinem Mund war" (Jes 53,3.7–10a).

Wenn wir aber am Anfang des vierten Liedes lesen: „Viele haben sich über ihn entsetzt, so entstellt sah er aus, seine Gestalt war nicht mehr die eines Menschen" (Jes 52,14), wird hier ein Schicksal dargestellt, das tatsächlich schlimmer ist als das, was Jesus als Gekreuzigter im Markusevangelium erleiden muss. Am Ende der Leidensgeschichte Jesu weiß man noch, wer er war, dessen Leichnam gerade ins Grab gelegt worden ist. Seine „Auslöschung" findet erst nach dem Begräbnis bei seiner Auferstehung statt. Das überraschende Verschwinden von allem, was einmal sein „Angesicht" war, gehört im Markusevangelium zum „eschatologischen" Horizont der Erzählung, d.h. zu dem, was noch eine Zukunft hat, und nicht zu dem, was Jesus in Jerusalem angetan wurde.

Auch kann man im Unterschied zum leidenden Knecht im vierten Lied Jesajas eigentlich nicht sagen, dass Jesus im Markusevangelium „kein Unrecht getan hat". Ab und zu wird Jesus im Markusevangelium richtig grob bzw. gewaltsam. Z.B. im Fall der syrophönizischen Frau (7,24–30) benimmt sich Jesus einfach schlecht. Im Markusevangelium ist der Gottessohn kein Unschuldiger, kein „netter Kerl" wie der Knecht im vierten Lied Jesajas. Zugleich ist Jesus kein Sündenbock. Sein Tod wird nicht als Opfer für die Sünde verstanden wie das Leiden des Knechtes im vierten Lied Jesajas.[138] In der Tat spielt der Begriff „Sünde" fast keine Rolle im Markusevangelium.

---

[138] Vgl. Jes 53,4–6: „Aber er hat unsere Krankheit getragen / und unsere Schmerzen auf sich geladen. / Wir meinten, er sei von Gott geschlagen, / von ihm getroffen und gebeugt. / Doch er wurde durchbohrt wegen unserer Verbrechen, / wegen unserer Sünden zermalmt. / Zu unserem Heil lag die Strafe auf ihm, / durch seine Wunden sind wir ge-

Wichtiger als dies ist aber ein letzter Unterschied. Im Markusevangelium erlebt Jesus am Ende seiner Leidensgeschichte genau das nicht, was dem Knecht im Rahmen des vierten Liedes von Jesaja ausdrücklich versprochen wird:

„Seht, mein Knecht hat Erfolg, er wird groß sein und hoch erhaben. Viele haben sich über ihn entsetzt [...] Jetzt aber setzt er viele Völker in Staunen, Könige müssen vor ihm verstummen. Denn was man ihnen noch nie erzählt hat, das sehen sie nun; was sie niemals hörten, das erfahren sie jetzt. Wer hat unserer Kunde geglaubt? Der Arm des Herrn – wem wurde er offenbar? [...] Doch der Herr fand Gefallen an seinem zerschlagenen (Knecht), er rettete den, der sein Leben als Sühnopfer hingab. Er wird Nachkommen sehen und lange leben. Der Plan des Herrn wird durch ihn gelingen. Nachdem er so vieles ertrug, erblickt er das Licht. Er sättigt sich an Erkenntnis. Mein Knecht, der gerechte, macht die vielen gerecht; er lädt ihre Schuld auf sich. Deshalb gebe ich ihm seinen Anteil unter den Großen, und mit den Mächtigen teilt er die Beute, weil er sein Leben dem Tod preisgab und sich unter die Verbrecher rechnen ließ. Denn er trug die Sünden von vielen und trat für die Schuldigen ein“ (Jes 52,13–53,1.10–12).

Im Markusevangelium erleben weder Jesus noch irgendeiner seiner Nachfolger eine Zukunft wie diese. Über dem Schluss des Markusevangeliums schwebt kein heiterer Himmel als Hoffnungshorizont, sondern nur die beängstigende Leere des Nicht-mehr-Daseins. Und die bloße Verheißung, den Verschwundenen anderswo wiedersehen zu können, ist einfach nicht genug, um diese wachsende Furcht und den plötzlichen „Wahnsinn“ der drei Frauen, die vor dem offenen Grab stehen, zu überwinden. Was ausführlich im vierten Lied Jesajas beschrieben und als sicherer Sieg nach der großen Niederlage hervorgehoben wird, bleibt im Markusevangelium bestenfalls in eine unbestimmte Zukunft verschoben. In der erzählten Wirklichkeit des Markusevangeliums bleibt der Moment der Wiederherstellung des „Zerplatzten“ aus. Solch ein Moment wird einfach nicht erzählt.

---

heilt. / Wir hatten uns alle verirrt wie Schafe, / jeder ging für sich seinen Weg. / Doch der Herr lud auf ihn / die Schuld von uns allen.“ Abgesehen von dem Spruch in Mk 10,45, dessen Bedeutung unklar ist, hat der Tod Jesu im Markusevangelium gar nichts mit dem Begriff „Sünde“ zu tun.

iii) Die Weisheit Salomos (1–4): Der Gerechte, dessen Leidensgeschichte in diesem Text erzählt wird, hat genau das erlebt, was auch Jesus im Markusevangelium erfährt. In starkem Kontrast zum Knecht Gottes im vierten Lied Jesajas, der aus dem schlimmsten Scheitern in den größten Wohlstand „zurückkehrt", erleben sowohl der Gerechte als auch Jesus nur eine Zuspitzung der ungerechten Misshandlungen im Leben bis hin zu einem erbärmlichen Tod. Auch die Gerechtigkeit des Gerechten in der Weisheit Salomos (1–4) wird diesseits der Ewigkeit nie belohnt. An seiner Gerechtigkeit leidet der Gerechte nur, bis er gestorben ist.

Im Fall des Gerechten aber ergibt sich dann das, was dem Leser zu verstehen erlaubt, dass das letzte Wort über sein Schicksal nicht nur die Aussage sein wird, dass er tatsächlich alles verloren hat, sondern auch, dass er später, beim Jüngsten Gericht Gottes, im ewigen Leben, eine Umwertung der herrschenden Werte erleben wird. In der Gegenwart, im Leben, ist er nur ein Mensch, der leidet. Ihm aber wird versprochen, irgendwann – wann immer „dein Reich kommt, dein Wille geschieht, wie im Himmel, so auf der Erde" – eine andere Erfahrung zu machen.

Auch das Leben Jesu im Markusevangelium hätte so sein können, wenn er in diesem Werk ein Gerechter gewesen wäre. Wie ich aber schon bemerkt habe, als ich den Fall des leidenden Knechts im vierten Lied Jesajas besprochen habe, benimmt sich Jesus im Markusevangelium nicht selten auf eine Weise, die zu einem (jüdischen) Gerechten einfach nicht passt. Man braucht sich nur daran zu erinnern, wie gewaltsam Jesus in diesem Werk sein kann. Z.B. beschimpft Jesus heftig die Menschen, die ihn verärgert haben. Und in seiner Beziehung zu seiner Mutter und zu seinen Geschwistern verhält er sich auf eine Weise, die im antiken Mittelmeerraum – und nicht nur zu jener Zeit – als einfach schamlos bzw. gesetzeswidrig verstanden werden musste. Im Unterschied zu der Beschreibung von Jesus im Matthäus- und im Lukasevangelium ist der Mann im Markusevangelium kein „anständiger" Jude. Er ist kein Gerechter, sondern genau das Gegenteil.[139]

Wie der leidende Gerechte in der Weisheit Salomos (1–4) wird Jesus im Markusevangelium in Jerusalem von Menschen getötet, die ihn ohne Recht und Beweise angeklagt haben, die ihn misshandeln, verspotten und verfluchen und schließlich seinen Tod unausweichlich machen. Aber im Unterschied zum leidenden Gerechten in der Weisheit Salomons (1–4) benimmt sich Jesus im Markusevangelium auf eine Weise, die im Kontext der jüdischen Kultur „moralisch" nur als fragwürdig angesehen werden

[139] Vgl. weiter Mk 6,3.

konnte. Im Markusevangelium ist Jesus einer der Urheber – wenn nicht der Hauptverursacher – des religiösen bzw. soziopolitischen Streits, der in Jerusalem zu seinem vorhersehbaren Ende findet. Zweifelsohne leidet Jesus unter diesem Ausgang der Geschichte, aber nicht, weil er zuvor ein schuldloser „Heiliger“ gewesen ist.

iv) Die Märtyrergeschichten: Bei der Besprechung der Leidensgeschichte des Sokrates habe ich schon auf die späteren Martyrologien wie das 2. und das 4. Buch der Makkabäer hingewiesen. Was ist aber der Unterschied, wenn es einen gibt, zwischen diesen späteren Texten und dem Fall des Sokrates? In den späteren Martyrologien gibt es ein deutlich größeres Interesse an den Methoden des „Abschlachtens“ der Märtyrer. Sehr viel ausführlicher als in den verschiedenen Berichten über den Tod des Sokrates erzählt man in den Martyrologien mit deutlichem Genuss alle Einzelheiten beim Zerfleischen und Zunichtemachen der Heldenfigur. Dieses gesteigerte Interesse an der Ausübung von Gewalt und Folter hat vielleicht etwas mit der Umwelt des Römischen Reiches zu tun, und zwar mit der soziopolitischen Institution des Zirkus oder der „Spiele“, die ein wichtiges Kennzeichen dieses Reiches war. Die Leidensgeschichte Jesu im Markusevangelium weist eine ähnliche Tendenz auf.[140]

v) Apollonius von Tyana: Den Fall Jesu – nicht nur die Leidensgeschichte Jesu – hat man aus verschiedenen Gründen, aber normalerweise in Verbindung mit dem Thema „Gottmensch“ (*theios anêr*), mit dem Fall des Apollonius von Tyana verglichen. Dieser Vergleich hat besonders mit dem Bereich „Wunder“ zu tun und in geringerem Umfang auch mit dem Thema „populäre Philosophie“. Hier möchte ich nur unterstreichen, wie wenig das Ende des Lebens des Apollonius von Tyana (nach Philostrat) mit der Leidensgeschichte Jesu (nach dem Markusevangelium) gemeinsam hat. Im Fall des Apollonius (nach Philostrat) bleibt es am Schluss unsicher, ob der Übermensch tatsächlich gestorben ist. Am Ende seiner Biographie (nach Philostrat) ist genauso wie beim Tod des Sokrates das Hauptthema die Unsterblichkeit der Seele – und darum ist der Tod an sich eigentlich eine Nebensache. Trotzdem ist es merkwürdig, dass nach dem Verschwinden des Apollonius wie bei der Auferstehung Jesu im Markus-

[140] Obwohl es im Markusevangelium nicht so deutlich ist wie z.B. im Matthäus- und im Lukasevangelium.

evangelium plötzlich ein junger Mann auftaucht, der die bleibende „Präsenz“ des Verschwundenen erklären soll.[141]

vi) Vita Aesopi: Von den drei letzten Fällen, die ich hier bespreche, könnte nur dieser als „Modell“ für den literarischen Aufbau bzw. die „Gattung“ der Leidensgeschichte Jesu im Markusevangelium verstanden werden.[142] Die beiden anderen – die Fälle von Sigurd Slembedjaken und Atahualpa – betreffen Texte, die sehr viel später als das Markusevangelium geschrieben wurden und ursprünglich sehr unterschiedlichen kulturellen Kontexten angehört haben. Mit diesen Vergleichstexten könnte man den Versuch machen, die Leidensgeschichte Jesu im Markusevangelium durchgehend „interkulturell“ auszulegen. Leider ist ein solcher Interpretationsversuch zu aufwendig, um hier durchgeführt zu werden. Ich mache also nur einige Bemerkungen, um den Appetit auf einen solchen Versuch zu wecken.

Wie Jesus im Markusevangelium zuerst „Handwerker“ war (vgl. Mk 6,3: *ouch houtos estin ho tektôn*), eine Tätigkeit, die im Altertum normalerweise als Sklavenarbeit verstanden wurde, so ist auch Aesop am Anfang seines Lebens ein stummer Sklave gewesen. Dann wurde er wegen seines freundlichen Benehmens bei einer schicksalsschweren Begegnung mit einer Priesterin der Göttin Isis von seiner Stummheit geheilt, was ihm erlaubt, seine „Vollmacht“ im Bereich der Weisheit zu beweisen. Auf ähnliche Weise wird Jesus im Markusevangelium nach seiner Taufe in einen „Gottessohn“ verwandelt, was ihm erlaubt, seine „Vollmacht“, besonders im Bereich der Austreibung von bösen Geistern, aber auch bei Streitgesprächen über weisheitliche und andere traditionelle Themen zu offenbaren. Wie Aesop wird Jesus im Markusevangelium auch als Meistererzähler von Gleichnissen bzw. Parabeln dargestellt. Beide Menschen

141 Über die Bedeutung dieses Mannes, der nur zweimal im Markusevangelium (14,21–52; 16,5) erscheint, gibt es eine wissenschaftliche Debatte, die der angeblich von Clemens von Alexandrien geschriebene Brief an Theodoros verursacht hat. Mitte des 20. Jahrhunderts wurde dieser Brief entdeckt bzw. soll er entdeckt worden sein. Vgl. Scott G. Brown, *Mark's Other Gospel: Rethinking Morton Smith's Controversial Discovery*, Kitchener (Waterloo) 2005. Bisher habe ich nur Vergleiche erwähnt, die in wissenschaftlichen Kommentaren üblich sind. Bemerkenswert ist meiner Meinung nach, dass fast alle diese Vergleiche entweder „biblische“ bzw. geistliche oder heroische Texte der Antike betreffen. Als ob auch die Leidensgeschichte Jesu eine solche Erzählung sein müsste. Als ob man dazu verpflichtet oder gezwungen wäre, die Leidensgeschichte Jesu im Markusevangelium als eine im Wesentlichen religiöse bzw. philosophische oder „pädagogische“ Erzählung zu verstehen.

142 Vgl. Lawrence M. Wills, *The Quest of the Historical Gospel: Mark, John, and the Origins of the Gospel Genre,* London-New York 1997.

haben zugleich etwas von einem Schurken. Sie tun Dinge, die man normalerweise nicht tun sollte, zumindest nicht auf diese Weise und nicht so offen. Vielleicht wäre es besser zu sagen: Beide sind Frechdachse. Ab und zu verhalten sich sowohl Jesus als auch Aesop, als ob sie schlecht erzogen wären. Und schließlich werden beide für diese Frechheit bestraft, obwohl jeder für sich allein stirbt, auf seine eigene Weise, und die Folge ihres Sterbens unterschiedlich ist.

vii) Sigurd Slembedjakn: Besonders interessant bei diesem Vergleich ist meines Erachtens, wie der Wikinger Sigurd Slembedjakn, dessen Lebensgeschichte von Snorri Sturlason in seinen *Kongesagane* erzählt wird, schließlich für seine Art zu sterben bewundert wird, obwohl er im Leben nicht nur ein Schurke, sondern vielmehr ein Teufel bzw. schlechter Mensch war. Über ihn konnte man bis zu seinem Tod eigentlich kein gutes Wort sagen. Dann aber hat man plötzlich etwas Respekt für ihn, weil der Schuft, als er auf grauenvolle Weise umgebracht wurde, trotz allem so gestorben ist, wie ein ehrwürdiger Mann sterben sollte.

Im Gegensatz zu Sigurd Slembedjakn stirbt Jesus im Markusevangelium eben nicht so, sondern – in jedem Sinne des Wortes – nur „schlecht“. Obwohl Jesus in Bezug auf andere Menschen oft ein guter Mensch war, gibt es im Markusevangelium bei seinem Tod sehr wenig, was in den Augen seiner Zeitgenossen einen guten Eindruck machen konnte. Nach seiner Verhaftung in Gethsemane tut Jesus fast nur das, was andere wollen. Von Widerstand gegen seine Erniedrigung kann man eigentlich nicht sprechen. Auch nicht von irgendeiner Bestätigung menschlicher Würde. Nur von einem erbärmlichenTod und endgültigen Verschwinden.

viii) Atahualpa: Ohne Weiteres fahren wir jetzt nach Peru, um im Jahr 1532 zusammen mit dem spanischen Eroberer Francisco Pizarro und dem Inka Atahualpa in Cajamarca anzukommen. Wie man die Geschichte dieser Begegnung bzw. Entgegnung von zwei bisher einander ganz unbekannten Welten erzählen sollte, ist noch umstritten.[143] Josef Estermann hat das, was vermutlich dabei passiert ist, auf diese Weise zusammengefasst:

Nachdem sich *Atawallpa* (Atahualpa) gegen seinen Rivalen *Waskar* (Huascar) durchgesetzt und die Hauptstadt Cusco zurückerobert hatte, macht er sich mit seinem Heer nach Cajamarca auf, wo sich inzwischen

[143] Vgl. Iván R. Reyna, *El encuentro de Cajamarca*, Lima 2010.

die Spanier unter Pizarro festgesetzt hatten. Die „Begegnung" der beiden Exponenten zweier Zivilisationen und Religionen war von Anfang an von kulturellen und religiösen Missverständnissen geprägt. Während Atawallpa im Sinne der Gastfreundschaft mit großen Geschenken aufwartete, wurde dies von der Gegenseite als „Bestechungsversuch" angesehen. Das unbewaffnete Auftreten von Atawallpa und seinem Gefolge wurde von den Spaniern als militärische Schwäche interpretiert. Als der Vertreter des spanischen Katholizismus, Padre Vincente Valverde, sich schließlich um ein „Gottesurteil" bemühte, um den Kampf der Götter zu entscheiden, nahmen die Missverständnisse tragische Ausmaße an.

Valverde zeigt Atawallpa die Bibel [oder das Breviar] und rief in der besten katholischen Orthodoxie: „Dies ist das Wort Gottes!" Worauf Atawallpa, in der Logik der mündlichen Überlieferung, das Buch an sich nimmt, es an sein Ohr legt und aufmerksam lauscht. „Es spricht nicht", meint er nach einer Weile und wirft das Buch – für den Inka ein einfacher Gegenstand wie jeder andere – in den Staub. Valverde ist entrüstet und sieht den symbolischen Akt als Gotteslästerung und „Beweis" für das Heidentum des Inka und seines Volkes und damit als Rechtfertigung für den Genozid, der gleich darauf erfolgt. Mit dem Angriff der Spanier und dem Massaker wird die Erwartungshaltung der *Indígenas* plötzlich Lügen gestraft, und diese sehen sich nicht mehr einem „Gast", sondern einem „Feind" gegenüber, der ihnen nach dem Leben trachtet.[144]

Das Hauptinteresse Estermanns gilt den Missverständnissen, die bei diesem Treffen entstanden sind, und auch ihren tödlichen Konsequenzen. Das gilt auch für die spätere Geschichte der Bibelauslegung in Lateinamerika. Was uns hier aber interessiert, ist die Möglichkeit, die Leidensgeschichte Atahualpas (nach Estermann) und die Leidensgeschichte Jesu im Markusevangelium gleichsam wie zwei Folien aufeinanderzulegen. Wenn man die eine Leidensgeschichte (von Estermann) mit der anderen (von „Markus") verbindet, ergibt sich folgende Erzählung:

Nachdem sich *Jesus* gegen seine Rivalen – *die Dämonen, Pharisäer usw.* – durchgesetzt und die *Heimatregion Galiläa* zurückerobert hatte, machte er sich mit seinem Heer – *von Nachfolgern, insbesondere der Gruppe der Zwölf* – nach *Jerusalem* auf, wo sich inzwischen die *anderen – die Sadduzäer, die Schriftgelehrten, usw.* – unter *Pilatus* festgesetzt hatten. […] Das

[144] Josef Estermann, *Apu Taytayku: Religion und Theologie im andinen Kontext Lateinamerikas,* Ostfildern 2012, 25.

unbewaffnete, *aber herausfordernde* Auftreten von *Jesus* und seinem Gefolge wurde von den *anderen* als *rebellische, aber unterdrückbare* Schwäche interpretiert. Als der Vertreter *der Rechtgläubigkeit, der Hohepriester*, sich schließlich um ein „Gottesurteil" bemühte, um den Kampf der Götter zu entscheiden, nahmen die Missverständnisse tragische Ausmaße an. [...]

Genauso wie Atahualpa ist Jesus im Markusevangelium der Vertreter eines „Gottesreiches". Kurz vor seinem schicksalsschweren Aufenthalt in Jerusalem hat auch Jesus seine Macht anderswo im Lande gezeigt. Und selbstverständlich ist Jesus dann in die Hauptstadt des Landes gekommen, um dort das öffentliche Leben in Ordnung zu bringen. Was sich aber danach aus vielen Missverständnissen ergab, hat zum Schluss „tragische Ausmaße" angenommen.

Bei diesem Vergleich ist es schwierig, im Voraus zu wissen, mit wem in der Erzählung ich mich identifizieren sollte bzw. möchte. Identifiziere ich mich mit Jesus, wie die meisten christlichen Leser des Markusevangeliums, dann muss ich mich bei diesem Vergleich mit Atahualpa identifizieren. Gehe ich dann weiter mit Atahualpa, denn auch er war ein *Indígena*, wie es der größte Teil der Bevölkerung Perus (und auch Boliviens und Ecuadors) heute noch ist, dann muss ich bei diesem Vergleich den Vertreter des europäischen (spanischen) Katholizismus, Padre Vincente Valverde, mit dem Hohepriester und mit den anderen jüdischen Autoritäten im Markusevangelium identifizieren. Wenn ich das nicht tun will, muss ich dann auf der Seite Pizarros bleiben, der bestimmt ein Christ war, aber kein Mensch wie Jesus von Nazareth im Markusevangelium, denn Pizarro wurde nicht wie Jesus (Atahualpa) in Cajamarca (Jerusalem) verhaftet und hingerichtet. Trotzdem hat man irgendwie das Gefühl, dass die eine Geschichte zu der anderen „passt". Dass das, was deutlich schiefgelaufen ist, in beiden Fällen sehr ähnlich wirkt. Dass die Leidensgeschichte Jesu im Markusevangelium eine Erzählung ist, die nicht nur einmal geschrieben wurde. Vielleicht ist die Leidensgeschichte Jesu im Markusevangelium deswegen nicht nur eine Leidensgeschichte. Oder nicht einfach nur so eine Geschichte.

Kapitel IV
Nur eine Leidensgeschichte: Die „Versuchung des Scheiterns“ (Zweiter Teil)

In der Bibelwissenschaft ist es bisher üblich gewesen, die Leidensgeschichte Jesu im Markusevangelium so auszulegen, als ob sie im Wesentlichen die „Erfüllung“ oder „Wiedererzählung“ von anderen biblischen Texten wäre. Z.B. von den vier Liedern über den leidenden Knecht aus dem Buch Jesaja. Oder von der Geschichte des leidenden Gerechten aus der Weisheit Salomos (1–4). Als sei die Leidensgeschichte Jesu im Wesentlichen eine biblische Erzählung. Eine Wiederherstellung der Heilsgeschichte Israels. Wenn man nicht immer noch glaubt, sie beschreibe, was der historische Jesus in Jerusalem erlitten hat.[145] Wenn aber die Erzählung nicht nur oder überhaupt nicht die Erfahrung beschreibt, die Jesus von Nazareth am Ende seines irdischen Daseins „historisch“ gemacht haben soll, müsste die Leidensgeschichte Jesu im Markusevangelium nicht gewissermaßen als Erweiterung oder Verlängerung der biblischen Heilsgeschichte verstanden werden? Ist sie dann nicht hauptsächlich eine exegetische Erzählung?

Viele Vertreter der neutestamentlichen Bibelwissenschaft scheinen mir davon überzeugt zu sein, dass die Verwendung von Bibelzitaten und -reminiszenzen aus der jüdischen Bibel in der Leidensgeschichte Jesu der Schlüssel ist, mit dem man die ganze Erzählung verstehen sollte. Dieses Interpretationsmuster finde ich aber immer fragwürdiger, nicht zuletzt deshalb, weil es im Markusevangelium ansonsten einen merkwürdigen Mangel an Bibelzitaten und -reminiszenzen gibt. Die wenigen, die man vor der Leidensgeschichte Jesu findet, rechtfertigen das übliche Deutungsmuster für diese Erzählung nicht. Und wenn in den ersten dreizehn Kapiteln des Markusevangeliums gelegentlich Texte aus den Heiligen Schriften Israels zitiert werden oder wenn auf sie hingewiesen wird,

---

[145] Muss man noch darüber sprechen, wie unwahrscheinlich dies ist? Wann hat man angefangen, die Historizität der Erzählung zu bezweifeln? Und wieso kann man heute noch trotz aller wissenschaftlichen Zweifel glauben, dass die Leidensgeschichte Jesu im Markusevangelium nicht nur ein urchristlicher *Mythos* ist, sondern auch oder trotzdem, dass dieser Mythos zugleich eine gewisse Erinnerung an die historische Erfahrung, die ein bestimmter Jesus von Nazareth in seiner letzten Woche auf der Erde gemacht hat, enthalten könnte?

hat diese verhältnismäßig seltene literarische Geste nichts mit einem Erfüllungsschema zu tun.

Auch in den letzten drei Kapiteln des Markusevangeliums, in denen die Leidensgeschichte Jesu erzählt wird, gibt es nicht sehr viele Texte dieser Art.[146] Man könnte darum meinen – und nicht nur aus reiner Willkür –, dass die Leidensgeschichte Jesu keinesfalls als exegetische Erzählung verstanden werden muss.[147]

1. Bibelzitate und -reminiszenzen im Markusevangelium vor der Leidensgeschichte Jesu

Zweifelsohne kann man im Markusevangelium unzählige sogenannte Bibelreminiszenzen finden, die jedoch zwangsläufig vom literarischen Geschmack des Lesers abhängen und nicht dem expliziten Inhalt des Textes geschuldet sind, denn seine Existenz als solche ist abhängig von den Voraussetzungen desjenigen, der sich gerade mit dem Text beschäftigt.[148] Zum Beispiel ist es möglich, sich nach der Taufe Jesu in Mk 1,9–10, als aus dem geöffneten Himmel eine Stimme kommt, vorzustellen, dass das, was diese Stimme sagt: „Du bist mein geliebter Sohn", etwas mit einem Teil des Textes in Ps 2,7 zu tun hat, wo es heißt: „Er hat zu mir gesagt: ‚Du bist mein Sohn.'" Es gibt aber viele und bedeutende Unterschiede zwischen beiden Texten, so dass man auch sagen kann, dass der wichtigste Inhalt des Textes in Mk 1,11 nicht auf Ps 2,7 zurückgeht. In diesem Fall geht es nicht darum, welches Bibelzitat angeführt worden ist, sondern darum, in welchem theoretischen Rahmen der Interpret die Texte liest.[149] Deshalb habe ich mich in der folgenden Diskussion auf die Texte

---

146 Die Texte, die einen Teil der Leidensgeschichte Jesu darstellen, haben aber eine besondere Bedeutung.

147 Im Grunde ist sie eher eine weitere Geschichte über einen „edlen Tod", mit der Besonderheit, dass sie nicht viel „Edles" aufweist.

148 Vgl. Candida R. Moss, *The Transfiguration: An Exercise in Markan Accommodation*, in: Biblical Interpretation 12 (2004) 1, 69–89, bes. 72–74: „Es wäre Unsinn anzunehmen, dass Markus einen Text aus der hebräischen Bibel wiederholen wollte, ohne irgendetwas zu verändern. Trotzdem zeigen diese [die kleinen Unterschiede], dass der Autor ein bestimmtes Maß an Zweideutigkeit in seine Geschichte eingeschlossen hat, um sie von der Erzählung des Exodus zu unterscheiden" (S. 74). Ich beziehe mich auf diesen Aufsatz nur, weil er, ohne dies zu beabsichtigen, die Unmöglichkeit zeigt, klar und präzise zu definieren, was eine „Bibelreminiszenz" ist, es sei denn auf der Grundlage anderer, auch fragwürdiger Voraussetzungen.

149 Andere Beispiele für eine mögliche „Bibelreminiszenz" finden sich in Mk 1,6; 6,52; 8,17; 9,2–8; 13,14.

im Markusevangelium beschränkt, bei denen es unbestritten ist, dass sie ein biblisches Zitat enthalten. Und ich wiederhole, davon gibt es wirklich nicht sehr viele.

i) Bevor Jesus nach Jerusalem kommt (Mk 1,16–10,52): In den ersten zehn Kapiteln des Markusevangeliums trägt die Verwendung von Bibelzitaten nichts Grundlegendes zur erzählten Geschichte bei. Ließe man diese Bibelzitate weg, würde das den Sinn des Textes nicht wesentlich verändern bzw. die erzählte Geschichte wäre nicht weniger verständlich ohne sie im Text, denn die Bibelzitate fungieren in diesen Kapiteln lediglich als eine Art rhetorische Ausschmückung, ohne einen für die narrative Entwicklung des Textes entscheidenden Beitrag zu leisten.

In Mk 4,12 (Jes 6,9–10) und 7,6–7 (Jes 29,13 LXX) und in 8,18 (Jer 5,21, Hes 12,2) zum Beispiel fügen die Bibelzitate dem Text keinen neuen Inhalt hinzu. Ohne sie würde von dem, was der Text mitteilen will, nichts Wichtiges fehlen. Sie wiederholen nur noch einmal mit anderen Worten und heben somit hervor, was schon gesagt wurde: zum Beispiel die Tatsache, dass man sieht und nichts erkennt (Mk 8,17), oder hört, ohne zu begreifen (Mk 4,10–12), oder etwas mit dem Lippen sagt und etwas anderes im Herzen denkt (Mk 8,5.8). In diesen Texten ist die Verwendung von Bibelzitaten nur ein rhetorisches Kunstmittel, d.h. ein Aspekt des litarischen Stils des Evangelisten. Sie dienen nur dazu, ihnen eine Art traditionelle Resonanz oder „Echo“ zu geben.

Etwas Ähnliches trifft auch auf das Bibelzitat in Mk 9,48 zu, das nur dazu dient, das „Gehenna“-Konzept im vorausgehenden Vers (Mk 9,47) zu erklären. Und in Mk 7,10; 10,4.6–8.19 – ebenso wie später in Mk 12,19.26.29–30.31.32–33.36 – dienen die Bibelzitate im Wesentlichen nur als Vorwand dafür, dass Jesus einmal mehr seine Art zu sein und sein Tun erklärt. In diesen Texten erfüllen die Bibelzitate die gleiche rhetorische Funktion wie an anderen Stellen des Markusevangeliums. Sie rechtfertigen z.B. die Zusage, dass „ihm seine Sünden vergeben sind“, im Fall des Gelähmten (Mk 2,5–9), das Essen mit Sündern und Zöllnern (Mk 2,16), das Nicht-Fasten (Mk 2,18), das Heilen am Sabbat (Mk 3,2). Sie dienen alle als „narrativer Anlauf“, um etwas anderes zum Ausdruck zu bringen, nämlich Jesus als jemanden darzustellen, der über diesen oder jenseits dieser Sorgen und Sitten oder Normen steht.

Im Markusevangelium weicht Jesus jeder ihm gestellten Falle ohne Probleme aus, bis in der Stadt Jerusalem die letzte Etappe seiner Pilgerreise auf der Erde beginnt und in einer Sackgasse mündet. Bevor Jesus Jerusalem erreicht scheint der Inhalt der Bibelverse keine besondere Bedeutung für den Evangelisten zu haben. Wenn wir uns zum Beispiel auf den Inhalt der Bibelzitate in Mk 7,9–13 und Mk 10,2–19 konzentrieren, wäre es möglich, zu der Schlussfolgerung zu kommen, dass Jesus im Markusevangelium das Konzept der Integrität der traditionellen Familie zu verteidigen versucht. Er soll den Respekt gegenüber den Vätern und der Ehe verlangen als heiliger und permanenter Verpflichtung, so dass keine Scheidung möglich ist. Trotzdem handelt Jesus im Markusevangelium jenseits diesem Moment scholastischer Dispute selbst nicht in Übereinstimmung mit seiner Lehre und den angeführten Bibelzitaten, z.B. mit seiner Zurückweisung seiner Mutter und seiner Geschwister in Mk 3,31–35. In diesem Fall scheinen mir, auch bei den Bibelzitaten, die Taten mehr als die Worte zu zählen.

ii) Als Jesus nach Jerusalem kommt und es wieder verlässt (Mk 11,1–13,37):

Nachdem Jesus zum ersten Mal nach Jerusalem gekommen ist und die Stadt wieder verlassen hat (11,1–11), kann man eine Zunahme der Bibelzitate bemerken, als ob die jüdischen Schriften, genauso wie die Institution des Tempels, in einem engen Zusammenhang zu dem stünden, was diese Stadt im Markusevangelium repräsentiert. Auch ist ab dem 11. Kapitel eine deutliche Veränderung in der Art und Weise zu erkennen, wie die jüdischen Schriften in den Diskurs des Evangelisten integriert werden. Von den Hosianna-Rufen derjenigen, die Jesus in Mk 11,9–10 folgen und ihm vorangehen, bis zum apokalyptischen Horizont der Zeit, in welcher der Menschensohn kommen wird, in Mk 13,24–14 scheinen die Bibelzitate in diesen drei Kapiteln des Markusevangeliums nun eine wichtigere Rolle in der Geschichte zu spielen, die der Evangelist erzählt. In diesen drei Kapiteln dienen die Bibelzitate als eine Art Sternbild, dessen wichtigste Funktion darin besteht, dem Leser auf dem Weg zum anderen Ufer einer Erzählung, die ihn bald dazu zwingen wird, durch die turbulenten Gewässer der Leidensgeschichte Jesu zu navigieren, eine gewisse Orientierung zu geben.

In diesem Teil des Markusevangeliums, in dem Jesus nach Jerusalem kommt und die Stadt wieder verlässt, der eine Zwischen- oder Grenzzone in der Erzählung darstellt, dienen die Bibelzitate dazu, auf die Struktur transzendenter Macht hinzuweisen, die auf dem Spiel steht, als Jesus auf alles trifft, was die Stadt Jerusalem in diesem Werk repräsentiert, d.h. auf alles, was nach der Erzählung vom Leiden und Sterben Jesu explizit und implizit kurz vor dem Scheitern stand. Mit anderen Worten: Die Bibelzitate in Mk 11,1–13,37 sind eine Art Urteilsverkündigungs-Orakel oder

Kommentar wie derjenige eines Chors der altgriechischen Tragödie, der an die Wahrheiten erinnert, die die Protagonisten zunehmend vergessen haben, die Wahrheiten, die kein Teil der erzählten Geschichte sind, aber von denen wir jetzt wissen, dass sie früher oder später, wieder einmal, ans Licht kommen werden.

Im Markusevangelium müssten diese Wahrheiten mit dem zu tun haben, was wirklich das messianische Reich ist, was „das Reich unseres Vaters David, das nun kommt" sein wird (Mk 11,10).[150] Daraus resultiert, dass dieses Reich für den Evangelisten nicht das ist, was das Volk feiert, als Jesus zum ersten Mal nach Jerusalem kommt. Es ist nicht der Tempel, wie er einst war. Es ist nicht der eroberte bzw. gestohlene Weinberg. Sein Eckstein ist nicht derjenige, den „die Bauleute" dieser Welt, die Handelnden, die Staatschefs und andere politische Führer, als unverzichtbare Grundlage für ein gutes Leben ausgesucht haben – d.h. die demokratische Ordnung, der Gewinn als ökumenisches Ziel, die nationale Sicherheit –, sondern etwas anderes. Es ist nicht das „Geschlecht Davids", eine Frage der Dynastie und der Familie, der Verwandtschaft und des Bluts, des Privilegs oder des außergewöhnlichen Schicksals, sondern etwas Größeres, das jenseits dieser Konzepte, dieser Wahrheiten steht.

Das ist aber, was kommen muss, wenn die Sonne, der Mond, die Sterne und die anderen Kräfte des Himmels nicht mehr funktionieren, wenn der sogenannte „Menschensohn" schließlich erscheint. In diesen drei Kapiteln des Markusevangeliums, in denen Jesus nach Jerusalem kommt und die Stadt wieder verlässt, haben die Bibelzitate die Funktion, diese andere Realität aufzuzeigen. Einen alternativen, doch im Grunde inhaltsleeren Horizont zu skizzieren, weil er bis jetzt nur die Negation des bisher Bekannten bleibt. Das ist aber eine Art, weiterhin auf der Hoffnung zu bestehen, auch wenn es nichts mehr gibt, um den seit jeher bestehenden Versprechen glauben zu können.

iii) Zum Prolog zurückkehren (Mk 1,2–3): Mit Absicht habe ich das erste Bibelzitat im Markusevangelium (1,2–3) bis jetzt weggelassen. Denn ich glaube, dass man so besser das Gegengewicht versteht, das es als Urteilsverkündigungs-Orakel hat. Dieses Zitat soll den Leser von Anfang an daran erinnern, dass die Protagonisten dieser Geschichte keinen freien Willen haben, sondern sich dem einer anderen, höheren Macht werden fügen müssen. Deshalb spielt die offensichtliche Unsicherheit oder Unge-

[150] Vgl. Mk 11,9–10.17; 12,1.10–11; 13,14.19.24–26. Zum Gebrauch von Bibelzitaten in Mk 12,19.26.29–30.31.32–33.36 siehe unten.

schicklichkeit des einleitenden Satzes in Mk 1,2, „wie es bei dem Propheten Jesaja steht“, keine große Rolle. Die Frage, worauf sich die vergleichende Konjunktion „wie“ (*kathôs*) bezieht oder wie man die falsche Zuordnung des Bibelzitats erklären soll, das in Gänze dem Propheten Jesaja zugeschrieben wird, obwohl der erste Satz von einem anderen Propheten (Maleachi) stammt, muss hier nicht beantwortet werden, denn nichts davon ist für den narrativen Entwurf des Markusevangeliums von Bedeutung. Es scheint aber, dass der Evangelist so früh wie möglich eine Verbindung zwischen Johannes und der Figur des Elija herstellen möchte. Deshalb hat der Evangelist, auch wenn es ungeschickt war, das biblische Zeugnis in Mk 1,2–3, das wiederum ein Zitat aus Mal 3,1 mit einem anderen aus Jes 40,3 verbindet, an den Anfang gesetzt. Das Zitat von Maleachi, das der Einleitung „wie es bei dem Propheten Jesaja steht“ (1,2) widerspricht, ist der Text, den man normalerweise als Bezugnahme auf Elija betrachtet. Offensichtlich stellen die Bibelzitate in Mk 1,2–3 weder eine historische Beschreibung noch irgendeine andere Art kollektiver Erinnerung an die Figur des Johannes dar, sondern dienen der neuen ideologischen Bedeutungszuschreibung des Evangelisten. Diese Bibelverse verweisen Johannes an einen mythischen Ort. Er ist „mein Bote [...] der dein Kommen ankündigt“. Er ist „eine Stimme [...] in der Wüste“. Das heißt: Er ist ein weiterer Prophet unter den vielen, die das Volk Israel kannte, womöglich ein anderer Elija. So wird am Anfang des Werkes mit Hilfe der Bibelzitate in Mk 1,2–3 auf die „proleptische“ Rolle hingewiesen, die Johannes im Markusevangelium spielen wird.

Das einzige Thema, das in Bezug auf das erste Bibelzitat des Markusevangeliums wichtig ist, ist die Klärung der Tatsache, dass weder Johannes, der tauft, noch Jesus, der sich bald von ihm taufen lassen wird, um zum Sohn Gottes zu werden, das, was sie tun, „im eigenen Namen“ tun, sondern dass beide auf der Grundlage einer anderen, höheren Logik handeln, d.h. auf der Grundlage eines verborgenen Willens, der stärker und größer ist, als es die eigene Absicht hätte sein können. Man beachte, dass in Mk 1,2 die Stimme, die sagt: „Ich sende meinen Boten“, nicht weiter definiert wird. Das „Ich“ bleibt daher ein unbestimmtes Wesen ohne weitere Eigenschaften genauso wie in Mk 1,11 und 9,7 die Stimme, die in der Luft als eine unbekannte Präsenz schwebt, die völlig anonym bleibt. Sie ist eine Stimme, die Macht besitzt, die für die Entwicklung der Erzählung entscheidend sein wird, doch sie wird in der vom Evangelisten dargestellten Welt nie konkreter verortet und charakterisiert.

Nachdem dies gesagt ist, ist es auch hilfreich, die irrtümliche Bezeichnung des Propheten Jesaja am Beginn des Markusevangeliums als Autor von allem, was „geschrieben worden ist" (*gegraptai*), zusammen mit anderen späteren Texten einzuordnen, in denen es sich ebenfalls auf das, was „geschrieben worden ist", oder auf „das Geschriebene" bezieht, ohne dass wir ein relevantes Bibelzitat dazu kennen. Ich gehe nun im Text einen Schritt weiter und beziehe mich auch auf einige Verse aus der Leidensgeschichte Jesu. Denn das Thema des „Geschriebenen", ohne dass eine „Schrift" zitiert wird, können wir sehr gut als Brücke zu einer Analyse dieser Erzählung nutzen.

In Mk 9,12.13, wo Jesus von dem Berg herabsteigt, auf dem er gerade sichtbar als geliebter Sohn Gottes „verklärt" worden ist, bezieht sich Jesus zweimal auf das, was „geschrieben ist". Zuerst in Bezug auf das Unglück, das der Menschensohn erleiden muss, und dann auf das Schicksal des unglückseligen Elija. In keinem der beiden Fälle ist bis heute ein Text bekannt, in dem das steht, was Jesus hier als eine Art Prophezeiung oder etwas zuvor Gesagtes ausgibt, das sich nun erfüllt. In Mk 14,21 gibt es eine ähnliche Aussage über den Menschensohn, in der es heißt, dass dieser, nachdem ihn einer seiner Jünger verraten hat, hingeht, „wie von ihm geschrieben steht". Wiederum ist kein Text bekannt, in dem dies steht. Und als man Jesus schließlich in der Nacht in Gethsemane festnimmt, begründet Jesus die Tatsache, dass er dort gewesen ist und nicht im Tempel, wo er an den Tagen zuvor gelehrt hatte, damit, dass (*hina*) „die Schrift [oder die Schriften] erfüllt werden" müsse[n] (Mk 14,49). Trotzdem und wiederum hat all dies – die geheime und gewalttätige Gefangennahme Jesu in Gethsemane statt einer öffentlichen Gefangennahme im Tempel – keinen „biblischen" Vorgänger.[151]

Im Markusevangelium gibt es vier Texte, in denen sich der Gebrauch des Verbs *graphein* oder des Substantivs *graphê* auf keine bekannte Schrift jüdischer oder anderer Herkunft bezieht, sondern auf etwas anderes, das ähnlich, aber kein geschriebener Text ist. Doch was soll dieses andere sein? Zu Mk 9,12.13 wird oft gesagt, dass der doppelte Gebrauch von *gegraptai* in diesen Versen die Bedeutung des Verbs *dei*, das zuvor in Mk 8,31 verwendet wurde, wieder aufgreift. Der Sinn des anderen Verbs (*dei*) ist oft genug hervorgehoben, aber selten untersucht worden. Das heißt, er ist wenig gesichert. Als Schlüssel zum Verständnis scheint der Sinn fast ausschließlich vom theoretischen Rahmen abzuhängen, in dem jemand das Markusevangelium liest. Auf jeden Fall könnte, auf der Grundlage der Äquivalenz der beiden Verben in Mk 9,12.13 und 8,31, das Konzept des „Geschriebenen" ohne jede bekannte Schrift ein Synonym

---

[151] Vgl. 1Kor 15,4.

für den Begriff des Notwendigen oder des Unausweichlichen sein, was der genauere Sinn des Verbs *dei* („es ist nötig“) ist.[152]

Diese vier Verse, die sich auf das „Geschriebene“ beziehen, ohne sich auf einen bekannten Text zu beziehen, helfen uns nun zu erklären, welche Absicht hinter dem ähnlichen Gebrauch von Bibeltexten in diesen drei Kapiteln des Markusevangeliums gestanden haben mag, in denen Jesus in die Stadt Jerusalem kommt und diese wieder verlässt, denn sie haben mehr oder weniger dieselbe Perspektive. In diesen drei Kapiteln des Markusevangeliums (11,1–13,37) haben die Bibelzitate die Funktion, den kosmischen Hintergrund zum Ausdruck zu bringen, vor dem das, was geschehen muss, Realität wird. Dieser kosmische Hintergrund verweist auf eine andere, transzendente Logik, die außerhalb dessen liegt, was das alltägliche Leben bestimmt. Alles, was das Verständnis oder das Streben dieser Welt überschreitet, soll auf diese Logik oder Macht zurückzuführen sein. Es mag sein, dass die jüdischen Schriften in diesen drei Kapiteln des Markusevangenliums eine Art göttliche Stimme repräsentierten. Einen Diskurs, der in Verbindung mit dem Numinosen, dem Unerforschlichen, dem Unvermeidbaren steht, mit dem, was zuvor geschrieben wurde, dem Vorhersagbaren, dem Unerbittlichen. Doch dieses Konzept des „Geschriebenen“ beschreibt keine alternative Realität oder wie man trotz allem einen Ausweg finden kann.

2. *Bibelzitate und -reminiszenzen in der Leidensgeschichte Jesu des Markusevangeliums*

Deshalb sollte man in Bezug auf die Leidensgeschichte Jesu im Markusevangelium nicht einfach voraussetzen, dass die Anwesenheit von Bibelzitaten und -reminiszenzen in dieser Erzählung irgendein Beweis für die „Wiedererzählung“ einer „biblischen“ Geschichte ist. Obwohl die Leidensgeschichte Jesu mehr Bibelzitate und -reminiszenzen beinhaltet, als es sonst im Markusevangelium üblich ist, ist die Erzählung – die Leidensgeschichte Jesu – keine im Wesentlichen biblische Erzählung. Denn auch hier bestimmen die Bibelzitate und -reminiszenzen die Erzählung nicht. Zweifelsohne machen sie einen wichtigen Teil der Leidensgeschichte Jesu aus. Sie spielen eine wichtige Rolle in der Erzählung. Aber

---

152 Zum genaueren Sinn des Verbs *dei* genügt es zu sagen, dass die apokalyptische Bedeutung, die man ihm oft ohne philologisches Fundament oder Argument zugeschrieben hat, nicht so selbstverständlich ist. Siehe z.B. den Gebrauch des Verbs in Mk 13,14, wo es diesen Sinn nicht haben kann.

nicht überall. Nicht im Ganzen. Die Handlung der Erzählung hängt von ihnen nicht ab. Die Leidensgeschichte Jesu ist darum kein exegetisches Vexierspiel.[153]

Gleichzeitig aber basieren einige für diese Erzählung wichtige Episoden wesentlich auf Bibelzitaten und -reminiszenzen. Das ist zweifelsohne eine paradoxe Beweislage! Die Leidensgeschichte Jesu ist im Markusevangelium keine biblische Erzählung, und trotzdem basiert sie ab und zu im Wesentlichen auf Bibelzitaten und -reminiszenzen, z.B. in Mk 15,33–39, wo vom Sterben Jesu erzählt wird. Im ersten Vers der Episode (15,33) wird beschrieben, zu welcher Uhrzeit Jesus gestorben ist und wie es zu dieser Zeit, ungefähr am Mittag, überall dunkel wurde. Diese Beschreibung der „klimatischen" Umstände des Todes Jesu stammt aus dem Prophetenbuch Amos: „An jenem Tag – Spruch Gottes, des Herrn – lasse ich am Mittag die Sonne untergehen und breite am helllichten Tag über die Erde Finsternis aus" (8,9).[154] Im zweiten Vers des markinischen Textes (Mk 15,34) wird als Schrei Jesu noch ein biblischer Text zitiert, der die erste Hälfte des ersten Verses von Ps 22 (bzw. des zweiten Verses von Ps 21 in der Septuaginta) ist: „Mein Gott, mein Gott, warum hast du mich verlassen, bist fern meinem Schreien, den Worten meiner Klage?" Und im übernächsten Vers desselben Textes (Mk 15,36) tut jemand der Umstehenden, die die Klage Jesu gehört haben und sie kommentieren, genau das, was in einem weiteren Psalm von denen getan wurde, die sich über den Psalmisten lustig machten: „Sie gaben mir Gift zu essen, für den

[153] Die Leidensgeschichte Jesu im Markusevangelium ist kein exegetisches Vexierspiel. Hier wird aber auch nicht erzählt, was dem historischen Jesus einst passiert ist, als er verhaftet und gekreuzigt wurde. Die Bibelzitate und -reminiszenzen, die einen Teil der Leidensgeschichte Jesu darstellen, bestimmen die Handlung der Erzählung nicht. Zugleich aber spielen die Bibelzitate und -reminiszenzen oft eine sehr wichtige Rolle. Das ist zweifelsohne ein ganz paradoxes Ergebnis. Auf der einen Seite befinden sich die Bibelzitate und -reminiszenzen nicht überall in der Leidensgeschichte Jesu, weder in jedem Vers noch in jeder Episode. Auf der anderen Seite stellen diese Bibelzitate und -reminiszenzen oft den Kern bestimmter Episoden dar, die für diese Erzählung unbedingt notwendig sind, um den Tod Jesu beschreiben zu können. Es geht in diesen Fällen um ein literarisches Mittel, das sich der Evangelist bzw. Erzähler der Leidensgeschichte Jesu angeeignet hat, erstens, um diese Geschichte erzählen zu können, und zweitens, um dieser Erzählung eine größere, sozusagen kulturelle Resonanz zu geben. So wie der Tod Jesu im Markusevangelium in enger Verbindung mit der Zerstörung des Tempels erzählt wird, so wird der Tod Jesu in enger Verbindung mit den Heiligen Schriften Israels dargestellt. Aber auf keinen Fall wird diese Erzählung nur oder hauptsächlich durch das literarische Mittel – d.h. durch die Heiligen Schriften Israels – gestaltet.

[154] Vgl. Mk 15,33: *skotos egeneto eph' holên tên gên*, und Am 8,9 (LXX): *syskotasei epi tês gês en hêmera to phôs.*

Durst reichten sie mir Essig" (69,21 = 68,22 LXX).[155] Die Bedeutung dieses Bibelzitats aber, das für die Erzählung im Markusevangelium wichtig ist, hat gar nichts mit irgendeiner Erinnerung an das, was einmal passiert ist, zu tun, sondern geht offensichtlich auf die Auslegung des Evangelisten zurück. Diese Auslegung beantwortet die Fragen, wann genau und wie Jesus verstarb, was er als Letztes gesagt bzw. geschrien hat, und wie die Menschen, die um ihn herumstanden, auf seine Aussage reagiert haben.

Die Erzählstruktur dieser Episode der Leidensgeschichte Jesu, die den Tod Jesu genau beschreibt, d.h. ihre „mythische" Logik hängt wesentlich von dieser Reihe von Bibelzitaten und -reminiszenzen ab.[156] Üblicherweise werden ansonsten die Frage nach Elija in Mk 15,35–36, der Hinweis auf den zerissenen Vorhang des Tempels in Mk 15,38 und das Bekenntnis des Zenturios in Mk 15,39 als Themen betrachtet, die für die (vorletzte) Endredaktion des Markusevangeliums und seinen literarischen Aufbau sehr wichtig sind und deshalb nicht als historische Erinnerung gelten können. In Mk 15,33–39 gibt es also gar nichts, was als „Augenzeugenbericht" oder mündliche Tradition über den Tod Jesu betrachtet werden kann. Denn wir haben hier nur einerseits eine Aneinanderreihung von Bibelzitaten und -reminiszenzen und andererseits eine Reihe von Themen, die sehr typisch für den Verfasser des Markusevangeliums sind. Natürlich ist es immer noch möglich zu behaupten, dass alle diese Angaben vielmehr eine Interpretation reflektieren, die der Evangelist einer angeblichen kollektiven Erinnerung oder einer urchristlichen Tradition gegeben habe.[157] Doch da es keinen Nachweis für diese Erinnerung oder Tradition gibt, der nicht in irgendeiner Weise von der Leidensgeschichte Jesu im Markusevangelium abgeleitet ist, kehrt die Debatte über ihre Möglichkeit wieder zu der prinzipiellen Frage zurück, mit der wir diese Diskussion begonnen haben.[158]

---

155 Vgl. Mk 15,36: *gemisas spoggon oxous peritheis kalamô epotizen auton*, und Ps 68,22 (LXX): *kai eis tên dipsan mou epotisan me oxos.*

156 Vgl. Howard M. Jackson, *The Death of Jesus in Mark and the Miracle from the Cross*, in: New Testament Studies 33 (1987), 16–37; Stephen Motyer, *The Rending of the Veil: A Markan Pentecost*, in: New Testament Studies 33 (1987), 155–157; David Ulansey, *The Heavenly Veil Torn: Mark's Cosmic Inclusio*, in: Journal of Biblical Literature 110 (1991), 123–125. Vgl. Santiago Guijarro Oporto, *El relato pre-marquiano de la pasion y la comunidad de Jerusalen*, in: ders., Jesus y sus primeros discipulos, Estella (Navarra) 2007, 179–180.

157 Vgl. Santiago Guijarro Oporto, *La tradición oral sobre Jesús*, in: ders., Jesús y sus primeros discípulos, 11–34.

158 In diesem Fall muss man außerdem anmerken, dass, wenn man alle sogenannten interpretativen Elemente aus der Episode gestrichen hat, keine Textgrundlage übrig bleibt,

Wir besprechen also im Folgenden nur die Bibelzitate, die jeder Bibelwissenschaftler als Teil der Leidensgeschichte Jesu im Markusevangelium anerkennt. Diese Zitate befinden sich nicht in allen Teilen der Erzählung, doch sie sind ein grundlegendes und sogar unentbehrliches Element in den Episoden, in denen sie erscheinen, und spielen eine wichtige Rolle für die Entwicklung der ganzen Erzählung.[159] Wir beschränken unsere Analyse auf die vier wichtigsten Texte:

- Mk 14,10–31 (bes. 14,18.24.27) = letztes Abendmahl Jesu
- Mk 14,53–65 (bes. 14,60–61.62.63) = Prozess gegen Jesus vor dem Hohepriester
- Mk 15,21–32 (bes. 15,24.29) = Kreuzigung Jesu
- Mk 15,33–39 (bes. 15,33.34.36) = Tod Jesu

a) Mk 15,33–39: Beginnen wir mit dem letzten Text, der vom Tod Jesu handelt. Er ist die wichtigste Episode der Erzählung vom Leiden und Sterben Jesu im Markusevangelium.[160] In der Tat hätte die Erzählung ohne diese Episode keinen richtigen Schluss. Allerdings gibt es keinen Zweifel daran, dass der historische Jesus gestorben ist. Diese Tatsache ist keine Erfindung des Evangelisten. Trotzdem greift z.B. in Mk 15,33 die Beschreibung der Stunde, in der Jesus gestorben sein soll, und die seltsame Dunkelheit, die seinen Tod begleitet, auf die Beschreibung des Gerichtstags aus dem Buch des Propheten Amos zurück, in dem es heißt: „An jenem Tag – Spruch Gottes, des Herrn – lasse ich am Mittag die Sonne untergehen und breite am helllichten Tag über die Erde Finsternis aus“ (Am 8,9). Was Jesus danach in Mk 15,34 schreit, sind dann die ersten Worte von Ps 22,1 (= 21,2 in der LXX). Und in Mk 15,36, als Teil der Reaktion derjenigen, die sich um das Kreuz herum aufhielten und deshalb diese Worte hörten, tut einer von ihnen, der wegläuft und einen Schwamm mit Essig tränkt, genau das, was nach einem anderen Psalm

---

die auf eine vormarkinische Tradition zurückgehen könnte. Höchstens einige Details wie z.B. die Angabe der sechsten und der neunten Stunde in Mk 15,33.

159 Die Erzählung vom Leiden und Sterben Jesu im Markusevangelium umfasst den Text in 14,1–16,8 und könnte sogar noch kürzer sein, wenn man einige Episoden wegließe, zum Beispiel am Anfang (14,1–2, 3–9) und am Ende (15,40–41, 42–47; 16,1–8). Doch die Frage nach seinem Umfang ist kein Schlüssel zum Thema der wichtigsten Episoden in der Erzählung.

160 Die anderen Hauptepisoden sind Mk 15,40–41.42–47 und 16,1–8. Es scheint auf der Hand zu liegen, dass, wenn es um den historischen Hintergrund der Erzählung vom Leiden und Sterben Jesu geht, keine von ihnen die gleiche Wahrscheinlichkeit besitzt wie diejenige, die seinen Tod beschreibt.

(69,21 = 68,22 [LXX]) auch diejenigen getan haben, die den Psalmisten verspotteten: „[…] für den Durst reichten sie mir Essig." Alle diese Elemente – die elementare Bestandteile der Episode sind, weil sie die Uhrzeit, zu der der Tod Jesu stattfand, die letzten Worte, die der Protagonist ausgesprochen hat, und die Reaktion(en) derjenigen, die dem Geschehen am nächsten waren, mitteilen – stammen aus Bibelzitaten.

Die narrative Logik des Textes basiert daher auf einer Aneinanderreihung von Bibelzitaten.[161] Es scheint also eine mehr oder weniger zwingende Schlussfolgerung zu sein, dass der Bericht über den Tod Jesu, wie wir ihn in Mk 15,33–39 vorfinden, nichts mit einem Bericht von Augenzeugen oder einer mündlichen Tradition über etwas, das historisch geschehen ist, zu tun hat, sondern eine fiktive, literarische Konstruktion ist, die auf der Grundlage einiger Texte der jüdischen Schriften verfasst wurde, welche nach den narrativen Plänen des Evangelisten verarbeitet worden sind.

b) Mk 15,21–32: Gehen wir weiter zurück, vom vierten zum dritten Text, dem Bericht über die Kreuzigung Jesu in Mk 15,21–32. Wieder sind die wichtigsten Elemente dieses Textes von Bibelversen abgeleitet. Das erste Element ist die Beschreibung des Anfangs der Kreuzigung Jesu: „Dann kreuzigten sie ihn. Sie warfen das Los und und verteilten seine Kleider unter sich und gaben jedem, was ihm zufiel" (Mk 15,24). Das, was diejenigen, die die Kreuzigung vollziehen, tun, nachdem sie Jesus ans Kreuz genagelt haben, ist nur die Erfüllung des vom Psalmisten Geschriebenen über seine Feinde in Ps 22,19 (= 21,19 [LXX]): „Sie verteilen unter sich meine Kleider und werfen das Los um mein Gewand." Das zweite Element handelt vom Verhalten derjenigen, die an dem Ort vorbeikamen, an dem Jesus gekreuzigt wurde (15,29). Sie beleidigten ihn, „schüttelten den Kopf" und sagten zu ihm in Mk 15,29b–32 einige Sätze, die an zwei andere Verse des gleichen Psalms (22,7–8 = 21,8–9 [LXX]) erinnern.[162] Diese beiden Elemente stellen die zwei grundlegenden Momente der

---

[161] Auch die anderen Aspekte wie z.B. die Einbeziehung des Elija in Mk 15,35–36 oder die Beschreibung des Todeskampfes Jesu mit seinen Folgen in Mk 15,37–39 tragen eindeutig die redaktionelle Handschrift des Evangelisten.

[162] Die gleichen Sätze greifen andere Aspekte des Markusevangeliums wieder auf, die für den Evangelisten offensichtlich ein wichtiges Thema sind. Vgl. Adela Yarbo Collins, *The Passion Narrative of Mark*, in: dies., The Beginning of the Gospel: Probings of Mark in Context, Minneapolis 1992, 92–118, bes. 113–114 (zu Mk 15,29b–31a); Guijarro Oporto, *Relato pre-marquiano* (wie Anm. 156), 180 (zu Mk 15,31–32); auch: ders., *La composición del evangelio de Marcos*, in: Salmanticensis 53 (2006), 5–33, bes. 11 (zur Beziehung zwischen den Texten in Mk 14,61 und 15,32).

Erzählung von der Kreuzigung Jesu dar und verleihen dieser ihre narrative Achse.

Alle weiteren Aspekte der Erzählung sind von diesen beiden Polen abhängig. Oder, besser gesagt, die weiteren Inhalte drehen sich um diese beiden Gravitationszentren.[163] Einige Details wie z.B. die Absicht, Jesus „Wein, der mit Myrrhe gewürzt war", zu reichen (15,23) und die genaue Angabe des Zeitpunkts der Kreuzigung Jesu mit der dritten Stunde (15,25) finden sich im Bericht, um den folgenden vorzubereiten, der von dem Tod Jesu handelt, wo der biblische Hintergrund dieser Aspekte offensichtlicher wird.[164] Deshalb beansprucht die Erzählung über die Kreuzigung Jesu in Mk 15,21–32 auch keine historische Erinnerung zu sein, sondern erfüllt lediglich einen narrativen Zweck. Der Text ist also eine theologische Dramatisierung des sozialen Unglücks, das dem Gekreuzigt-Sein entspricht. Er ist keine biographische Erinnerung an das, was einmal historisch stattgefunden hat.

c) Mk 14,53–65: Die zweite der vier Episoden, die wir gerade durchgehen, die vom Prozess gegen Jesus vor dem Hohepriester handelt, führt uns zur gleichen Schlussfolgerung, zumindest bezüglich der wichtigsten Szene in Mk 14,60–63, die den kurzen und scharfen Wortwechsel zwischen Jesus und dem Hohepriester darstellt. In den Versen, die diesem Austausch vorangehen (14,53–59), gibt es keinen Aspekt, der nicht in enger Beziehung zu der in 14,60–63 dargestellten Szene steht.[165] In 14,60

---

163 Die Tatsache, dass Jesus nach Golgatha gebracht (Mk 15,22a) und dort gekreuzigt wurde (Mk 15,24a.25b), könnte die Ausnahme sein, die die Regel bestätigt. Zur Inschrift, die den Grund für die Verurteilung Jesu nennt (15,26), vgl. Rudolf Bultmann, *History of the Synoptic Tradition*, New York 1963, 272, 284 (übersetzt von John Marsh); Eta Linnemann, *Studien zur Passionsgeschichte*, Göttingen 1970, 147. Beide Autoren denken, dass dieser Text eine sekundäre Hinzufügung ist. Vgl. Collins, *Passion Narrative* (wie Anm. 162), 112–113; Detlev Dormeyer, *Die Passion Jesu als Verhaltensmodell: literarische und theologische Analyse der Traditions- und Redaktionsgeschichte der Markuspassion*, Münster 1974, 195. Diesen Autoren zufolge stellt der Text eine historische Erinnerung dar.

164 Die mit Simon von Kyrene in Verbindung stehende Episode (Mk 15,21), die Übersetzung des Wortes „Golgatha" (Mk 15,22b) und der Bezug auf die Verbrecher, die zu beiden Seiten Jesu hingerichtet wurden (Mk 15,27.32b), sind alle Aspekte der Erzählung, die nach literaturkritischen Untersuchungen des Markusevangeliums auf persönliche Absichten des Evangelisten zurückzuführen sind. Vgl. Guijarro Oporto, *Relato premarquiano* (wie Anm. 156), 179–180.

165 Nach Guijarro Oporto, *Relato pre-marquiano* (wie Anm. 156), 177–178, sind die Erwähnung der Ältesten und der Schriftgelehrten in Mk 14,53.55 sowie die beiden Erklärungen in Mk 14,56.59, die dazu dienen, den in Mk 14,61b–62 hinzugefügten zweiten Teil des Verhörs zu rechtfertigen, Aspekte, die auf den Evangelisten zurückgehen. Zu

steht der Hohepriester auf, um Jesus anzuklagen. Er unterstreicht die Tatsache, dass alle schlecht über ihn reden, auch wenn sie sich darüber, welchen Vergehens er sich schuldig gemacht hat, nicht einigen können. Doch Jesus widerspricht dem Hohepriester nicht. Statt auf die Anschuldigung des Hohepriesters zu antworten, schweigt Jesus wie der Diener Jesajas, der auch „misshandelt und niedergedrückt [wurde], aber er tat seinen Mund nicht auf. Wie ein Lamm, das man zum Schlachten führt, und wie ein Schaf angesichts seiner Scherer, so tat auch er seinen Mund nicht auf“ (Jes 53,7). Einerseits erscheint der ganze Chor von Anklägern, angeführt durch den Hohepriester, der den Verleumdungsprozess gegen Jesus leitet. Andererseits unterstreicht der Text das völlige Schweigen Jesu angesichts aller Verleumdungen. Im Folgenden heißt es dreimal, dass Jesus kein Wort auf die Beleidigungen antwortete, was vor allem dazu dient, dass der biblische Prototyp seine Geltung nicht verliert.

Dann geht der Hohepriester zu einer weiteren Runde des Verhörs über, in dem der Erinnerung an den leidenden Knecht Jesajas noch eine Kombination biblischer Texte gegenübergestellt wird, die aus Ps 110,1 und Dan 7,13 stammen. In dieser zweiten Runde geht es um die Identität Jesu. Deshalb fragt der Hohepriester Jesus direkt, ob er nicht „der Messias, der Sohn des Hochgelobten“ sei (14,61). Diesmal antwortet ihm Jesus und sagt: „Ich bin es“ (*egô eimi*) und zitiert als Erklärung oder Beweis die beiden erwähnten Bibelverse. Die Reaktion des Hohepriesters und aller anderen Anwesenden auf diese Antwort ist nur eine vorhersagbare Anwendung des Blasphemiegesetzes aus Lv 24,16.

Die Verurteilung Jesu in Mk 14,53–65 ist also wiederum ein Szenario, das der exegetischen Vorstellungskraft des Evangelisten entspringt. Also seiner Fähigkeit – auf der Grundlage einer urchristlichen Lesart der jüdischen Schriften – eine, sagen wir, historisierende Episode zu erfinden, in der einige Bibeltexte, die außerdem für „messianisch“ gehalten wurden, als Teil des Leidens und Sterbens Jesu Realität geworden sind. Das Szenario ist das Ergebnis einer ziemlich kühnen und geistreichen Reflektion. Auch hier wird uns der Eintritt – zumindest mit unserem modernen Verstand – zu der langen, banalen und brutalen Nacht verwehrt, die dem Tod des historischen Jesus vorausgegangen ist.[166]

Mk 14,61b–62 siehe außerdem: Guijarro Oporto, *Composición* (wie Anm. 162), 5–33, bes. 11; Norman Perrin, *The High Priest's Question and Jesus' Answer (Mark 14,61–62)*, in: Werner H. Kelber (Hg.), The Passion in Mark: Studies on Mark 14–16, Philadelphia 1976, 80–95.

166 Zum Tempel als Ort der Episode vgl. Guijarro Oporto, *Relato pre-marquiano* (wie Anm. 156), 178; ders., *Composición* (wie Anm. 162), 12.

d) Mk 14,10–31: Wir kommen zum ersten der vier Texte, die wir gerade kommentieren, und mit dieser Episode befinden wir uns am Anfang der Leidensgeschichte Jesu im Markusevangelium.[167] Der Text beschreibt das letzte Abendmahl Jesu mit seinen (zwölf) Jüngern. Wieder sind es Bibelzitate, die dem Text seine narrativen Schwerpunkte geben. In Mk 14,18 z.B. greift die Aussage Jesu: „Einer von euch wird mich verraten ... einer von denen, die zusammen mit mir essen“, die Klage des Psalmisten in Ps 41,9 (= 40,10 LXX) auf: „Selbst mein Freund, auf den ich vertraute, der mein Brot aß, hat die Ferse gegen mich erhoben.“ Diese Aussage begründet alles, was zuvor in 14,10–17 gesagt wurde, denn der Inhalt dieser Verse dient nur als Kontext für die Aussage Jesu in 14,18.[168] Auch das Thema des Passahfestes (14,12.14.16) und die Art und Weise, wie man den Ort gefunden hat, an dem das Fest gefeiert wird (14,13–16), stimmen so sehr mit den typischen christologischen Schemata des Evangelisten überein, dass es schwierig ist, nicht zu glauben, dass diese Elemente vom Evangelisten stammen, abgesehen davon, dass sie keine historischen Daten darstellen.[169]

Der kurze Dialog in Mk 14,19–21 zwischen Jesus und den (zwölf) Jüngern darüber, wer ihn verraten wird, würde sich auch als Kommentar zu dem in 14,18 Gesagten eignen. Auf diese Weise kreist der ganze Text (14,10–21) um den Vers, der auf Psalm 41,9 verweist, und gibt dem biblischen „Knochen“ narratives „Fleisch“. Ebenso dienen die Verse in Mk 14,27–31, mit denen die Episode endet, in denen Petrus fälschlicherweise Jesus absolute Treue verspricht, unabhängig von dem, was die anderen tun, nur dazu, den Bibeltext in Sach 13,7 zu kommentieren, den Jesus soeben in 14,27 zitiert hat, womit er vorhersagt, dass ihn alle Jünger verlassen werden. Wie zuerst Judas, der die Klage des Psalmisten verkörpert, dient nun die Figur des Petrus dazu, die Aussage des Propheten lebendig zu machen: „Schlag den Hirten, dann werden sich die Schafe zerstreuen“ (Sach 13,7).

Zwischen dem Verrat des Judas (14,10–21) und dem Irrtum des Petrus (14,27–31) erzählt der Evangelist in Mk 14,22–26 vom letzten „Abendmahl des Herrn“ mit seinen (zwölf) Jüngern. Auch hier findet man ein

---

167 Vgl. Collins, *Passion Narrative* (wie Anm. 162), 103–106: „Es gibt Indizien dafür, dass Mk 14,1–31 ein von Markus verfasster Abschnitt auf der Grundlage verschiedener Einzeltexte ist“ (104).

168 Vgl. Guijarro Oporto, *Relato pre-marquiano* (wie Anm. 156), 174–175.

169 Vgl. Vernon K. Robbins, *Last Meal: Preparation, Betrayal, and Absence (Mark 14: 12–25)*, in: Kelber (Hg.), Passion in Mark (wie Anm. 165), 21–40; Guijarro Oporto, *Relato pre-marquiano* (wie Anm. 156), 175.

Bibelzitat als narrativen Schwerpunkt oder Grundstein. Denn in Mk 14,24 haben wir ein ziemlich starkes Echo auf Sach 9,11 (siehe auch Ex 24,8). Und wie schon bemerkt wurde und allgemein bekannt ist, weist der erste Teil dieses Textes (Mk 14,22–24) eine weitere Parallele im ersten Brief des Paulus an die Korinther auf (1Kor 11,23–25). Die letzte Tatsache macht es jedoch nicht wahrscheinlicher, dass der Inhalt des markinischen Textes auf historische Erinnerung zurückgeht. Ganz im Gegenteil! Der erste Korintherbrief wurde zwanzig Jahre vor dem Markusevangelium verfasst. Am Anfang der Leidensgeschichte Jesu im Markusevangelium wird der Evangelist eine Reflektion der urchristlichen Praxis verarbeitet haben, die zuerst Teil der paulinischen Tradition (in Korinth) war und sich danach auch in anderen Gemeinden verbreitet hatte. Das Markusevangelium greift diese Tradition zusammen mit anderen Glaubensüberzeugungen und Gebräuchen auf und stellt sie in einen neuen Zusammenhang.[170]

Ansonsten ist Mk 14,25 ein Spruch, der im Paralleltext 1Kor 11,23–25 nicht begegnet. Dieser Spruch lässt uns erkennen, aus welchem Grund der Evangelist gerade hier die anachronistische „Erinnerung“ platziert hat. Das Zitat dient dazu, die Überzeugung des Evangelisten zu unterstützen, dass schon zu Lebzeiten der ersten Christen und trotz allem zusammen mit dem „auferstandenen, nach Galiläa zurückgekehrten“ Jesus (Mk 14,28) der „neue Wein“ aus dem Reich Gottes (Mk 14,25) getrunken wurde.

3. *Ein besonderes Stück des Markusevangeliums*

Die Leidensgeschichte Jesu ist also keine historische Erzählung, wenn wir mit dem Begriff „Historie“ meinen, „wie es eigentlich gewesen ist“. Z.B. ist die Beschreibung des Todes Jesu (Mk 15,33–39) zu „vollgepackt“ mit Bibelzitaten und -reminiszenzen und auch mit anderen Themen, die mit dem literarischen Aufbau des ganzen Werkes zu tun haben, um als historische Quelle oder eine andere Art der Erinnerung an das sogenannte Historische verstanden zu werden. Vielleicht aber stellt der Text bzw. die Leidensgeschichte Jesu im Markusevangelium eine besondere Form „traumatisierter Erinnerung“ dar. In diesem Fall gäbe es etwas, das vorher

[170] Vgl. Guijarro Oporto, *Relato pre-marquiano* (wie Anm. 156), 175; Leif E. Vaage, *Violence as Religious Experience in the Gospel of Mark*, in: Colleen Shantz/Rodney A. Werline (Hg.), Experientia, Bd. 2, Atlanta 2012, 119–135, 129.

tatsächlich passiert ist, woran oder wodurch man gelitten hat, etwas, von dem man aber nachher entweder nicht mehr genau oder überhaupt nicht sagen kann, wie es eigentlich gewesen war, obwohl man weiß, dass es ein Zuvor und ein Danach gegeben hat. Wie es aber oft unter solchen Umständen der Fall ist, wurden die Einzelheiten der Erzählung von diesem traumatischen Etwas, das im Markusevangelium mit dem Tod Jesu ausgedrückt wird, hauptsächlich „erfunden" oder konfabuliert, um die historische „Lücke" zu bewältigen bzw. zu füllen.

Diese „Leere" ist aber eigentlich die wichtigste historische Wahrheit der Erzählung bzw. „traumatisierten Erinnerung", die die Leidensgeschichte Jesu im Markusevangelium bezeugt bzw. die die Leidensgeschichte Jesu erzeugt hat. Diese Wahrheit ist „hysterisch", geboren aus dem Zusammenstoß von zwei verschiedenen Welten, der bekannten und der unbekannten, der unseren und der anderen, der anwesenden und der noch möglichen, der Macht und der Ohnmacht. Diese Leere ist aber fruchtbar, wenn man bereit und imstande ist, sie durchzuarbeiten (und nicht nur zu bewältigen), um schließlich ihre besonderen Früchte ernten zu können.

Wie gerade erklärt wurde, beinhalten die zwei (drei) letzten Kapitel des Markusevangeliums, in denen die Leidensgeschichte Jesu erzählt wird, mehr Bibelzitate und -reminiszenzen als die ersten dreizehn Kapitel des Werkes. Das könnte die Annahme stützen, dass zumindest die Leidensgeschichte Jesu im Markusevangelium eine exegetische Erzählung ist, besonders wenn diese Bibelzitate und -reminiszenzen eine entscheidende oder wichtige Rolle in der Erzählung spielen. Und genau das schien im vorangehenden, zweiten Abschnitt dieses Kapitels der Fall zu sein. In diesem Fall hätte man einen ziemlich zwingenden Grund zu glauben, dass es vielleicht eine vormarkinische Leidensgeschichte Jesu gegeben hat.

Nach Santiago Guijarro Oporto hat eine solche „vormarkinische Leidensgeschichte" nicht das gleiche Ziel verfolgt wie die spätere markinische Erzählung, die dennoch mit der vormarkinischen die Verwendung von Bibelzitaten und -reminiszenzen gemein hat, denn die unterschiedlichen Ziele der beiden Erzählungen vom Leiden und Sterben Jesu seien nicht durch zwei unterschiedliche Arten des Bezugs auf die Schriften Israels entstanden. Hierzu schreibt Guijarro Oporto:

„Die vormarkinische Erzählung besitzt auch eine eigene theologische Ausrichtung, die sich von derjenigen unterscheidet, die Markus ihr später gegeben hat. Ihr Hauptzweck bestand darin, den Sinn des Todes Jesu zu erklären. Es ging nicht darum, die Frage ‚Wer ist Jesus?' zu beantworten, sondern die skandalöse Tatsache seines Todes zu erklären, indem die Ereignisse erzählt wurden, die seinem Tod vorausgingen und auf ihn folgten, und die Beziehung aufgezeigt wurde, die diese zu den Ankündigungen der Heiligen Schrift hatten. Deshalb ist die Erzählung voller Bezüge auf die Psalmen, in denen sich der leidende Gerechte an Gott wendet und sich ihm anvertraut (Psalm 22; 69). Diese Referenzen und Anspielungen wurden nicht mit Zitationsformeln eingeleitet, wie es in den späteren Schriften oder in der markinischen Erzählung selber geschieht, sondern sie wurden direkt verwendet, um vom Leiden Jesu zu erzählen. Diese Vorgehensweise spiegelt eine sehr frühe Reflektion wider, die in den Kreisen der Jünger Jesu stattfand, die mit der Heiligen Schrift, insbesondere mit den Psalmen, vertraut waren. Im Lichte dieser Texte interpretierten die Jünger den Tod Jesu auf der Grundlage der Gewissheit, dass Gott sich zu seinem Anliegen bekannte, indem er ihn von den Toten auferweckte. Sie entwickelten so eine narrative Theologie, in der die Tatsachen unauflöslich mit ihrer Interpretation verbunden waren."[171]

Für Guijarro Oporto hat das, was das Eigentümliche des Evangelisten ist, also das spezifisch Markinische in der Leidensgeschichte Jesu, nichts mit einem unterschiedlichen Rückgriff auf die biblische Tradition zu tun. Der einzige Fall, in dem ein zusätzliches biblisches Zitat verwendet werde, sei der Gebrauch „der Prophezeiung Daniels über das Kommen des Menschensohns" in Mk 14,62, der nach Guijarro Oporto auf den Evangelisten selbst zurückgeht.[172] Ich werde bald darauf zurückkommen. Im Gegenteil, was Guijarro Oporto über die Szene der Kreuzigung und des Todes Jesu in Mk 15,20b–39 sagt, gilt auch für alle übrigen Bibelzitate und -reminiszenzen in der Erzählung – sowohl der vormarkinischen als auch der markinischen – vom Leiden und Sterben Jesu im Markusevangelium:

„Beide Szenen [die in Mk 15,21, die Simon von Kyrene in den Mittelpunkt stellt, und die in Mk 15,39, die die Bekehrung des römischen Zenturio beschreibt] rahmen die traditionelle Erzählung ein, in der die mit der Kreuzigung und dem Tod Jesu verbundenen Episoden in den Worten der Psalmen erzählt werden (vor allem Ps 22 und 69). In der traditionellen Erzählung wollte man den Sinn des Todes Jesu als Erfüllung der Schrift

---

[171] Vgl. Guijarro Oporto, *Cuatro evangelios* (wie Anm. 50), 177.
[172] Vgl. ebd., 260–261.

verstehen. Doch in der Version des Markus soll auch die zentrale Bedeutung dieser Ereignisse für das Leben des Jüngers gezeigt werden."[173]

Es ist offensichtlich, dass Guijarro Oporto nicht die These aufstellt, dass der Evangelist versucht hat, die Perspektive der traditionellen oder vormarkinischen Erzählung vom Leiden und Sterben Jesu zu disqualifizieren, oder ihr widersprechen wollte, sondern, wie Guijarro Oporto sagt, hat er auch etwas mehr zeigen wollen. Das heißt einen anderen Aspekt, der in die gleiche Richtung geht, aber einen Schritt weiter auf dem schon markierten Weg ist. Trotzdem ist es ein Ergebnis der Analyse von Guijarro Oporto, dass der Gebrauch von Bibelzitaten und -reminiszenzen in den drei letzten Kapiteln des Markusevangeliums (14,1–16,8) uns im Grunde nichts über den Standpunkt des Evangelisten sagt. Denn sie alle (außer einem) sollen Teil eines Diskurses sein, der im Gegenteil dem literarischen Stil und dem Denken des Evangelisten fremd genug ist, um die Unterscheidung zwischen einer vormarkinischen und einer anderen, markinischen Erzählung vom Leiden und Sterben Jesu zu ermöglichen. Außerdem, was auch immer der Sinn ihrer Präsenz in den drei letzten Kapiteln des Markusevangeliums ist, dieser Gebrauch von Bibelzitaten und -reminiszenzen in der Leidensgeschichte Jesu findet keine eindeutige Entsprechung in den vorherigen Kapiteln des Werkes. Er stellt also keine Perspektive dar, die für den übrigen Text bestimmend ist. Und aus diesem Grund darf die Verwendung von Bibelzitaten und -reminiszenzen in der Leidensgeschichte Jesu nicht als Schlüssel zum Verständnis betrachtet werden, insbesondere in Bezug auf den theologischen Horizont, vor dem der Evangelist den Diskurs des ganzen Werkes entwickelt hat. Die Bibelzitate können das Ziel der Erzählung nicht definieren (obwohl es natürlich einige Texte gibt, die eindeutig redaktionell sind, deren literarische Funktion es ist, die verschiedenen Diskurse miteinander zu verbinden).

Doch wenn wir der These von Guijarro Oporto nicht zustimmen würden und sagten, dass es keine vormarkinische Leidensgeschichte Jesu gegeben hat, sondern dass der gesamte Diskurs der letzten drei Kapitel des Markusevangeliums auf den Evangelisten zurückgeht, zu welchem Perspektivwechsel würde dies führen? Noch einmal: zu keinem großen. Denn der schon hervorgehobene Kontrast zwischen dem Gebrauch von Bibelzitaten und -reminiszenzen im letzten Teil des Werkes und dem, der in den vorausgehenden Kapiteln zu finden ist, die den Großteil des Markusevangeliums darstellen, würde bleiben. Auch dann stellt sich die

[173] Ebd., 261–262.

Frage: Wie ist dieser Kontrast zu erklären? Eben als etwas, das der Evangelist absichtlich getan hat? Nach meiner Ansicht bringt uns diese Frage zur gleichen Schlussfolgerung wie zuvor, nämlich: Die Erzählung vom Leiden und Sterben Jesu im Markusevangelium stellt nicht den Sinn des Gesamtwerkes dar.

Doch wenn das so ist, warum gibt es die Erzählung vom Leiden und Sterben Jesu im Markusevangelium? Weil – ebenso wie das Thema des Jerusalemer Tempels und die internen Diskussionen der mit dieser Institution verbundenen Führer; oder die Figur des Pilatus und andere typische Elemente des Apparats des Römischen Reiches; oder die Sichtweise der Volksmengen im Markusevangelium, die im ersten Moment voller Hoffnung sind wegen der Möglichkeit eines anderen, messianischen Reiches und sich danach enttäuscht zeigen, weil sie nicht bekommen haben, auf was sie gehofft hatten – die Erzählung vom Leiden und Sterben Jesu, indem sie ein schmerzliches Schicksal als „unvermeidlich" darstellt, die Funktion hatte, eine Antwort auf das historische Trauma, die soziopolitische Katastrophe zu geben, zu der der Erste Jüdische Krieg gegen das Römische Reich wurde, in dessen Trümmern der Evangelist sich, noch sehr gezeichnet von dem, was geschehen war, vorgenommen hatte, einen anderen „Anfang des Evangeliums von Jesus Christus, dem Sohn Gottes" zu schreiben.

Zu erklären war das Scheitern, die umfassende Niederlage, einschließlich der biblischen Geschichte, die angeblich unter anderem den Sinn der historischen Erfahrung Israels und das Warum und Wozu des Leidens des Gerechten und andere verborgene Wahrheiten dieser Art erklärt hatte. Doch diese biblische Geschichte brachte jetzt kein Licht. Es gab sozusagen noch kein Wort, das das Gesicht Gottes in der Finsternis der Gegenwart sichtbar machen konnte, da dieser Diskurs, zumindest in schriftlicher Form, das heißt als literarische Tradition, sich erst jetzt, im Markusevangelium, dazu eignete, über den typischen rhetorischen Gebrauch hinaus nur den Tod, das Zerstörte, die Leere zum Ausdruck zu bringen.

Zusammenfassend kann man sagen, dass die Leidensgeschichte Jesu im Markusevangelium in erster Linie beschreibt, wie ein Mensch bzw. der Menschensohn und Gottessohn Jesus von Nazareth verhaftet und hingerichtet worden ist. Die Geschichte ist schlimm und sie endet schlecht, genauso wie der Fall des Berliner Ehepaars Quangel, den der Roman von Hans Fallada geschildert hat. Wie das Ehepaar Quangel hat sich auch Jesus von Nazareth im Markusevangelium in einem bestimmten Augenblick aus irgendeinem Grund entschieden, in die Hauptstadt Jerusalem zu fahren. Als er diese Stadt erreichte, hat er sich auf eine Weise verhalten, die es vorhersagbar und unvermeidlich machte, dass er sofort als soziopolitisches Problem angesehen wurde. Darum wurde er bald danach festgenommen mit den üblichen Konsequenzen, die in solchen Fällen drohten. Die Bibelzitate und -reminiszenzen, die einen Teil der Leidensgeschichte Jesu im Markusevangelium darstellen, haben alle mit dieser „traumatisierten Erinnerung“ zu tun. Alle tragen etwas dazu bei, ohne aber den Verlauf der Geschichte, die eine der Vernichtung bzw. des Zusammenbruchs ist, entscheidend zu bestimmen.

Was hier erzählt wird, ist kein exegetisches Vexierbild, sondern ein Lebensprojekt, das gescheitert ist. An erster Stelle erzählt die Leidensgeschichte Jesu, wie ein Mann vernichtet wurde. Und sein Tod – eine Kreuzigung – war ein schmachvoller, echter Tod. Und darum bleibt die Erinnerung daran im Kontext eines verlorenen Kriegs noch „traumatisierend“. Und darum ist die Erzählung dieser Geschichte u.a. mit so vielen Bibelzitaten und -reminiszenzen versehen.[174]

4. *Kleiner Text – was nun?*[175]

i) Erste Erklärungen: Das Thema beginnt ziemlich kompliziert zu werden. In Bezug auf die Leidensgeschichte Jesu im Markusevangelium sind aber wieder die verschiedenen Vorannahmen, die die Interpretation des Textes oft bestimmen, am wichtigsten. Drei dieser Vorannahmen müssen jetzt in Frage gestellt werden. Es sind die folgenden:

a) Das Markusevangelium ist prinzipiell eine biblische Erzählung.

b) Die Leidensgeschichte Jesu im Markusevangelium enthält historisches Erinnerungsgut.

c) Die Verwendung bzw. Integration von Bibelzitaten und -reminiszenzen in der Leidensgeschichte Jesu kann, soll, und muss daher den Wortsinn der Erzählung verändern.

Ich versuche jetzt noch einmal kurz zu erklären, warum ich meine, dass keine dieser drei Vorannahmen aufrechterhalten werden kann. Erstens: Jede von ihnen beschreibt das, was im Text des Markusevangeliums wirklich geschieht, sehr schlecht. Zweitens: Deshalb wird uns keine von

[174] Auch wenn die vier Lieder über den leidenden Knecht im Buch Jesaja oder der Fall des leidenden Gerechten in der Weisheit Salomos die wichtigste Vorlage für die Leidensgeschichte Jesu im Markusevangelium wären, müsste man in Betracht ziehen, dass die Bibelzitate und -reminiszenzen in der Erzählung weder aus dem Prophetenbuch Jesajas noch aus der Weisheit Salomos stammen, sondern fast alle Psalmentexte sind.

[175] Vgl. Hans Fallada, *Kleiner Mann – was nun*?, Berlin 1932.

ihnen helfen, besser zu verstehen, was für eine Geschichte hier tatsächlich erzählt wird. Wenn man die ersten dreizehn Kapitel des Markusevangeliums liest, um herauszufinden, welche Rolle die verhältnismäßig wenigen Bibelzitate und -reminiszenzen in Bezug auf den Erzählzweck sowohl der einzelnen Texte als auch des ganzen Werkes spielen, bekommt man den Eindruck, dass sie fast alle überflüssig sind, insbesondere in den ersten zehn Kapiteln des Markusevangeliums. Es wäre in der Tat möglich, alle Bibelzitate und -reminiszenzen aus den ersten zwei Dritteln des Werkes zu entfernen, ohne dass dies zu den geringsten Verständnisschwierigkeiten für die Leser der Erzählung führen würde.

Die dritte Annahme scheint vorauszusetzen, dass man aus irgendeinem Grund die Anwesenheit von Bibelzitaten oder -reminiszenzen als Zeichen einer Guten Nachricht verstehen muss. Als ob ein Zitat oder eine Reminiszenz dieser Art immer – oder zumindest in diesem Fall – garantierte, dass das, was sonst ganz selbstverständlich als schlecht verstanden wird, eigentlich oder letzten Endes etwas Gutes ist. Am deutlichsten ist diese Umwertung daran zu erkennen, wie der vorletzte Schrei des gekreuzigten Jesus in Mk 15,34 (33–39), aber auch Mk 15,24.29 (21–32) üblicherweise interpretiert wird.

Wenn aber diese Annahmen nicht aufrechterhalten werden können, wozu hat dann der Evangelist die Leidensgeschichte Jesu auf eine besondere Weise, so ausführlich und mit biblischen Bezügen, erzählt? Seitdem Martin Kähler nicht nur das Markusevangelium, sondern alle vier kanonischen Evangelien als eine „Passionsgeschichte mit ausführlicher Einleitung“ beschrieben hat,[176] ist es unter den Bibelwissenschaftlern Usus geworden, insbesondere das Markusevangelium so zu verstehen. Als ob die Leidensgeschichte Jesu in diesem Werk nicht nur das Ende der Erzählung, sondern auch der ideologische Schwerpunkt des Evangelisten wäre. Als ob alles, was vor der Leidensgeschichte Jesu erzählt wird, entweder auch auf dieses Ziel hinsteuern müsste oder eine Vorbereitung darauf wäre, und alles, was nichts mit dem Thema „Tod Jesu“ zu tun hat, fast keine (theologische) Bedeutung haben sollte.

Die ersten dreizehn Kapitel des Markusevangeliums wären in diesem Fall wie die schlechten Witze, mit denen man oft eine Hochzeitsrede oder eine andere festliche Ansprache beginnt, um sich und die anderen Gäste

---

[176] Martin Kähler, *Der sogenannte historische Jesus und der geschichtliche, biblische Christus*, neu herausgegeben von E. Wolf, 2., erweiterte Auflage, München 1956, 59, Anm. 1 (auf Seite 60): „Etwas herausfordernd könnte man sie [die Evangelien] Passionsgeschichten mit ausführlicher Einleitung nennen.“ Vgl. Guijarro Oporto, *Cuatro evangelios* (wie Anm. 50), 179.

ein bisschen „aufzuwärmen", bevor man das Einzige, was wirklich ernst gemeint ist, ausspricht. Trotz dieser Interpretation glaubt man auch, dass die Leidensgeschichte Jesu völlig in die ersten dreizehn Kapitel „integriert" ist. Als ob das ganze Werk (wenn auch nicht immer bzw. ursprünglich) eine Erzähleinheit darstellte.[177] Stimmt das aber?[178]

ii) Tragische Erzählstruktur: Man liest das Markusevangelium normalerweise, glaube ich, als ob die Erzählung eine Art Komödie wäre.[179] Als ob

---

177 Zweifelsohne gibt es in den ersten dreizehn Kapiteln des Markusevangeliums einige Texte, die die Leidensgeschichte Jesu in den letzten drei Kapiteln desselben Werkes vorwegnehmen, insbesondere die drei sogenannten Leidensankündigungen in Mk 8,31; 9,31; 10,33–34 (und ganz besonders 8,31) zusammen mit dem Spruch in 10,45 sowie alles, was mit dem Thema „Messiasgeheimnis" zu tun hat. In Bezug auf das Thema des Messiasgeheimnisses reicht es zu bemerken, dass über die Bedeutung dieses Aspekts des Werkes immer noch gestritten wird. Klar ist nur, dass Jesus im ersten Teil des Markusevangeliums (bis 9,9–13) nicht selten – aber auch nicht immer – befiehlt, dass ein Mensch anderen nichts über das Wunder, das Jesus gerade für ihn getan hat, mitteilen soll. Das Warum und Wozu dieses Schweigens, das oft nicht gewahrt wird, ist aber nicht klar. Auch unklar oder noch nicht völlig geklärt ist die Bedeutung der verschiedenen, aber irgendwie miteinander verbundenen Aussagen in Mk 8,31; 10,45; 14,61–62 (mit 13,26–27); 15,45. Ansonsten gibt es in den ersten dreizehn Kapiteln des Markusevangeliums sehr viel, das gar nichts mit der Leidensgeschichte Jesu zu tun hat. Z.B. scheint Jesus in den ersten acht Kapiteln des Werkes bei (fast) allem, was er tut, erfolgreich zu sein.

178 Zusammen mit anderen Wissenschaftlern wie Werner Kelber meint Burton L. Mack, dass alles, was mit der Leidensgeschichte Jesu zu tun hat, auf den Evangelisten selbst zurückgeht. Mack ist deshalb gezwungen, die Leidensgeschichte Jesu im Markusevangelium so zu verstehen, dass alle Themen, die in den dreizehn vorangehenden Kapiteln behandelt werden, auf dieses Ende hin ausgerichtet sind. Stimmt das aber? Auch wenn es, wie schon bemerkt, in den ersten dreizehn Kapiteln offensichtlich einige „Vorahnungen" in Bezug auf die Leidensgeschichte Jesu gibt, reichen sie nicht aus, um diese Behauptung zu bestätigen. Unbeachtet bleibt außerdem der bereits erwähnte Unterschied zwischen der Leidensgeschichte Jesu (zusammen mit dem einführenden Text in Mk 1,2–3) und den anderen Kapiteln des Markusevangeliums in Bezug auf die Verwendung von Bibelzitaten und -reminiszenzen. Die Möglichkeit einer vormarkinischen Leidensgeschichte Jesu, wie sie z.B. Santiago Guijarro Oporto vorgeschlagen hat, bedeutet nicht, dass die Erzählung „historische Tradition" enthalten muss. Sie könnte wiederum „nur" einen weiteren urchristlichen Diskurs über den Fall Jesu darstellen, genauso wie z.B. die sogenannten Wunderreihen in den Kapiteln 4–8 des Markusevangeliums. Darum kommt einerseits die Leidensgeschichte Jesu als etwas Besonderes im Werk vor, definiert andererseits aber nicht das Ziel der Erzählung. Zweifelsohne spielt die Leidensgeschichte Jesu eine wichtige Rolle im Markusevangelium. Aber welche Rolle?

179 Was für eine Erzählung ist das Markusevangelium? Den theoretischen Rahmen für die Beantwortung dieser Frage können wir bei Northrop Frye, *Anatomy of Criticism: Four Essays*, Princeton 1957, finden. Bevor man versucht, den „botanischen" Namen bzw. die literarische Gattung der „Pflanze", die das Markusevangelium darstellen soll, genauer zu bestimmen, sollten wir uns zuerst fragen, ob sie ein Baum oder eine Blume,

sie irgendwie, z.B. durch ihren eschatologischen Horizont, mit einem Happy End versehen wäre. Darum hat man z.B. die Verwendung des Verbs *êgerthê* (er ist auferweckt worden) in Mk 16,6 so verstanden, als ob dieses Wort allein alle anderen Probleme, die im Verlauf der Erzählung entstanden sind, beheben könnte. Als ob die direkt darauf folgende Erklärung der Bedeutung des Verbs, nämlich: „er ist nicht [mehr] hier" (*ouk estin hôde*) im Grunde nichts mit der Gattung der Erzählung und ihrem Ende zu tun hätte. Obwohl die Tatsache, dass der Leichnam Jesu verschwunden ist, der Hauptgrund dafür ist, dass die drei Frauen im letzten Vers des Markusevangeliums, von Angst und Wahnsinn übermannt, sofort fliehen, ohne jemand anderem ein einziges Wort über diese Erfahrung mitzuteilen.[180]

Nach der gleichen Logik dient natürlich auch der Hinweis „seinen Jüngern und Petrus" in Mk 16,7 dazu, sie wieder in die Geschichte Jesu zu integrieren und ihnen auf diese Weise die großen Fehler zu verzeihen, die sie in der Vergangenheit gemacht haben. Und sie scheinen bei der gewöhnlichen Interpretation des Textes nicht nur wieder integriert zu werden, sondern auch die gleiche Stellung einzunehmen wie zuvor, d.h. als die unter allen anderen Nachfolgern Jesu Privilegierten, als Leiter des Projekts, das nun doch weiterging.

Außerdem soll nach derselben Art, das Markusevangelium zu lesen, der apokalyptische Diskurs im 13. Kapitel, obwohl er dem Wortlaut nach die Tür zur Erzählung vom Leiden und Sterben Jesu ist, in Wirklichkeit als alternativer Horizont dienen, innerhalb dessen man alles verstehen müsse, was mit dem scheinbar „unglücklichen Ende" zu tun hat. Auf diese Weise seien das Leiden und Sterben Jesu im Markusevangelium kein wirkliches Scheitern, sondern „nur" eine Art erster Schritt hin zum kurz bevorstehenden Kommen des Menschensohnes, welches, wie schon in Kapitel 13 erklärt wurde, das triumphierende Urteil Gottes zugunsten seiner Erwählten (Mk 13,27) einschließt. Selbstverständlich sei es nur aus diesem Grund möglich, in diesem Fall vom „Evangelium" zu sprechen, sei es als „Evangelium von Jesus Christus, dem Sohn Gottes" (Mk 1,1) oder als „Evangelium Gottes" (Mk 1,14–15) oder einfach als „Evangelium" (Mk 8,35; 13,10; 14,9). Welchen Sinn könnte es sonst haben, von

---

ein Gras oder eine Alge ist. Nach Frye gibt es grundsätzlich nur vier Erzählformen, nämlich Komödie, Tragödie, Romanze und Satire.

[180] Vgl. Guijarro Oporto, *Cuatro evangelios* (wie Anm. 50), 263: „Es ist nicht seltsam, dass, am Ende angekommen, [der Erzähler] nur mit ihm [dem Leser] die Nachricht von der Auferstehung Jesu teilen wollte, ohne die es unmöglich ist, sein Leiden zu verstehen."

einem „Evangelium“ in einem Werk zu sprechen, das schlecht zu enden scheint, als ob es eine rein tragische Erzählung wäre?

Derlei Annahmen lassen den – oftmals nicht wahrgenommenen oder nicht zugegebenen – theologischen Hintergrund erkennen, vor dem sich die übliche Auslegung des Markusevangeliums entwickelt hat, die ich bereits eine (im dramatischen Sinn) komische Interpretation genannt habe mit ihrem erforderlichen „Happy End“.[181] Nach meiner Ansicht ist das Markusevangelium – rein literarisch gesehen – vielmehr eine tragische Erzählung.[182] Das Leben seines Protagonisten, Jesus von Nazareth, endet offensichtlich schlecht. Welche Bedeutung seine unerwartete Auferstehung in Mk 16,6 auch haben mag, der Text lässt uns am Ende der Erzählung vor dem absoluten Schweigen der Frauen stehen, die zum Grab gegangen waren, um den Leichnam angemessen zu bestatten (14,52), und diesen Ort wahnsinnig vor Angst verließen, ohne jemandem davon zu erzählen (16,8). Hier endet der (älteste) Text des Markusevangeliums.

Die grundlegende Erzählstruktur des Markusevangeliums ist die einer umgekehrten Parabel. Sie folgt einer Bahn, die von einem Nullpunkt aus immer höher steigt bis zu einem bestimmten Scheitel- oder Höhepunkt. Im Markusevangelium ist dieser Scheitelpunkt das Bekenntnis des Petrus zu Jesus als dem Messias in 8,27–30 zusammen mit der Verklärung Jesu in 9,2–8. Nach diesem Höhepunkt, der auch der Angelpunkt der Erzählung ist, der die erste Hälfte des Werkes von der zweiten Hälfte trennt und zugleich die beiden Hälften miteinander verbindet, geht die Linie der Erzählung immer mehr „bergab“. Nach diesem Scheitelpunkt der Parabel kommt, wie es bei einer umgekehrten Parabel sein muss, der Abstieg zum zweiten Nullpunkt.

Obwohl Jesus im zweiten Teil des Markusevangeliums auf dem Weg nach Jerusalem ist und darum geographisch „bergauf“ geht, führt sein Lebensweg mit dieser Reise von der ersten Leidensweissagung in 8,31 an

181 Zu sagen, dass das Markusevangelium eine Art „Kreuzestheologie“ (*theologia crucis*) beinhalte, ist weder eine literarische noch eine historische Beschreibung, sondern eine Verwechslung der Kategorien, das heißt eine anachronistische Lesart. Denn so ein Diskurs über eine „Kreuzestheologie“ hat erst im 16. Jh. mit der sogenannten Reformation und ihren Folgen begonnen und in der christlichen Theologie der westlichen Welt stattgefunden. Doch auch diese Interpretation des Markusevangeliums führt letztlich dazu, dass man es als eine Art Komödie – genauer gesagt, schwarze Komödie – versteht, in der trotz allen Leides die Zuversicht herrschen soll, dass sich das Schicksal eines Tages zum Positiven wenden wird. Sie ist eine andere Art zu versuchen, das Thema des Scheiterns, der Katastrophe, des Traumas, des vollständigen Verlusts zu umgehen.

182 Vgl. Gilbert G. Bilezikian, *The Liberated Gospel: A Comparison of the Gospel of Mark and Greek Tragedy*, Grand Rapids 1977.

immer unausweichlicher auf seinen Tod zu. Und am Ende dieser Bahn ist Jesus schließlich einfach „nicht (mehr) da (hier)“. Auch der Leichnam Jesu bleibt irgendwie verschwunden. Der Mann aus Nazareth ist letztlich im Markusevangelium nur noch ein *desaparecido* (Verschwundener), von denen es in den 70er Jahren in Argentinien und in den 80er Jahren in Peru in einem sogenannten „schmutzigen“ Krieg viel zu viele gegeben hat. Darum will ich das endgültige Verschwinden Jesu in Mk 16,6 nicht um seine Bedeutung bringen, sondern ganz ernst nehmen. Diese Auferstehung, die die vollständige Leere seines Verschwundenseins beschreibt, stellt im Markusevangelium den letzten und schlimmsten Schritt in der Leidensgeschichte Jesu dar. Deswegen fliehen die drei Frauen sofort. Was tut man sonst normalerweise angesichts der „radikalen Endlichkeit“?[183] Die Auferstehung Jesu beschreibt im Markusevangelium an erster Stelle diese vollkommene Hingabe des eigenen Lebens in die „absolute“ Verborgenheit einer bisher ganz unbekannten Seinsweise.

iii) Letzte Schlussbemerkungen: In diesem Kapitel habe ich selbstverständlich nicht alles thematisiert, was das Ende der Leidensgeschichte Jesu im Markusevangelium angeht, insbesondere nicht die Bedeutung der Aussage im vorletzten Vers der Erzählung (Mk 16,7): „Nun aber geht und sagt seinen Jüngern, vor allem Petrus: Er geht euch voraus nach Galiläa; dort werdet ihr ihn sehen, wie er es euch gesagt hat.“ Aber, wie ich schon mehrmals bemerkt habe, es geschieht dann gar nichts auf der Erzählebene des Markusevangeliums. Die Botschaft bleibt in der Luft hängen wie eine Art Gerücht. Oder als sei ein anderes Ende möglich. Doch die Botschaft erfüllt sich nicht in der vom Evangelisten erzählten Welt. Denn wie schon gesagt ist das, was danach im letzten Vers des Werkes geschieht, reines Entsetzen und eine absolute Stille. Die Frauen tun das Gegenteil dessen, was ihnen gerade befohlen worden ist. Und dann ein großes Schweigen. Die Erzählbahn der zweiten Hälfte der umgekehrten Parabel des Markusevangeliums kommt zu ihrem vorhersagbaren Schluss, d.h. zu ihrem „tragischen“ Ende.[184]

---

183 Vgl. Hermann Pius Siller, *Letzte Erfahrungen: Vom Licht der Unbegreiflichkeit*, Würzburg 2012, 241–248.

184 Die Erzählbahn des Markusevangeliums ist im Wesentlichen tragisch. Und darum ist die Geschichte Jesu, die das Markusevangelium erzählt, eine Tragödie. Und deshalb ist das Ende des Markusevangeliums nur eine Leidensgeschichte, obwohl es nicht so einfach ist, mit diesem Schluss umzugehen. Deshalb sollte man die meisten Aspekte des Markusevangeliums vor diesem Horizont, d.h. auf der Grundlage dieses tragischen Schemas, verstehen.

Das Vorwort zum Markusevangelium (1,1–15) kündigt genau wie der erste Satz einer Symphonie an, was danach Stück für Stück gespielt wird. Der Anfang des Markusevangeliums soll deshalb auch einen Teil dieser tragischen Geschichte darstellen. Das Vorwort enthält schon die ersten Zeichen dafür, dass die Erzählung zu einem traurigen Schluss kommen muss. Diese fünfzehn Verse, zu denen auch die Beschreibung von Johannes dem Täufer, insbesondere aber die Erzählung von der Taufe und Versuchung Jesu gehören, spielen eine wichtige Rolle bei der Hinführung zu der Geschichte, die uns das Werk erzählt. Am Allerwichtigsten ist die folgende Feststellung: Die Taufe Jesu ist nur der Beginn oder, besser gesagt, eine Vorahnung des schlimmen Niedergangs Jesu am Ende der Geschichte. Und das ist nicht nur so, weil die Taufe Jesu der Ausgangspunkt für die Erzählung des Lebens Jesu ist. Das Wesentliche ist, dass die Beschreibung der Taufe Jesu und der damit verbundenen Versuchung Jesu in Mk 1,9–11.12–13 die Beschreibung des Todes Jesu in Mk 15,33–39 vorwegnimmt. Der Bericht über die Taufe Jesu in Mk 1,9–11 gibt dem Leser des Werkes genauso wie der Bericht des Boten am Anfang der altgriechischen Tragödie die „vorgeschichtlichen“ Elemente, die man braucht, um die darauf nachfolgende Geschichte verstehen zu können.

Im Fall Jesu bedeutet dies, dass die Taufe so beschrieben wird, dass sie eigentlich die erste Erzählung seines Todes ist. Durch seine Taufe wird Jesus im Markusevangelium ausdrücklich zu einem Gottessohn. Aber diese „Erhöhung“ ist schließlich nicht der Beginn einer „Ermächtigungsgeschichte“, sondern nur der erste Schritt eines Erniedrigungsvorgangs, der bei der Kreuzigung Jesu zum Abschluss gebracht wird, wozu am Ende der Geschichte das „absolute“ Verschwinden Jesu gehört, obwohl dieser Ausgang gleichzeitig auch ein „Lösegeld [ist, das] für viele“ bezahlt worden ist.[185]

Wie am Anfang ist das Markusevangelium auch am Ende eine durchaus tragische Erzählung. Die Leidensgeschichte Jesu ist der letzte bzw. vorletzte Akt dieser Tragödie. Die Bibelzitate und -reminiszenzen, die einen Teil der Leidensgeschichte Jesu darstellen, bereichern die Erzählung vom Scheitern Jesu in Jerusalem, ohne die Tatsache seines endgültigen Verschwindens aus diesem Leben zu verändern, genauso wie zur Zeit der Entstehung des Markusevangeliums der Tempel in Jerusalem völlig

[185] Vgl. Leif E. Vaage, *Comienzo poco histórico del Evangelio biográfico de Marcos (1,1–15)*, in: Salmanticensis 57 (2010) 1, 85–110; ders., *Bird-Watching at the Baptism of Jesus: Early Christian Mythmaking in Mark 1:9–11*, in: Elizabeth Castelli/Hal Taussig (Hg.), Reimagining Christian Origins: A Colloquium Honoring Burton L. Mack, Valley Forge (PA) 1996, 280–294.

verschwunden, eine Institution der Vergangenheit geworden war, ohne aber in Vergessenheit geraten zu sein. Jesus und der Tempel hatten dasselbe Schicksal erlitten. Beide wurden von den Mächten zerstört, die in der Hauptstadt ihrer Welt (im Fall Jesu, diese Stadt Jerusalem; im Fall des jüdischen Tempels, Rom) zu Hause waren und keinen Widerstand akzeptierten. Darum wurden sowohl der Tempel als auch Jesus so schnell wie möglich vernichtet.[186] Und nach diesem Schicksal gab es eigentlich nicht mehr viel zu erzählen.

Was geschieht am Ende des Markusevangeliums eigentlich? Wohin führt uns die Erzählung schließlich? Es gibt eine Antwort auf diese Frage, die das Ergehen Jesu innerhalb der erzählten Welt des Markusevangeliums betrifft. Und eine zweite Antwort auf dieselbe Frage, die uns als Leser oder Zuhörer des Werkes angeht. Auf der Ebene der Erzählung ist das Ergehen Jesu am Ende des Markusevangeliums die reine Vernichtung. Nach dem Text ist er zu einem Leichnam (15,45) geworden, den man begraben hat und der danach irgendwie verschwunden ist (16,6). Zweifelsohne wird auch hier (von einem unbekannten jungen Mann) die unerwartete Abwesenheit des Leichnams Jesu damit erklärt, dass der Verschwundene „auferstanden“ sei (16,6), was aber eigentlich nur eine Wiederholung seiner eigenen Weissagung bzw. Hoffnungen ist (siehe 8,31 usw.). Außerdem wird (von demselben jungen Mann) gesagt, dass es jetzt möglich sei, den Auferstandenen, der „nicht (mehr) hier ist“, in Galiläa wieder„sehen“ zu können, genau wie er es „euch“ versprochen hatte (16,7; vgl. 14,28). Doch der junge Mann wiederholt noch einmal nur das, was der Verstorbene selbst schon als eventuelles Schicksal bzw. den nächsten Schritt nach seinem Tod vorhergesagt hat. Darüber aber wird, wie ich nicht genug unterstreichen kann, ansonsten gar nichts berichtet. Im Gegenteil, die drei Frauen, denen diese Botschaft mitgeteilt wurde, sind völlig entsetzt. Sie verschweigen die Neuigkeit. Und sie sind im Markusevangelium die einzigen Menschen, die von dieser Möglichkeit einer Erweiterung oder Verlängerung der Geschichte Jesu erfahren. Und mit dieser Botschaft fangen sie überhaupt nichts an.

So bleibt im Fall Jesu am Ende des Markusevangeliums auf der Ebene der Erzählung nur eine Erfahrung der Leere.[187] Von Jesus selber und in

---

[186] Im Fall des jüdischen Tempels hat ihre Zerstörung nicht nur die Notwendigkeit zur Folge gehabt, sich einen anderen „Lehrer“ zu suchen (bzw. dem ersten weiterhin zu folgen, obwohl er nicht mehr anwesend war), sondern auch eine neue, soziopolitische Welt zu entdecken, d.h. mit dem gewöhnlichen Leben wieder einmal neu zu beginnen.

[187] Warum ist das Ende des Markusevangeliums nicht nur die Geschichte eines Verlusts? Warum ist die Auferstehung Jesu nicht nur die Erzählung von einem endgültigen Ver-

Bezug auf ihn liest man kein Wort mehr. Sein endgültiges Verschwinden bleibt in der Erzählung des Werkes ein „ungeklärter Fall" ohne weitere Lösung oder Schlussfolgerung. Die Sache ist schnell „vorbei". Das ist „hart und nicht fair". So ist das Leben. Auch das Leben Jesu im Markusevangelium. Wie das Leben aller in Amerika und vielleicht auch in Europa, die sich mit Atahuallpa identifizieren. Das Leben der sogenannten Loser.

Der Leser des Markusevangeliums aber, der nicht nur einen Teil der Erzählung darstellt, sondern auch außerhalb ihrer diskursiven Welt noch ein Leben hat, mag sich nun fragen, vielleicht, weil er einen anderen Roman von Hans Fallada gelesen hat: *Kleiner Text – was nun?*[188] Dieser Leser, der den vorletzten Satz des letzten Kapitels des Markusevangeliums (16,7) auch gesagt bekommen hat, kann genau das machen, was niemand in der Erzählung getan hat, nämlich: Er kann nach Galiläa zurückkehren, aus dem leeren Grab am Ende der Ezählung zu einem Neuanfang des Textes und seines Verständnisses zurückgehen, um mit allem, was mit dem Fall Jesu verbunden ist, noch einmal zu beginnen, damit das, was noch nicht verstanden worden ist, weiter durchgearbeitet werden kann.

---

schwinden? Und warum ist die Hoffnung, den Auferstandenen wiederzusehen bzw. mit ihm weiterzugehen, nicht nur die letzte (erste) Form der Selbsttäuschung? Irgendwie ist der Leichnam Jesu verschwunden, und die einzige Erklärung, die man im Markusevangelium dafür bekommt, ist die Wiederholung von Aussagen, die der Verstorbene zuvor über sich selber gemacht hat. Und die einzigen Menschen, die imstande waren, etwas mehr dazu beizutragen, nämlich die Nachricht von der Auferstehung Jesu zu übermitteln, damit man selbst zur Bestätigung oder Ergänzung dieser Nachricht weiter nachforschen könnte, sind völlig stumm geblieben. Und das ist alles, was im Markusevangelium zum Schluss erzählt wird. *Here endeth the text.* Vgl. W.G. Sebald, *Die Ringe des Saturn*, Frankfurt 1995, 11: „Im August 1992, als die Hundstage ihrem Ende zugingen, machte ich mich auf eine Fußreise durch die ostenglische Grafschaft Suffolk in der Hoffnung, der nach dem Abschluss einer größeren Arbeit in mir sich ausbreitenden Leere entkommen zu können."

188 Vgl. nochmals Fallada, *Kleiner Mann* (wie Anm. 175).

Kapitel V
Die Apokalypse ist schon vorbei: Wie tritt man jetzt in das Gottesreich ein?

Bisher habe ich meines Erachtens keine nennenswerte exegetische Neuheit vorgelegt, die sich außerhalb der gewohnten Bahnen der historisch-literarischen Kritik der heutigen Bibelwissenschaft befindet. Nur gelegentlich habe ich eine bestimmte „Abbiegung" oder eine kleine „Erweiterung" der üblichen bzw. bescheideneren wissenschaftlichen Auslegung des Markusevangeliums vorgeschlagen. In diesem Kapitel aber schlage ich einen anderen Weg ein. Zum weiten Tor und breiten Weg des normalen Verständnisses des Markusevangeliums und damit auch des Urchristentums und des historischen Jesus sage ich jetzt: „Nein, danke", um stattdessen durch das enge Tor, das zum Leben führt, und auf dem schmalen Weg, der selten begangen wird, einen anderen Blick auf das Gottesreich werfen zu können. Wie der berühmte Dichter Robert Frost in seinem bekannten Gedicht *The Road Not Taken* geschrieben hat:

Zwei Straßen gingen ab im Wald, und da –
Wählte ich jene, die nicht oft beschritten war,
Und das hat allen Unterschied gemacht.[189]

Im Kontext dieses Kapitels bedeutet dies zuerst eine Umdeutung der Apokalyptik im Markusevangelium und damit auch im Urchristentum. Diese Umdeutung lautet ungefähr: Die (urchristliche) Apokalypse ist schon vorbei. Die Apokalyptik bringt deswegen keine Hoffnung mehr zum Ausdruck. In der aktuellen Situation des Evangelisten stellte die Apokalyptik vielmehr eine Verfälschung der Hoffnung dar. Im Markusevangelium hat sie deshalb gar nichts mit dem Begriff des Gottesreichs zu tun, d.h. mit einem immer noch möglichen Eintreten in eine andere Welt, die am Horizont der schmerzvollen und verwirrenden Gegenwart auf uns warten soll.[190]

---

[189] Vgl. Robert Frost, *The Road Not Taken*, in: Edward Connery Lathem (Hg.), The Poetry of Robert Frost, New York-Chicago-San Francisco 1969, 105.

[190] Es ist wahrscheinlich wichtig zu wissen, dass meine Frau, die Alttestamentlerin ist, mit mir in Bezug auf diese Frage überhaupt nicht übereinstimmt. Mit vollem Recht könnte man also meine These sofort in Frage stellen. Zugleich aber wird auch ganz klar sein,

1. *Einschränkung bzw. Erweiterung des Themas dieses Kapitels*

Das Hauptthema dieses Kapitels ist nicht die Apokalyptik an sich, weder im Altertum noch in der Gegenwart. Ich setze voraus, dass die Apokalyptik, wie sie z.B. im Buch Daniel im Alten Testament oder in der Offenbarung des Johannes im Neuen Testament entwickelt wird, eine Art „kollektive Traumarbeit" darstellt.[191] Das heißt einen besonderen Hoffnungsversuch. Auf keinen Fall wende ich mich also im Folgenden grundsätzlich gegen das „apokalyptische Vorstellungsvermögen".[192] Die Frage in diesem Kapitel ist aber, ob dieses Vorstellungsvermögen das Markusevangelium wesentlich geprägt hat. Ob es in der Erzählung dieses Textes eine zentrale Rolle spielt, insbesondere beim Thema Gottesreich. Das glaube ich, kurz gesagt, nicht.

Zweifelsohne gibt es im Markusevangelium verschiedene Elemente, die entweder apokalyptisch sind oder so verstanden werden können und auch in der Erzählung des Markusevangeliums eine wichtige Rolle spielen. Zugleich bestimmen diese Elemente die Erzählung nicht. Oder vielleicht besser gesagt, diese apokalyptischen Elemente wirken im Markusevangelium anders als in durchgängig apokalyptischen Schriften, weil für den Evangelisten die Apokalypse schon vorbei war. Z.B. erwartet man am Ende des Werkes kein Eintreten einer apokalyptischen Wirklichkeit mehr, kein Eintreffen des Vorhergesagten, weil dieses gerade erst stattgefunden hatte. Die Meinung, dass für den Evangelisten die Apokalypse jetzt stattfindet, wäre bestenfalls eine überflüssige Aussage, weil die Auswirkungen bzw. Nebenwirkungen oder Nachwirkungen des Zusammenbruchs der vorher herrschenden Normalität schon Wirklichkeit geworden waren. Darum ist die Hauptfrage im Markusevangelium: Wie tritt man jetzt, unter diesen Umständen, noch in das Gottesreich ein?

Wenn man aber trotzdem weiter über das Thema der Apokalyptik im Markusevangelium diskutieren will, sollte man dann fragen: Was bedeu-

---

dass ich darum schon ziemlich viel Erfahrung in diesem Bereich habe. Schon zu Hause habe ich lernen müssen, Widerstand gegen die herrschende Meinung zu leisten.

191 Zum Begriff „kollektive Traumarbeit" siehe Vaage, *Borderline Exegesis* (wie Anm. 24), 129–131.

192 Zum „apokalyptischen Vorstellungsvermögen" siehe David Hellholm (Hg.), *Apocalypticism in the Mediterranean World and the Near East: Proceedings of the International Colloquium on Apocalypticism, Uppsala, August 12–17, 1979*, Tübingen 1983; John J. Collins, *The Apocalyptic Imagination: An Introduction to the Jewish Matrix of Christianity*, New York 1984; ders., *The Apocalyptic Imagination: An Introduction to Jewish Apocalyptic Literature*, Grand Rapids (MI)-Cambridge 1998.

ten die apokalyptischen Elemente in der Erzählung des Markusevangeliums? Um diese Frage zu beantworten, müssen wir das verbreitete Vorverständnis des Apokalyptischen korrigieren, ohne uns aber ergebnislos in Diskussionen über die Gattungsgeschichte und die Begriffsbestimmung zu verlieren. Es reicht, sich daran zu erinnern, dass es mehr als eine Erscheinungsform des Weltuntergangs gibt. Der Wandel der Äonen (Zeiten) kann sich auf vielfältige Weise ereignen. So schreibt z.B. nochmals Robert Frost:

Manche sagen, die Welt endet im Feuer.
Die anderen: im Eis.
Nach dem Genusse immer neuer
Begierde glaube ich eher an das Feuer.
Doch müsste ich zweimal auf die letzte Reise,
Weiß ich wohl genug vom Hass,
Zu sagen, dass gewiss auch Eis
Vernichtet krass
Und schließt den Kreis.[193]

Oder wie T.S. Eliot in seinem Gedicht *The Hollow Men* schreibt:

Auf diese Art geht die Welt zugrund
Auf diese Art geht die Welt zugrund
Auf diese Art geht die Welt zugrund
Nicht mit einem Knall: mit Gewimmer.[194]

In seinem 2005 erschienenen Buch *Kollaps: Warum Gesellschaften überleben oder untergehen* hat der Naturwissenschaftler Jared Diamond beschrieben, wie eine Reihe hoch entwickelter Gesellschaften auf dem Höhepunkt ihrer Entwicklung zugrunde gegangen sind bzw. sich selber zerstört haben. Was diese Gesellschaften alle getan haben, das ist die Umwelt, die ihnen sonst das Leben ermöglicht, durch Ausbeutung zu vernichten, und zwar durch die Abholzung der umliegenden Wälder. Jedes Mal das Gleiche.[195] Und es geht noch weiter. Z.B. sind im Westen

---

193 Vgl. Robert Frost, *Fire and Ice*, in: The Poetry of Robert Frost, hg. von E.C. Lathem, New York 1962, 220.

194 Vgl. T.S. Eliot, *The Hollow Men*, in: ders., Collected Poems 1909–1935, New York 1936, 101–105, bes. 105.

195 Siehe Jared Diamond, *Collapse: How Societies Choose to Fail or Succeed*, New York 2005.

Kanadas, wo ich aufgewachsen bin, die Wälder, die ich als Kind und junger Mann noch gekannt hatte, nicht mehr da. Und wie wir alle wissen, fährt im Amazonas-Regenwald derselbe Zug der sogenannten westlichen Zivilisation tagtäglich weiter und wird demnächst – wenn er nicht schon so weit gefahren ist – die Grenze der Nachhaltigkeit überschreiten. Zugleich werden die Ozeane, wenn wir die Verschmutzung der Meere durch die Menschheit nicht sofort so weit wie möglich verringern, alle ca. im Jahr 2050 „völlig tot" sein.[196] Auch der Klimawandel, für den die Menschheit höchstwahrscheinlich verantwortlich ist, ist seit „gestern" unausweichlich geworden. Mit anderen Worten: Er ist schon geschehen. Die Frage ist nur, um wieviel Grad die Temperatur steigen wird, d.h. ob die Erwärmung stärker oder schwacher ausfallen wird usw. Für die Ureinwohner Amerikas hat diese Apokalypse schon vor 500 Jahren angefangen, zuerst, als die von Christoph Kolumbus so verstandene eschatologische Entdeckung bzw. Eroberung der „neuen" Erdteile erfolgte, und später, als eine Reihe verschiedener Katastrophen, unter anderem Genozid, Epidemien, Sklaverei, Enteignung, Teil des Alltags wurden.Was heute weltweit passiert, ist nur die jüngste Entwicklung dieser endzeitlichen Geschichte, die man sich aus (ur)amerikanischer Perspektive als bekannt, allzu bekannt, vorstellen muss.

So etwas meine ich auch mit dem Satz „Die Apokalypse ist schon vorbei" in Bezug auf das Markusevangelium. Der Schrecken findet hier – aber nicht nur hier – nicht in der Zukunft statt, sondern er wurzelt in der Vergangenheit. Die sogenannte Wirklichkeit, die man auch als Normalität bezeichnet, ist seit langem für die allermeisten Bewohner der Erde ein Albtraum geworden, in dem heutzutage Depression, Melancholie oder Ironie sich oft als die „besten" Bewältigungsstrategien zu empfehlen scheinen. Wenn es noch ein Gottesreich gibt, muss eine solche Möglichkeit zu einem anderen Leben führen, das sozusagen per definitionem keine weitere Apokalypse einschließt. Diese andere Art von Hoffnung zu vermitteln, im Namen des Gottesreichs, wie es im Markusevangelium beschrieben wird, ist das Hauptziel dieses Kapitels.

[196] Vgl. Lisa-Ann Gershwin, *Stung! On Jellyfish Blooms and the Future of the Ocean*, mit einem Vorwort von Sylvia Earle, Chicago 2013.

2. *Noch eine Erklärung zur Leidensgeschichte Jesu im Markusevangelium*

Im letzten Kapitel habe ich die These aufgestellt, dass die Leidensgeschichte Jesu im Markusevangelium in erster Linie weder eine biblische (exegetische) noch eine historische (ein „Denkmal" errichtende), sondern eine traumatisierte Erzählung darstellt. Trotzdem schließt die Leidensgeschichte Jesu mehr Bibelzitate und -reminiszenzen ein, als das sonst im Werk der Fall ist. Die Leidensgeschichte Jesu soll aber kein exegetisches Vexierspiel sein, sondern sie beschreibt explizit die Vernichtung eines Menschen bzw. Menschensohnes oder Gottessohnes und damit auch implizit die Zerstörung einer Lebenswelt, die mit dem jüdischen Tempel verbunden war. Man könnte sich jetzt fragen, in welchem Zusammenhang diese Darstellung der Leidensgeschichte Jesu steht mit der Aussage in Mk 8,31, in der die „Notwendigkeit" dieser Ereignisse angekündigt wird. Man könnte sich auch fragen, ob dieser Begriff der Notwendigkeit oder Zwangsläufigkeit nicht nur die Leidensgeschichte Jesu, sondern auch die ganze Erzählung des Markusevangeliums zu einer apokalyptischen Geschichte macht. In diesem Fall wären sowohl der Tod Jesu als auch die Zerstörung des Tempels nicht nur ein Erlebnis der Vernichtung, sondern auch eine Darstellung des geheimnisvollen Gotteswillens, der am Ende der Geschichte trotz der vielen Missverständnisse, die es im Leben der Menschen gegeben hat, und des tragischen Ausmaßes, den diese Missverständnisse oft annehmen, einen wunderbaren Ausweg, d.h. eine andere Endstation vorbereitet hat. Das wäre die eschatologische Lösung, die dieses grausame Leiden endgültig aufheben würde, um es endlich zu rechtfertigen. Und darum wäre sowohl die Beschreibung des Scheiterns Jesu in Jerusalem, die aus Bibelzitaten u.a. gewoben wurde, als auch die Verbindung dieses Scheiterns mit dem Ersten Jüdischen Krieg das literarische Mittel, durch das die hoffnungsvolle Zweideutigkeit einer apokalyptischen Geschichte unterstrichen würde.

Diese These stimmt aber lediglich, wenn die Aussage in Mk 8,31, und zwar das Verb „muss" (*dei*), das hier verwendet wird, nur als ein besonders apokalyptischer Ausdruck verstanden werden kann und muss. Das wäre aber nur so, wenn die Erzählung des Markusevangeliums im Ganzen als im Wesentlichen apokalyptisch bzw. eschatologisch verstanden werden sollte. Wenn aber das Markusevangelium – wie ich im Folgenden darlegen möchte – keine eindeutig apokalyptische Geschichte erzählt, d.h. wenn diese Erzählung keine Apokalypse darstellt, obwohl sie eine „kleine Apokalypse" im 13. Kapitel enthält, dann wird zumindest noch die Frage zu klären sein, wie die Beschreibung der Notwendigkeit der Leidensgeschichte Jesu in Mk 8,31 – und auch der damit verbundene Hinweis auf die Selbsthingabe des Menschensohns in 10,45 – am besten zu verstehen ist.

In Mk 8,31 heißt es: „Dann begann er [Jesus], sie darüber zu belehren, der Menschensohn müsse vieles erleiden und von den Ältesten, den Hohenpriestern und den Schriftgelehrten verworfen werden; er werde getötet, aber nach drei Tagen werde er auferstehen.“ Was heißt „müsse“ hier? Das Verb *dei*, das im Griechischen benutzt wird, wird von den Bibelwissenschaftlern immer wieder als Merkmal einer apokalyptischen Denkweise betrachtet: dass ein bestimmter, im Voraus festgelegter Prozess stattfinden muss, bevor die ersehnte neue Welt, die eine göttlichere Ordnung wäre, entstehen können.[197] Die entscheidende Frage ist aber nicht, ob man dieses Verb innerhalb der Apokalyptik erklären *kann*, sondern ob es nur so erklärt werden *muss*. Nicht nur Jesus wird im Markusevangelium auf diese Weise „gezwungen“ oder „beauftragt“. Nicht nur ihm wird „vorgeschrieben“, das zu tun, was er jetzt machen muss. Z.B. wird bezüglich Elija gefragt: „Warum sagen die Schriftgelehrten, zuerst müsse (*dei*) Elija kommen?“ (Mk 9,11). Oder Jesus sagt in Bezug auf die Kriege: „Wenn ihr dann von Kriegen hört und Nachrichten über Kriege euch beunruhigen, laßt euch nicht erschrecken! Das muß (*dei*) geschehen. Es ist aber noch nicht das Ende“ (Mk 13,7). Oder Jesus sagt nochmals: „Vor dem Ende aber muß (*dei*) allen Völkern das Evangelium verkündet werden“ (Mk 13,10).[198] Das Verb *dei*, das hier in allen Fällen mit „müssen“ übersetzt wird, hat, auch wenn es einen apokalyptischen Sinn hätte, keine christologische Bedeutung, denn nicht nur Jesus und auch nicht nur die, die wie Jesus an der Heilsgeschichte Israels teilhaben, haben tun „müssen“, was sie tun werden, z.B. Kriege führen.

Man sollte auch berücksichtigen, dass im Markusevangelium der Ausdruck „wie geschrieben ist“ nicht eine Erfüllung von Verheißenem bzw. Vorhergesagtem beschreibt, sondern „nur“ das, was jetzt unausweichlich wirkt, was nicht mehr durch den eigenen Willen bestimmt werden kann, was das blinde Schicksal auferlegt. Zweifelsohne hat auch die Apokalyptik dieses Verständnis des „Geschriebenen“ geteilt, d.h. die

---

197 Vgl. z.B. Adela Yarbo Collins, *Mark: A Commentary*, hg. von Harold W. Attridge, Minneapolis 2007, 403–404 (Dan 2,28 LXX).

198 Die Verwendung des Verbums *dei* in Mk 8,31 spiegelt einen soziopolitischen Prozess wider, der damals unvermeidbar gewesen zu sein schien, und deswegen oder trotzdem hat man versucht, sich eine andere mögliche Realität vorzustellen. Dieses Thema wurde schon in Kapitel IV dieses Buches behandelt.

in der Antike weit verbreitete Vorstellung eines Zwangs oder einer unbarmherzigen Fatalität, die im Laufe des Lebens auch des einzelnen Menschen eine bestimmende Rolle spielen sollte. Diese Weltanschauung war aber keine Besonderheit der Apokalyptik. In der Antike herrschte allgemein die Auffassung, dass das, was jemandem passierte, nicht nur von diesem Menschen abhängig war, sondern auch und zum größten Teil von der Tyche oder Fortuna oder von einem andern Gott bzw. dem Gotteswillen gesteuert wurde.[199]

3. Das Markusevangelium ist aber keine Apokalypse

Soweit ich weiß, hat niemand bisher behauptet, das Markusevangelium sei eine Apokalypse. Wie Burton L. Mack schon bemerkt hat:

„Verglichen mit anderen apokalyptischen Texten jener Zeit scheint das Markusevangelium keine Apokalypse zu sein, sondern nur eine apokalyptische Rede zu enthalten (Mk 13). Diese Rede ist zudem mehr ein Bericht als eine Vision bei der Beschreibung der Geschehnisse, die das Ende bestimmen sollen, und Jesus wird nicht als Visionär dargestellt, d.h. als jemand, dessen Hauptrolle es ist, die Offenbarung privilegierter Informationen zu empfangen. Wenn man das 13. Kapitel aus dem [Markus] evangelium herausgenommen hätte, wäre es schwer zu beweisen, dass das [Markus]evangelium von jemandem geschrieben wurde, der eine apokalyptische Mentalität besitzt."[200]

---

199 Vgl. Thukydides, *Der Peloponnesische Krieg*; Martin Ostwald, *Anagke in Thucydides*, Atlanta 1988. In den ersten 13 Kapiteln des Markusevangeliums gibt es einige Texte, die die Leidensgeschichte Jesu vorhersehen oder erahnen lassen. Besonders wichtig für dieses „integrierende" Verständnis der Beziehung der Leidensgeschichte Jesu zu den vorausgehenden Kapiteln des Markusevangeliums sind einerseits die sogenannten Leidensvorhersagen in Mk 8,31; 9,31; 10,32–34, insbesondere die erste Vorhersage in 8,31 zusammen mit dem Spruch in 10,45, und andererseits alles, was in diesem Werk mit dem Thema „Messiasgeheimnis" in Verbindung steht. In Bezug auf das zweite Thema sage ich hier nur, dass es wissenschaftlich noch umstritten ist. Dass Jesus im ersten Teil des Markusevangeliums bis 9,9–13 nicht selten – aber auch nicht immer – sagt, dass nichts von dem, was er gerade getan hat, weitergesagt werden soll, ist klar. Warum oder wozu aber dieses Schweigen so oft, aber nicht immer, und wenn, oft ohne Erfolg, befohlen bzw. empfohlen oder erbeten wird, ist überhaupt nicht klar. Dieses Thema wird in Kapitel VIII dieses Buches wieder aufgegriffen und vertieft.

200 Mack, *Myth of Innocence* (wie Anm. 51), 325. Trotzdem ist auch Mack davon überzeugt, dass man das Markusevangelium als apokalyptisches Werk verstehen sollte. Warum? Oder wozu? Der Hauptgrund für diese Meinung scheint das „Geschichtsverständnis" des Markusevangeliums zu sein, d.h. die implizite Weltanschauung des Evan-

Das Markusevangelium ist eigentlich eine Art „Biographie“, die die Lebensgeschichte Jesu bzw. einen Teil seiner Geschichte erzählt.[201] Das Markusevangelium ist eine Lebensgeschichte Jesu, die ganz hoffnungsvoll anfängt, aber dann als eine tragische Leidensgeschichte endet. Als Biographie hat das Werk gattungsmäßig gar nichts mit der Apokalyptik zu tun. Es gibt keine apokalyptische Biographie.[202] Die ersten sechs Kapitel des Danielbuches (1–6) erzählen zwar von einigen Episoden aus dem Leben dieses Sehers, aber diese Erzählung ist selber keine Apokalypse. Das ist klar, weil die ersten sechs Kapitel sich deutlich von den letzten sieben Kapiteln des Danielbuches (7–12) unterscheiden, deren Thematik zweifelsohne apokalyptisch ist. Im ersten Teil des Danielbuches (1–6) empfängt der Seher Daniel selbst keine besondere Offenbarung. Seine Begabung ist lediglich die, die jeder Schriftgelehrte besitzen sollte. Er ist imstande, die verschiedenen Texte zu lesen und zu übersetzen, die andere – in diesem Fall Könige – entweder im Traum oder in einer Vision empfangen haben. Erst ab dem 7. Kapitel des Danielbuches, wo das Werk wirklich apokalyptisch zu werden beginnt, empfängt der Seher eigene Träume und Visionen, die er dann den anderen Menschen mitteilt.

Der einzige Teil des Markusevangeliums, der eindeutig apokalyptische Züge hat, ist Kapitel 13, auch wenn die Ausdrucksweise hier nicht besonders apokalyptisch wirkt im Vergleich z.B. zur Offenbarung des Johannes oder zum 1. Buch Henoch oder zum Buch Sacharja oder eben zum Danielbuch. Dennoch wäre es sinnlos zu bestreiten, dass es im 13. Kapitel des Markusevangeliums, an der Pforte der Leidensgeschichte

---

gelisten, oder der größere Handlungsverlauf des Textes (nach Norman Peterson). Die exegetischen Argumente für diese Annahmen sind aber meines Erachtens nicht besonders stark bzw. auffallend schwach. Besonders wichtig für Mack ist das Vorhersage-Erfüllungs-Schema, das angeblich grundlegend für die Erzählstruktur des Markusevangeliums ist. Man fragt sich aber, ob dieses Schema wirklich typisch für die Apokalyptik war. Noch eine Frage: Ob dieses Schema tatsächlich bzw. exegetisch im Markusevangelium beweisbar ist.

201 Siehe z.B. Santiago Guijarro Oporto, *Los Evangelios: Memoria, Biografía, Escritura*, Salamanca 2012, 51–58.

202 Sicher enthalten einige apokalyptische Texte – z.B. das Danielbuch – einige biographische Elemente. Doch die Absicht der Texte ist es nicht, vom Leben des einzelnen Menschen zu erzählen. Das Ziel des Danielbuches ist es nicht, den Lebensweg des Mannes, der Daniel heißt, von seiner Geburt bis zu seinem Tod als ethisch-moralisches Vorbild nachzuzeichnen. Vielmehr hat der Verfasser des Danielbuches mit dieser Figur versucht, eine andere, noch mögliche, soziopolitische Wirklichkeit darzustellen. Dagegen wollte die antike Biographie keine Weltanschauung dieser Art entwickeln, sondern hat, wie das Markusevangelium, ihre Aufmerksamkeit prinzipiell auf das Leben eines besonderen Menschen gerichtet und dadurch versucht zu zeigen, was man aus diesem Leben für das eigene lernen könnte bzw. sollte.

Jesu, einen apokalyptischen Diskurs bzw. eine apokalyptische Vorrede gibt. Die passende Frage ist: Warum befindet sich ein solcher Diskurs gerade an dieser Stelle des Werks? Wozu diese „begrenzte" Erscheinung der Apokalyptik im Markusevangelium?

Spätestens seit dem Buch von James M. Robinson *Das Geschichtsverständnis des Markusevangeliums* (1956) ist es ein Gemeinplatz der Bibelwissenschaft geworden, dass das Markusevangelium nicht nur im 13. Kapitel, sondern auch in allen anderen Teilen des Werkes von einer apokalyptischen bzw. eschatologischen Mentalität geprägt ist.[203] Die Apokalyptik wäre also der Schlüssel, um den Hoffnungshorizont der Erzählung bzw. ihr Geschichtsverständnis zu erklären, insbesondere wenn etwas im Text begegnet, das dem europäisch-nordamerikanischen Wissenschaftler schwer verständlich erscheint. In einem solchen Fall soll der Evangelist dies oder das geschrieben haben, weil er grundsätzlich apokalyptisch denke. Diese Erklärung des Markusevangeliums spiegelt deutlich eine ähnliche Interpretation des Anfangs des Urchristentums wider. Und jener Interpretation des Urchristentums liegt eine ähnliche Beschreibung des historischen Jesus zugrunde. Diese Beschreibung des historischen Jesus als ehemaligen Apokalyptiker gehört aber zum Selbstverständnis der europäisch-nordamerikanischen Moderne, die Jesus, „wie er eigentlich gewesen ist", entdeckt haben will. Er sei grundsätzlich der Fremde, der Andere, der tatsächlich „Verfälschte", aber er sei gleichzeitig fast das Einzige, das vom Christentum noch Wert hätte, eine Art „Ur-Mensch", der noch ein (ethisches) Modell wäre, der ehemalige „Besondere". Die „Gründerzeit" des Christentums ist nach dieser Auffassung also durchgehend apokalyptisch oder eschatologisch geprägt, nicht nur weil die Apokalyptik die Mutter der urchristlichen Theologie sein sollte, sondern auch weil die Apokalyptik diese für den modernen Wissenschaftler wichtige Besonderheit des Ursprünglichen darstellen soll.[204] Diese historische Besonderheit hat aber in erster Linie das Selbstbewusstsein bzw. die Selbsttäuschung der europäisch-nordamerikanischen Neuzeit vom Ende des 19. Jahrhunderts bis zu den Jahren nach dem Zweiten Weltkrieg widergespiegelt. Wenn man sich jetzt von dieser apokalyptischen Deutung des Ursprungs des Christentums nicht sofort überzeugen lässt, nicht zuletzt, weil diese Art der historischen Interpretation z.B. im einflussreichen

---

203 Vgl. James M. Robinson, *Das Geschichtsverständnis des Markusevangeliums,* Zürich 1956.

204 Über die Apokalyptik als Mutter der urchristlichen Theologie siehe Ernst Käsemann, *Zum Thema der urchristlichen Apokalyptik*, in: ders., Exegetische Versuche und Besinnungen, 2 Bde., Göttingen 1964, 105–131, bes. 130.

Fall Albert Schweitzers nachweislich eine sehr moderne Metaphysik (die Immanuel Kants) anwendet, hat man das Gefühl, mit einem bestimmten Recht fragen zu können, ob es im Fall des Markusevangeliums nicht anders gewesen sein könnte.[205]

4. Aber die Figur des Menschensohnes?

Hat das Markusevangelium aber außer der Rede Jesu im 13. Kapitel keine anderen Elemente, die als apokalyptische Ausdrucksweise verstanden werden müssen, wie z.B. die Figur des Menschensohnes? Auch das, was im ersten Teil des Markusevangeliums über das Gottesreich geäußert wird, kann vermutlich nur eschatologisch verstanden werden. Z.B. in Mk 1,15: „Die Zeit ist erfüllt, das Reich Gottes ist nahe. Kehrt um, und glaubt an das Evangelium!“[206] Wenn es also im Markusevangelium wichtige Aspekte der Christologie und der Soteriologie gibt wie diese beiden, die anscheinend von apokalyptischen oder eschatologischen Zügen geprägt sind, wie kann man trotzdem die Auffassung vertreten, dass die Apokalypse im Markusevangelium schon vorbei ist?[207]

---

205 Zum Fall Albert Schweitzers siehe Ward Blanton, *Displacing Christian Origins: Philosophy, Secularity, and the New Testament*, Chicago 2007, 129–165. Man könnte sich auch fragen: Welche Voraussetzungen müssen erfüllt werden, damit man feststellen kann, dass das Markusevangelium ursprünglich auf apokalyptische Weise gewirkt hat? Kann man z.B. nachweisen, dass das Thema „Gottesreich“ im Markusevangelium auf apokalyptische Weise behandelt wird? Auch die Bezeichnung von Jesus als Menschensohn wäre nicht nur als eindeutiger Anknüpfungspunkt an den apokalyptischen Diskurs zu verstehen, sondern auch als christologischer Titel, der im Markusevangelium dieselbe Bedeutung haben sollte wie in anderen apokalyptischen Schriften. Der Menschensohn müsste deshalb auch in diesem Werk zum Schluss als endzeitliche Machtfigur dargestellt werden, die die Welt nach dem Willen Gottes wieder in Ordnung bringen wird. Auch die Verwendung von Bibelzitaten und -reminiszenzen, insbesondere aus dem Danielbuch, müsste diese Deutung der Menschensohnfigur unterstützen. Sind aber diese Voraussetzungen im Markusevangelium erfüllt?

206 Das Thema Gottesreich im Markusevangelium wird in einem anderen Abschnitt dieses Kapitels behandelt.

207 Was auch immer der Ursprung des Beinamens „Menschensohn“ war und ungeachtet der verschiedenen Bedeutungen des Ausdrucks zur Zeit des Zweiten (jüdischen) Tempels, unabhängig auch von der Frage einer möglichen Verwendung des Ausdrucks durch den historischen Jesus – der Begriff „Menschensohn“ hat im Markusevangelium eindeutig die Funktion eines christologischen Titels, der sich auf Jesus bezieht und zugleich einem anderen Titel, nämlich „Gottessohn“, gegenübergestellt wird. Im zweiten Teil des Markusevangeliums hat der Ausdruck „Menschensohn“ die Funktion, Jesus als denjenigen auszuweisen, der einen tragischen Tod erleiden muss und sich auch des schmerzlichen Schicksals, das ihm bevorstand, bewusst ist. Dieses Thema wurde schon in Kapitel IV dieses Buches behandelt.

Man hat auch gemeint, den apokalyptischen Geist des Markusevangeliums aus dem Erzählstil des Evangelisten ableiten zu können. So wird ein narratives Universum konstruiert, in dem die Leser des Werkes sich immer begrenzter fühlen. Am Rande des Möglichen. An der Grenze der gegenwärtigen Wirklichkeit. So führt die Geschichte Jesu im Markusevangelium von einem Anfang, an dem Jesus (quasi) allmächtig zu sein scheint, zum anderen Extrem, als er sogar von Gott verlassen wird. Am Ende des Markusevangeliums wird Jesus vom Evangelisten als lediglich ein weiterer unglücklich zu Tode Gekommener dargestellt, dessen Leichnam auch noch schnell verschwindet. In ihrem Kommentar zum literarischen Stil des Markusevangeliums macht Mary Ann Tolbert folgende Beobachtungen:

„Dass der Erzähler [des Markusevangeliums] in seiner Geschichte dieses Dringlichkeitsgefühl erzeugen will, indem er die ersten Worte Jesu so formuliert [in Mk 1,15], wird durch den Rhythmus des folgenden Berichts bestätigt. Alles geschieht ‚sofort' im Evangelium, weil *euthys* (sofort/sogleich) eines der Lieblingswörter des Markus ist und über vierzig Mal in seiner Geschichte erscheint, zweimal mehr, als es in den anderen Evangelien verwendet wird. Der gleiche parataktische Stil, der durch die Verwendung von *kai* entsteht, besonders wenn sie sich mit der Bevorzugung der Verwendung des Partizips bei Markus verbindet, drängt den Bericht vorwärts, ohne ihn ruhen zu lassen, als ob die Ereignisse so schnell geschehen, dass niemand die Zeit hat, zusammengesetzte Sätze zu formulieren, sondern gezwungen ist, jeden Satz auf die anderen prallen zu lassen. Ein anderes typisches Element bei Markus, das in den meisten Übersetzungen nicht zu erkennen ist, erzeugt auch Schnelligkeit und Präsenz in der Erzählung: der Gebrauch des historischen Präsens. Obwohl der Erzähler die Geschichte des Markusevangeliums aus der Perspektive einer bestimmten Zeit nach den Ereignissen der fiktiven Welt erzählt und sie deshalb vor allem in der Vergangenheit berichtet, und besonders wenn ein Dialog stattfindet, wird die Vergangenheit durch die Gegenwart ersetzt und so der Effekt einer dramatischen und direkten Erzählwelt erzeugt. [...] All diese stilistischen Elemente tragen zu einer gewissen Geschwindigkeit und Direktheit des Berichts bei; doch noch wichtiger ist die Tatsache, dass sie auf einer formalen Ebene die Dringlichkeit der Botschaft Jesu und die vorgerückte Zeit hervorheben, wie schon in der Einführung zum ersten größeren Block in Mk 1,14–15 gezeigt worden ist."[208]

[208] Vgl. Mary Ann Tolbert, *Sowing the Gospel: Mark's World in Literary-Historical Perspective*, Minneapolis 1989, 117–118.

In diesem Fall wäre das Markusevangelium weder eine apokalyptische Erzählung, weil das Werk der literarischen Gattung einer Apokalypse entspricht, noch weil der Evangelist sich mit den Problemen, die für die Apokalyptiker typisch sind, beschäftigt hat, sondern hauptsächlich, weil der Text durch seinen Erzählstil eine apokalyptische „Atmosphäre“ erzeugen soll.[209] Stimmt das aber? Oder setzt es eigentlich nur voraus, was man noch beweisen muss? Z.B. *könnten* die Wundergeschichten im Markusevangelium zweifelsohne immer als Ereignisse apokalyptischer Art erklärt werden. Jedes Wunder würde aus dieser Perspektive als Zeichen des gegenwärtigen Hereinbrechens eines noch nicht völlig realisierten Gottesreiches verstanden. Aber das stimmt nur, wenn man schon bewiesen hat, dass das Thema Gottesreich im Markusevangelium auf apokalyptische Weise behandelt wird.

Ansonsten ist es klar, dass eine Wundergeschichte ab und zu „nur“ eine Wundergeschichte ist, genauso wie z.B. eine Zigarre ab und zu nur eine Zigarre ist. Zum Beispiel kann man die Wundergeschichten anführen, die Philostratus über Apollonius von Tyana erzählt hat. In der Antike war es keine Selbstverständlichkeit, Wundergeschichten immer als apokalyptische Zeichen zu verbreiten. Nicht nur die Apokalyptiker haben sich mit Dämonen und dergleichen Problemen beschäftigt. Machtkämpfe zwischen dem Guten und dem Bösen haben sich nicht nur im apokalyptischen Bereich vollgezogen. Bezüglich des Markusevangeliums ist es deshalb nötig, weiter zu erklären bzw. zu beweisen, warum die Wundergeschichten Jesu in diesem Werk nicht als reine Wundergeschichten erzählt worden sind, sondern als apokalyptische Zeichen verstanden werden müssen.[210]

Es ist aber unbestreitbar, dass die Figur des Menschensohnes in Mk 14,62 – und zwar als Selbstbeschreibung Jesu – apokalyptisch dargestellt wird. Der Hohepriester fragt den verhafteten Jesus: „Bist du der Messias, der Sohn des Hochgelobten?“ Und Jesus antwortet ihm (unter anderem) mit einem Zitat aus dem Danielbuch, nämlich: „Ich bin es. Und ihr werdet

---

[209] Dies ist im Grunde auch das Argument, das Mack für seine These anführt, dass das apokalyptische Denken ein entscheidender Aspekt des Markusevangeliums sei.

[210] Vgl. Wendy Cotter, *Miracles in Greco-Roman Antiquity: A Sourcebook*, London-New York 1999. Sonst bleibt die apokalyptische Interpretation der Wundergeschichten Jesu im Markusevangelium immer noch als Möglichkeit, aber ohne beweiskräftiges Argument. Abgesehen vom 13. Kapitel des Werkes, mit dessen Inhalt ich mich bald beschäftigen werde, hat der größte Teil des Markusevangeliums nichts oder sehr wenig mit dem Thema „Eschatologie“ oder mit anderen „apokalyptischen“ Themen zu tun. Das Thema „Gottesreich“ ist wiedermals kein traditionelles Thema in den vorchristlichen apokalyptischen Schriften Israels.

den Menschensohn zur Rechten der Macht sitzen und mit den Wolken des Himmels kommen sehen“ (Mk 14,62; vgl. Dan 7,13; auch Ps 110,1).[211] Diese Antwort nimmt auch wieder auf, was schon vorher von Jesus im 13. Kapitel des Markusevangeliums über den Menschensohn gesagt wurde und es jetzt vor dem Hohepriester und dem ganzen Hohen Rat ausdrücklich mit Jesus identifiziert. In Mk 13,24–27 hatte Jesus gesagt: „Aber in jenen Tagen, nach der großen Not, wird sich die Sonne verfinstern, und der Mond wird nicht mehr scheinen; die Sterne werden vom Himmel fallen und die Kräfte des Himmels werden erschüttert werden. Dann wird man den Menschensohn mit großer Macht und Herrlichkeit auf den Wolken kommen sehen. Und er wird die Engel aussenden und die von ihm Auserwählten aus allen vier Windrichtungen zusammenführen, vom Ende der Erde bis zum Ende des Himmels.“ In 13. Kapitel des Markusevangeliums, und zwar in Mk 13,24–27, hat Jesus also in rein apokalyptischer Weise gesprochen. Und in Mk 14,62 identifiziert sich Jesus mit diesem apokalyptisch angekündigten Menschensohn.

Was aber passiert danach (d.h. hinsichtlich dieser Äußerungen auf der Ebene der Erzählung im Markusevangelium)? Um die Frage kurz zu beantworten: Auch diese Hoffnung stirbt zusammen mit Jesus am Kreuz, wie die folgenden Zitate zeigen:

- „Die Sonne wird sich verfinstern“ (Mk 13,24). = „Als die sechste Stunde kam, brach über das ganze Land eine Finsternis herein“ (Mk 15,33).
- „Die Sterne werden vom Himmel fallen, und Kräfte des Himmels werden erschüttert werden“ (Mk 13,25). = „Jesus rief zuerst mit lauter Stimme: Mein Gott, mein Gott, warum hast du mich verlassen?“ (Mk 15,34). Die Kräfte des Himmels bzw. die Anwesenheit Gottes sind zerbrochen. Nach dem zweiten Schrei Jesu und dem Aushauchen des Geistes in ihm „riß der Vorhang im Tempel von oben bis unten entzwei“ (Mk 15,38). Nach Flavius Josephus war dieser Vorhang mit einem großen Bild des Himmels bestrickt, d.h. auch die Sterne sind vom Himmel – von oben nach unten – gefallen.[212]

---

211 In beiden Fällen – sowohl im Danielbuch als auch im Markusevangelium – bezeichnet der Ausdruck „Menschensohn“ ein engelhaftes oder menschlich-himmlisches Wesen, das eine wichtige Rolle beim zukünftigen Jüngsten Gericht Gottes spielen soll.

212 Vgl. David Ulansey, *The Heavenly Veil Torn: Mark's Cosmic* Inclusio, in: JBL 110 (1991) 1, 123–125, bes. 124–125; Josephus, *Bellum Judaicum* 5.5.4 §212–14.

- „Dann wird man den Menschensohn mit großer Macht und Herrlichkeit auf den Wolken kommen sehen“ (Mk 13,26). Für diesen Vers gibt es keine Parallele im Markusevangelium, weil genau das Gegenteil am Kreuz passiert: Der Menschensohn, der Jesus sein sollte, verschwindet, nachdem er unter Ohnmacht und Verworfenheit gelitten hat, am Ende seiner Lebensgeschichte wie die Wolken im „leeren Grab“ eines offenen Himmels.
- „Und er wird die Engel aussenden und die von ihm Auserwählten [...] zusammenführen“ (Mk 13,27). Auch für diesen Vers gibt es keine Parallele am Ende des Markusevangeliums. Die Frauen, die von dem jungen Mann im weißen Gewand, der im leeren Grab sitzt und oft als Engel verstanden worden ist, beauftragt werden, die frohe Botschaft der Auferstehung Jesu zu verkündigen, tun es nicht. Sie fliehen und „sagten niemand etwas davon“ (Mk 16,8). Die „auserwählten“ Jünger Jesu und „vor allem Petrus“ (Mk 16,7) werden dann (auf der Ebene der Erzählung) nie zusammengeführt.

In Mk 14,62 sagt Jesus: „Ihr werdet den Menschensohn zur Rechten der Macht sitzen [...] sehen.“ Aber im nächsten (15.) Kapitel des Markusevangeliums „sitzt“ Jesus stattdessen zwischen zwei Räubern, „dem einen rechts von ihm, dem anderen links“ (15,27). Dann erlebt Jesus, wie ich schon mehrmals bemerkt habe, nicht das, was es normalerweise bedeutet, „zur Rechten der Macht“ zu sitzen, sondern genau das Gegenteil: die tiefste Ohnmacht und Gottverlassenheit. Zugleich aber ist dies genau das, was Jesus selber als Menschensohn im Markusevangelium schon dreimal vorher geweissagt hat (8,31; 9,31; 10,33–34). Obwohl Jesus als Menschensohn in Galiläa seine Vollmacht gezeigt und verteidigt hat, begleitet ihn diese Macht nicht nach Jerusalem, wo er als Menschensohn die entgegengesetzte Erfahrung macht. Ab der ersten Leidensweissagung Jesu in 8,31 hat seine Identität als Menschensohn nur mit diesem Schicksal des Scheiterns zu tun.[213]

[213] Muss nochmals unterstrichen werden, dass dies überhaupt nicht die Rolle ist, die die Figur des Menschensohnes in anderen apokalyptischen Erzählungen spielt? Im Markusevangelium ist das Schicksal des Menschensohnes zuerst ein grauenhafter Tod und dann ein völliges Verschwinden. Das hat sehr wenig mit der Macht und den Privilegien zu tun, die man sonst mit dieser Figur z.B. im Danielbuch und im Henochbuch verbindet.

5. Und Kapitel 13?

Das 13. Kapitel des Markusevangeliums beschreibt die Zerstörung des jüdischen Tempels und auch andere vergleichbare Themen auf apokalyptische Weise. Jesus beschreibt hier nach dem Evangelisten, was geschehen wird, nachdem die soziale Welt, die mit diesem Tempel verbunden war, zugrunde gegangen ist. Die apokalyptische Vorrede im 13. Kapitel des Markusevangeliums dient auf der Ebene der Erzählung als Einleitung bzw. erster Schritt in die Leidensgeschichte Jesu. Umgekehrt beginnt unmittelbar nach dem Tod Jesu die erste (symbolische) Zerstörung des Tempels. Genauso wie Jesus dreimal vor seinem Tod im Markusevangelium eine Vorahnung bezüglich seines Schicksals geäußert hat, teilt er im 13. Kapitel mit, welches Schicksal den Tempel zwischen dem Tod Jesu und der Entstehung des Markusevangeliums ereilen wird. Im Markusevangelium werden aber sowohl das Schicksal des Tempels als auch die Erwartungen, die damit einhergingen, direkt vor der Leidensgeschichte Jesu thematisiert, als ob beides eng miteinander verbunden wäre. Das schließt auch die Erwartungen mit ein, die Jesus selbst als Menschensohn in diesem Werk bezüglich des eigenen Schicksals äußert, sowie jene, die nach dem historischen Tod Jesu einige Urchristen – z.B. die ursprüngliche Leserschaft des Markusevangeliums und vielleicht auch der Evangelist selbst – einmal von dem ehemaligen Jesus als apokalytischem Menschensohn erhalten haben.

Alles, was Jesus im 13. Kapitel des Markusevangeliums über zukünftige Zerstörungen weissagt, war für den Evangelisten schon Wirklichkeit geworden. Auch die Hoffnung, dass bald ein apokalyptischer Menschensohn „mit großer Macht und Herrlichkeit“ erscheinen würde, um die Auserwählten zu retten, war jetzt bedeutungslos geworden, genauso wie Jesus auf der Ebene der Erzählung das Gegenteil der eigenen Hoffnungen bzw. Wünsche erlebt. In diesem Sinne ist die Apokalypse im Markusevangelium schon vorbei. Sie ist hier in eine schreckliche Erinnerung verwandelt worden. Zusammen mit Jesus und genauso wie Jesus in diesem Werk ist jede apokalyptische Hoffnung, die der Evangelist und seine ursprüngliche Leserschaft vorher hatten, mit einem lauten Schrei auf schreckliche Weise gestorben, im Grab der Geschichte beigesetzt worden und aus diesem Grab bald wieder verschwunden.

Was bedeutet dann die Vorrede Jesu im 13. Kapitel des Markusevangeliums innerhalb des Gesamtwerkes? Man hat sie oft als „kleine Apokalypse“ bezeichnet. Noch einmal: Wie soll man die Anwesenheit einer „kleinen Apokalypse“ erklären in einem Werk, das sonst keine Apokalypse ist? Wieder lohnt es sich, an den Tatbestand zu erinnern, wie ihn Burton Mack zusammengefasst hat: „Diese Rede ist zudem mehr ein Bericht als eine Vision der Geschehnisse, die das Ende bestimmen sollen, und Jesus wird nicht als Visionär dargestellt, d.h. als jemand, dessen Hauptrolle es ist, die Offenbarung privilegierter Informationen zu empfangen."[214] Die Rede wirkt hauptsächlich wie eine erzählende Vorwegnahme der Leidensgeschichte Jesu im Markusevangelium.

Im dritten Vers des Kapitels 13 setzt sich Jesus dem Tempel gegenüber auf den Ölberg, um eine Aussage zu erklären, die er im unmittelbar vorangehenden (zweiten) Vers gemacht hat, die eine Vorankündigung der Zerstörung des Tempels ist. Jetzt soll Jesus erklären, wie diese stattfinden wird. Die angebliche Voraussage klingt aber mehr wie eine Reportage oder ein Bericht, zumindest bis Mk 13,24, wo der Text plötzlich eine vagere, symbolischere, apokalyptischere Form annimmt. Aber die ersten zwei Drittel der Rede enthalten eine Zusammenfassung von dem, was man im Ersten Jüdischen Krieg bis zur Eroberung Jerusalems von den Römern erlebt hat. Dieser Teil des Textes hat deshalb nichts mit der Zukunft des Evangelisten und seiner Leserschaft zu tun, sondern er beschreibt grundsätzlich das, was vor kurzem stattgefunden hat.

So wie Jesus im Markusevangelium seine eigene Vernichtung dreimal ankündigt, ein historisches Schicksal, das der Text als selbstverständlich voraussetzt, so wird die historische Vernichtung des jüdischen Tempels „im Voraus" thematisiert als ein weiterer Verlust, den der Evangelist und seine Leserschaft schon „hinter sich" hatten. Die Leidensgeschichte des Tempels und alles, was mit ihm zugrunde ging, konnte deswegen in den ersten zwei Dritteln des 13. Kapitels des Werkes (Mk 13,3–23) nach dem gleichen Schema erzählt werden wie direkt danach die Leidensgeschichte Jesu, die das Ganze zum Abschluss bringt, erzählt wird.

Wenn das Markusevangelium, wie Etienne Trocmé meinte, ursprünglich mit dem 13. Kapitel geendet hätte und somit mit dem letzten Drittel der Vorrede Jesu, dann wäre es vielleicht möglich oder zumindest leichter, von einem apokalyptischen Horizont des Gesamtwerkes zu sprechen.[215] Denn im letzten Drittel des 13. Kapitels ab Vers 24 beginnt Jesus darüber zu reden, was nach „jener" Zeit des vorausgesehenen „Zusammenbruchs" (*thlipsis*) passieren soll. In diesem letzten Teil der Vorrede Jesu gibt es fast keinen konkreten Inhalt mehr. Der Text teilt nur mit, dass es bald eine „Endzeit" geben muss, weil die Zeichen dafür schon da sind,

---

214 Mack, *Myth of Innocence* (wie Anm. 51), 325.

215 Siehe Etienne Trocmé, *The Formation of the Gospel According to Mark*, London 1975.

wie es sonst im Frühling bzw. Hochsommer bei den Blättern des Feigenbaums der Fall ist, die ein baldiges Erscheinen der Frucht des Baumes versprechen.[216] Ansonsten weiß eigentlich niemand – nur Gott selber –, wann genau sich alles, was diese Endzeit betrifft, ereignen wird. Und dann ist alles, was sich ereignen soll, nur das, was in der Tradition Israels immer als Endzeithorizont entworfen wurde, nämlich das Jüngste Gericht Gottes. Darum wird in Mk 13,24–25 mit einigen Bibelzitaten vorausgesagt, dass die Weltordnung zugrunde gehen wird, und in 13,26 mit einem weiteren Bibelzitat, dass der Menschensohn erscheinen wird.[217] Und wie immer bei dieser Art von Endzeit-Szenen gibt es auch in 13,27 die Auserwählten, die dem kosmischen Niedergang entgehen werden, um sich danach an etwas zu erfreuen, das offensichtlich nicht genauer bestimmt werden kann, aber trotzdem begehrenswert sein soll.

Wenn das Markusevangelium so enden würde, dann hätte die Erzählung in typisch apokalyptischer Weise zu einem in Israel gewöhnlichen Hoffnungshorizont geführt. Und die Verheißungen in Mk 1,14–15 und 9,1, dass das Gottesreich schon gekommen sei bzw. sich bald zeigen werde, sowie die Unterweisung, die Jesus seinen Nachfolgern in 9,42; 10,14–15.23–25 erteilt, wie man sein muss oder was man tun sollte, um in das Gottesreich eintreten zu können, wären möglicherweise aus dieser apokalyptischen Perspektive zu verstehen. So aber wird das Markusevangelium, das wir aus den (ältesten) Handschriften kennen, nicht zum Abschluss gebracht.

Direkt nach der „kleinen Apokalypse“ im 13. Kapitel des Markusevangeliums begegnen wir der Leidensgeschichte Jesu, in welcher der Inhalt des letzten Drittels der Vorrede Jesu durch eine ziemlich bissige bzw. „ironisierende“ Umdeutung (*relectura*) ihrer Verheißungen zunichte gemacht wird. Das dort Gesagte wird dem Markusevangelium zufolge nicht mehr gelten können. Es wurde schon „verfälscht“ oder „widerlegt“ bzw. „neu bewertet“ durch die Verlusterfahrung der Menschen, die nicht nur den historischen Tod Jesu, sondern auch die Zerstörung des jüdischen Tempels und alles, was damit verbunden war, haben erleben müssen. Im Markusevangelium hat der Evangelist die Apokalyptik als Element der urchristlichen Jesustradition anerkannt. Aber durch den verlorenen Ersten Jüdischen Krieg und den damit verbundenen Zusammenbruch des Tem-

[216] Zugleich aber steht das, was dieses Gleichnis hier erklären soll, in direktem Widerspruch zu der Erfahrung, die Jesus kurz vorher in Mk 11,12–13 mit einem anderen Feigenbaum gemacht hat.

[217] In diesem Zitat soll der Menschensohn „nur“ ein Bild Gottes sein, der sonst nicht abgebildet werden darf.

pelsystems, im „leeren“ Grab eines traumatisierten Überlebens am Rande der „neuen“, römischen Welt, hatte er gelernt, alle „Machtphantasien“ dieser Art grundsätzlich zu misstrauen.[218]

6. Das Gottesreich im Markusevangelium

Und jetzt die Frage: Wie wird das Thema „Gottesreich“ im Markusevangelium behandelt? Es sollte nicht nötig sein, zuerst zu klären, ob das Thema „Gottesreich“ prinzipiell ein apokalyptisches oder eschatologisches Leitmotiv ist, um diese Frage beantworten zu können. Es geht hier nur um die Darstellung des Themas „Gottesreich“ auf der Ebene der Erzählung im Markusevangelium. Trotzdem hilft es wahrscheinlich, zuvor ein paar allgemeine, einleitende Bemerkungen zu machen.

Erstens kommt der Begriff „Reich Gottes“ (*basileia tou theou*) in keiner der vor dem Markusevangelium verfassten apokalyptischen Schriften vor. Das Thema „Reich Gottes“ ist darum kein selbstverständlich apokalyptisches Motiv.[219] Zweitens heißt es im Markusevangelium nicht, dass man, um in das Reich Gottes einzutreten, sich auf die Teilnahme an einem Krieg am Ende der Welt vorbereiten muss, wie z.B. in einigen apokalyptischen Texten aus Qumran behauptet wird. Vielmehr muss man nach dem Markusevangelium (8,34–35) lernen, „sich selbst zu verleugnen“, d.h. eine Art Askese praktizieren, und „sein Kreuz auf sich nehmen“ und dadurch beginnen, „sein Leben zu verlieren“.

Deshalb meine ich, was auch immer die verschiedenen apokalyptisch erscheinenden Elemente im Markusevangelium bedeuten, dass man sie nicht als Schlüssel zum Verständnis des Gesamtwerkes betrachten sollte. Das hindert uns nicht nur daran, auch andere Besonderheiten des Markusevangeliums wertzuschätzen, sondern macht es uns sogar schwerer, diese zu entdecken.[220]

---

218 Diese epistemologische Bescheidenheit des Evangelisten, die mühsam erworben wurde, sollten wir nicht vergessen, wenn wir bald nach Galiläa zurückkehren, um dort wieder bzw. weiter nach dem auferstandenen, verschwundenen Jesus zu suchen.

219 Der Ausdruck „Reich Gottes“ erscheint nur dreimal in nicht-christlichen Texten, die entweder vor dem oder im 1. Jh. n. Chr. geschrieben worden sind. Diese Texte gehören alle zu den weisheitlichen oder philosophischen Schriften Israels, nämlich: Weisheit Salomos 10,10; Sprüche von Sextus 311; und Philo, *De specialibus legibus* 4,164. Vgl. Mack, *Myth of Innocence* (wie Anm. 51), 70–74, bes. 73 Anm. 16.

220 Wie bereits erwähnt erscheint der Begriff „Reich Gottes“ in keinem vor dem Urchristentum entstandenen apokalyptischen Text. Die Tatsache ist merkwürdig, denn es ist die Interpretation einiger Aussagen über das Reich Gottes im Markusevangelium, die dazu

Wie in anderen urchristlichen Texten bezieht sich der Begriff „Reich Gottes“ im Markusevangelium auf eine Realität, die sich von der gegenwärtigen unterscheidet, die Jesus bekannt gemacht hat oder die man über ihn kennenlernen kann.[221] Was für eine alternative Realität aber das „Reich Gottes“ im Markusevangelium darstellen soll, hängt wesentlich davon ab, wie dieses Reich im Markusevangelium beschrieben wird, weil es keinen anderen bzw. apokalyptischen Hintergrund gibt, vor dem man die Bedeutung des Begriffs klären könnte. Am Anfang des Markusevangeliums scheint die Ankündigung des Gottesreichs die gewöhnliche Erwartung einer göttlichen Herrschaft zu beinhalten, die bald kommen wird, um alles nach ihrem Willen zu ordnen. Als Jesus nach Galiläa zurückkehrt, nachdem er von Johannes getauft wurde und vierzig Tage in der Wüste verbracht hat, macht er „das Evangelium Gottes“ bekannt und sagt: „Die Zeit ist erfüllt, das Reich Gottes ist nahe. Kehrt um, und glaubt an das Evangelium“ (1,14–15). Fast der ganze Inhalt dieser ersten Bezugnahme auf das Gottesreich im Markusevangelium lässt sich relativ leicht aus einer apokalyptischen Perspektive erklären (obwohl wiederum der Begriff „Gottesreich“ als solcher sonst nicht zum apokalyptischen Diskurs gehört), wie z.B. Mary-Ann Tolbert am Ende der oben zitierten Beschreibung des literarischen Stils des Evangelisten behauptet. Kein Wunder also, dass dieser Text (Mk 1,14–15) eine entscheidende Rolle gespielt hat bei der eben heute üblichen apokalyptischen Deutung des Markusevangeliums.

Auch in Mk 4,10 wird auf das „Geheimnis“ (*mysterion*) des Reiches Gottes Bezug genommen. Die Wahrheit dieses Reiches sei nur einigen Menschen offenbart oder anvertraut (*detotai*) worden, während es den meisten, denen, „die draußen sind“, verborgen geblieben sei. Ein epistemologisches Schema dieser Art gehört oft zum apokalyptischen Weltbild. Und in Mk 4,26–29 und 4,30–32 könnten die anonyme Aussaat und das spontane Wachsen des Reiches Gottes auch als Ausdruck einer Perspektive verstanden werden, die weitgehend passiv ist und wieder einer deterministischen apokalyptischen Perspektive entsprechen könnte. Und wenn in der Leidensgeschichte Jesu, und auch vor seiner Ankunft in Jerusalem, und in seinen Debatten mit den jüdischen Führern im Tempel das Reich Gottes erwähnt wird, könnte man dies wieder in Bezug zur apoka-

geführt hat, dass so viele Wissenschaftler im 20. Jahrhundert vom Reich Gottes gesprochen haben, als ob dieser Ausdruck selbstverständlich ein apokalyptisches Konzept wäre.

221 Vgl. Leif E. Vaage, *Monarchy, Community, Anarchy: The Kingdom of God in Paul and Q*, in: Toronto Journal of Theology 8 (1992) 1, 52–69.

lyptischen Erwartung setzen. Zum Beispiel als Jesus dem Schriftgelehrten, der ihn gefragt hat, welches Gebot am wichtigsten sei, antwortet: „Du bist nicht fern vom Reich Gottes“ (Mk 12,34). Oder als Jesus beim letzten Abendmahl mit den (zwölf) Jüngern am Ende seiner Rede schwört, dass er keinen Wein mehr trinken wird „bis zu dem Tag, an dem ich von neuem davon trinke im Reich Gottes“ (Mk 14,25). Oder nach dem Tod Jesu, als sein Leichnam noch nicht vom Kreuz abgenommen worden ist, wird Josef von Arimathäa, der aufrechte Mann, der es wagt, Pilatus um den Körper Jesu zu bitten, beschrieben als ein „vornehmer Ratsherr, der auch auf das Reich Gottes wartete“ (Mk 15,43). All diese Texte fügen sich ziemlich leicht in ein apokalyptisches Schema ein.[222]

Jetzt aber müssen wir uns noch einmal an die Erzählstruktur des Markusevangeliums erinnern, auf die ich mehrmals hingewiesen habe. Wie schon erklärt folgt diese Erzählstruktur dem Verlauf einer umgekehrten Parabel, deren erster Nullpunkt sich in Mk 1,9–13 befindet. Der Höhepunkt der Parabel befindet sich dann wiederum in 8,27–30.31–9,1.2–8. Und der zweite Nullpunkt wird in 15,33–16,8 erreicht. So gibt es zuerst einen Aufstieg, dann einen Abstieg in der Lebensgeschichte Jesu im Markusevangelium. Und mit diesem Abstieg findet auch der Verlust der Hoffnungen statt, die mit diesem Leben verbunden waren.

Die verschiedenen Äußerungen über das Gottesreich im Markusevangelium verteilen sich auf zwei Gruppen. Selbstverständlich könnte man sie auch anders unterteilen. Trotzdem würde diese Verteilung auf zwei Gruppen, glaube ich, die grundlegende bleiben. Die eine der beiden Gruppen behandelt das Thema Gottesreich als eine Frage der Zeit bzw. der Nähe oder Ferne dieser Zeit und die andere als eine Frage des Raums bzw. des Hineinkommens in das Reich Gottes oder des Draußenbleibens. Die Aussagen der ersten Gruppe finden sich in Mk 1,15; 4,10.26–29.30–32; 9,1; 12,34; 14,25; 15,43. Sie sind diejenigen, die, wie oben bemerkt, am besten in ein apokalyptisches Schema passen und im ganzen Werk vorkommen, d.h. von Anfang an bis zum Ende. Die Aussagen der zweiten Gruppe finden sich dagegen alle in der Mitte der Erzählung in Mk 9,42; 10,14–15; und 10,23–25 und passen meines Erachtens überhaupt nicht in ein apokalyptisches Schema. In den Aussagen der ersten Gruppe ist es merkwürdig, dass die Ankunft des Gottesreichs, das am Anfang des Markusevangeliums schon „nahe“ sein sollte (siehe 1,15: *eggiken*), später immer weiter in die Zukunft verschoben wird, bis es am Ende der Geschichte Jesu heißt, dass Josef von Arimathäa, der den Leichnam Jesu in

[222] Vgl. außerdem Mk 11,10; 13,8.

das Grab legt, sich noch kurz vorher in einem Zustand befunden hat, wo er „auf das Reich Gottes wartete“ bzw. gewartet hatte (*ên prosdechomenos*). Man braucht nur die Texte, wie sie im Markusevangelium auf der Ebene der Erzählung vorkommen, nacheinander zu lesen, um zu erkennen, wie sich der Zeithorizont des Gottesreiches im Werk immer weiter zurückzieht (die Hervorhebungen stammen von mir):

- Mk 1,15: Die Zeit ist erfüllt, *das Reich Gottes ist nahe*. Kehrt um, und glaubt an das Evangelium!
- Mk 4,11: *Euch ist das Geheimnis des Reiches Gottes anvertraut*; denen aber, die draußen sind, wird alles in Gleichnissen gesagt [...].
- Mk 9,1: Amen, ich sage euch: *Von denen, die hier stehen, werden einige den Tod nicht erleiden, bis sie gesehen haben, daß das Reich Gottes in (seiner ganzen) Macht gekommen ist.*
- Mk 12,34: Jesus sah, daß er mit Verständnis geantwortet hatte, und sagte zu ihm: *Du bist nicht fern vom Reich Gottes.*
- Mk 14,25: Amen, ich sage euch: *Ich werde nicht mehr von der Frucht des Weinstocks trinken bis zu dem Tag, an dem ich von neuem davon trinke im Reich Gottes.*
- Mk 15,43: [...] ging Josef von Arimathäa, ein vornehmer Ratsherr, *der auch auf das Reich Gottes wartete*, zu Pilatus und wagte es, um den Leichnam Jesu zu bitten.

Im ersten Teil des Markusevangeliums scheint das Gottesreich eine Wirklichkeit zu sein, die schon in der Gegenwart der daran interessierten Menschen vorhanden ist und wirksam wird. Darum sagt man, dass dieses Reich schon „nahe“ (1,15) und „euch [...] anvertraut“ bzw. gegeben worden ist (*dedotai*: 4,10). Irgendwie funkioniert es oder „wächst automatisch“ (*automatê hê gê karpophorei*: 4,28), nachdem es unsichtbar und anonym „gesät“ worden ist (4,32). Und im Leben einiger derjenigen, „die hier stehen“, soll es bald „in (seiner ganzen) Macht“ gesehen werden (9,1). Die letzte Aussage (9,1), die eine völlige Realisierung des Gottesreichs vor dem Tod der Angesprochenen verspricht, erfolgt auf dem Höhepunkt der umgekehrten Parabel der Erzählung. Deswegen kann man hier auch eine bestimmte Veränderung bzw. Erosion oder Entspannung in der zeitlichen Darstellung des Gottesreiches in diesem Werk spüren. Während in 1,5 das Gottesreich fast da war und in 4,11 sein Geheimnis denjenigen, die Jesus begleiten, schon anvertraut ist, können in 9,1 nicht alle aus der Umgebung Jesu sicher sein, dieses Reich „in seiner ganzen Macht“ (vollständig) vor seinem eigenen Tod kennen zu lernen.

In Jerusalem beginnt dann das Gottesreich, das vorher im Prinzip gekommen zu sein schien, immer mehr zurückzuweichen. Zuerst wird einem Schriftgelehrten gesagt, dass er „nicht fern" vom Reich Gottes steht, d.h. dass er noch nicht hineingekommen ist. Später sagt Jesus, nachdem er mehrmals seinen eigenen Tod vorhergesagt hat, dass er keinen Wein mehr trinken wird „bis zu dem Tag, an dem ich von neuem davon trinke im Reiche Gottes" (14,23), d.h. nicht in diesem Leben, sondern erst nach seinem baldigen Ende. Was in 9,1 noch einigen für dieses Leben versprochen wurde, wird Jesus jetzt selber in diesem Leben nicht mehr erleben können. Und wie ich schon bemerkt habe wird in 15,43 dieses Noch-eine-Weile-Warten auf das Gottesreich bei Josef von Arimathäa so beschrieben, als ob es etwas aus der Vergangenheit geworden sei. Jetzt hat der Mann diese Gewohnheit aufgegeben, eben weil er sich schließlich mit dem Begräbnis Jesu hat beschäftigen müssen. Nachdem das Einbrechen des Gottesreichs als vermutlich eschatologische Neuheit in 1,15 angekündigt worden ist und in 9,1 die endgültige Ankunft dieses Reichs in seiner ganzen Macht noch zu Lebzeiten „einiger" Menschen verheißen werden konnte, hat sich diese Erwartung im zweiten Teil des Markusevangeliums, insbesondere in Jerusalem, zunehmend als ganz „unaktuell" erwiesen. Dem Evangelisten zufolge sollte man nicht mehr erwarten, auf diese Weise in das Gottesreich kommen zu können.[223]

Die Texte der zweiten Gruppe, in denen es um das Hineingelangen bzw. Nicht-Hineingelangen in das Gottesreich geht, finden sich in dem Abschnitt des Markusevangeliums, in dem Jesus und seine Nachfolger „zwischen Galiläa und Jerusalem" unterwegs sind. In diesem Abschnitt des Werkes (8,27–10,52) lehrt Jesus u.a. über das Thema „Nachfolge".[224] In dieser zweiten Gruppe von Aussagen über das Gottesreich (9,47;

---

[223] Auf den gegenwärtigen Alltag übertragen heißt das: Nicht weiter „Schaffe, spare, Häusle baue", als ob man auf diese Weise in das Gottesreich gelangen würde. So verschiebt sich im Markusevangelium der zeitliche Horizont des Gottesreiches vom Anfang bis zum Ende des Werkes immer weiter nach hinten. Als sei die erste Ankündigung des baldigen Kommens des Gottesreiches aus der Perspektive des Evangelisten ein weiteres Missverständnis gewesen unter den vielen, die es in Bezug auf Jesus und sein „messianisches" Projekt gegeben hatte. Diese zunehmende Verschiebung des Kommens des Gottesreiches im Verlauf des Markusevangeliums, von der nahen Gegenwart in eine immer unbestimmtere Zukunft, widerspricht meines Erachtens jedem Konzept, nach dem das Kommen des Gottesreiches im Wesentlichen eine Frage der Zeit ist. Die Frage „Wann wird das sein?" dürfte für den Evangelisten weniger bedeutsam gewesen sein als die Sorge darum, wo und wie man Zugang zu dieser alternativen Realität bekommen könnte.

[224] Dieses Thema wird in Kapitel VI wieder aufgegriffen und vertieft.

10,14.15.23–25) beschreibt Jesus, wie man als Nachfolger Jesu anders leben kann und sollte.[225]

In diesen Texten hat das Thema „Gottesreich“ gar nichts mit einem Warten auf die „Handlung Gottes“ zu tun, sondern man gelangt in das Gottesreich, wenn man sich auf eine bestimmte Weise verhält. Oder besser gesagt, wenn man sich entscheidet, einen bestimmten Lebensweg zu gehen. Und zwar den, der „nicht oft beschritten“ wird, wie ihn Robert Frost beschrieben hat. In Mk 9,42–48 wird man deshalb aufgefordert, über das Ärgernis nachzudenken, das man sowohl für andere als auch für sich selber oft hat, und wie man dieses überwinden könnte. Am wichtigsten dabei ist die Erkenntnis, dass man für das Problem, das besprochen wird, Verantwortung übernehmen muss. Die Lösung dieses Problems hängt letztlich nicht von dem anderen ab, weil das Problem eigentlich nicht durch ihn entstanden ist. Auf jeden Fall sollte man sich zuerst mit der eigenen Verantwortung für das Problem auseinandersetzen. Nur auf diese Weise wird sich dann dem Text zufolge die Möglichkeit ergeben, „in das Leben zu gelangen“ (9,43.45) bzw. „in das Reich Gottes zu kommen“ (9,47). Wenn man das aber nicht tut und stattdessen nur fortfährt, das Gewöhnliche bzw. Selbstverständliche oder Realistische zu tun, wird das Ergebnis nach Jesu Worten schlimmer sein, als „mit einem Mühlstein um den Hals ins Meer geworfen“ zu werden (9,42). Denn die Wirklichkeit, die man sonst als vollständiger Mensch, „mit zwei Händen“, „mit zwei Füßen“, „mit zwei Augen“, erlebt und ständig wiederholt, ist dem Text zufolge wie „in die Hölle zu kommen, in das nie erlöschende Feuer“ (9,43; vgl. 9,45.47).[226]

Aus demselben Grund heißt es in Mk 10,14–15, dass man bereit sein muss, das Reich Gottes „wie ein Kind“ anzunehmen, um in dieses Reich zu kommen. Hier hat der Ausdruck „wie ein Kind“ (*hôs paidion*) gar nichts mit dem Verb „anzunehmen“ zu tun. Er beschreibt nicht, wie man das Gottesreich bekommen sollte, sondern wie bzw. was eigentlich das

---

225 Nachdem Jesus versprochen hat, dass „einige“ der Anwesenden das Reich Gottes „mit Kraft kommen“ sehen werden, bevor sie sterben (Mk 9,1). Zu Mk 9,1 vgl. Norman Perrin, *The Composition of Mark ix,1*, in: Novum Testamentum 11 (1969), 67–70; Enrique Nardoni, *A Redactional Interpretation of Mark 9:1*, in: Catholic Biblical Quarterly 43 (1981), 365–384.

226 Zu Mk 9,42–48 vgl. Paul J. Achtemeier, *An Exposition of Mark 9:37–50*, in: Interpretation 30 (1976), 178–182; Helmut Koester, *Mark 9:43–48 and Quintilian 8.3.75*, in: Harvard Theological Review 71 (1978), 151–153; Harry Fleddermann, *The Discipleship Discourse (Mark 9:33–50)*, in: Catholic Biblical Quarterly 43 (1981), 57–75; J. Duncan Derrett, *Mylos onikos (Mk 9:42 par.)*, in: Zeitschrift für die Neutestamentliche Wissenschaft 76 (1985), 284.

Gottesreich ist. Die Wendung „wie ein Kind“ sollte zuerst mit dem direkten Objekt (Akkusativ = das Reich Gottes) des Verbs verbunden werden und nicht mit dem Verb „annehmen“ selbst.[227] Das Reich Gottes erscheint also „wie ein Kind“. Es macht sich zugänglich in dieser Gestalt. Mit solch einem Leib. Ohne Rechte. Machtlos. Verwundbar. Unbeachtet. Noch nicht als „ganzer Mensch“ angesehen. Ich spreche hier aus der Perspektive der Antike. Jesus hat in Mk 9,36–37 „ein Kind“ (*paidion*) in die Mitte der Gruppe der Zwölf gestellt, um einen Streit, den diese Jünger gerade darüber geführt hatten, wer von ihnen der Größte sei, zu kritisieren. Und darum „nahm [Jesus] es [das Kind] in seine Arme and sagte zu ihnen: Wer ein solches Kind um meinetwillen aufnimmt, der nimmt mich auf; wer aber mich aufnimmt, der nimmt nicht nur mich auf, sondern den, der mich gesandt hat“, d.h. er nimmt mit dem Kind Gott und mit Gott auch sein Reich auf. Das ist aber genau das, was die Jünger nicht getan haben, als „Kinder zu ihm [gebracht wurden], damit er ihnen die Hände auflegte. Die Jünger aber wiesen die Leute schroff ab“ (10,13). Deshalb muss Jesus die Lektion noch einmal wiederholen: „Wer das Reich Gottes nicht so annimmt, wie er ein Kind annimmt, der wird nicht hineinkommen“ (10,15). Wer nicht versteht, dass das Gottesreich grundsätzlich eine Frage der Wertschätzung dessen ist, was sonst als „kein echter Mensch“ bzw. etwas „Unanständiges“ angesehen wird, wird leider immer draußen bleiben (müssen). Wer das aber versteht, befindet sich schon darin.[228]

Darum ist das nächste Thema in diesem Abschnitt des Markusevangeliums die Frage nach dem Reichtum und wie man mit ihm umgehen soll oder kann und muss, wenn man sich noch mit der Hoffnung beschäftigt, „das ewige Leben zu gewinnen“ (10,17) bzw. „in das Reich Gottes zu kommen“ (10,23). Die Antwort Jesu ist ziemlich klar: „Eines fehlt dir noch: Geh, verkaufe, was du hast, gib das Geld den Armen, und du wirst einen bleibenden Schatz im Himmel haben; dann komm and folge mir nach!“ (10,21). Das wäre ein Wirtschaftswunder anderer Art! Hier wird ein anderes Modell menschlicher Ökonomie vorgelegt.[229] Die Großzügig-

---

227 Der Satzbau im Griechischen spielt hier eine entscheidende Rolle.

228 Mit anderen Worten: Unser Wohlergehen ist daran zu messen, wie wir die Migranten und die sogenannten Verbrecher behandeln! Zu Mk 10,13–16 vgl. James L. Bailey, *Experiencing the Kingdom as a Little Child: A Rereading of Mark 10:13–16*, in: Word & World 15 (1995), 58–67.

229 Vgl. Leif E. Vaage, *Jesús-economista en el Evangelio de Mateo*, in: Revista de interpretación bíblica latinoamericana 27 (1997), 112–129; ders., *El Sermón del Monte: propuesta económica*, in: Revista de interpretación bíblica latinoamericana 30 (1999), 73–88; ders., *The Sermon on the Mount and the Morality of Money*, in: M. Douglas Meeks/Jürgen Moltmann/Frederick R. Trost (Hg.), Theology & Corporate Conscience:

keit durch die Pleite. Oder, umgekehrt, die Pleite als endgültige Befreiung.[230] So etwas ist sicher schwer zu glauben. Noch schwerer anzunehmen. Und fast traumhaft bzw. traumatisch, es wirklich zu tun. Gerade weil es so „irdisch, allzu irdisch" wirkt. In diesem Text kommt das Gottesreich weder aus dem Himmel noch aus der Zukunft, sondern hauptsächlich durch die zwischenmenschlichen Beziehungen, die wir selber im Alltagsleben dieser Welt gestalten. Darum hat das Gottesreich im Herzen des Markusevangeliums gar nichts mit der Apokalyptik zu tun, sondern es geht um die Möglichkeit, diese sozialen Verhältnisse zu verändern, um dadurch endlich eine neue Welt, die noch möglich ist, betreten zu können.

Deswegen war die Frage nach der Zeit des Gottesreichs – ob es schon fast gekommen war (Mk 1,15) oder dabei war zu kommen (Mk 9,1; 14,25) oder man noch darauf warten musste (Mk 15,43) – dem Evangelisten letztlich nicht sehr wichtig. Das einzige Thema, das ihm unverzichtbar erschien, hat mit den schon angedeuteten Praktiken der Solidarität, Offenheit und ökonomischen Großzügigkeit zu tun, denn „ihr habt allezeit Arme bei euch" (Mk 14,7). Deshalb ist das Reich Gottes in diesem Werk grundsätzlich eine Frage des (sozialen) Raums und nicht der Zeit. Es handelt sich außerdem um einen sozialen Raum, der weit entfernt von den in der antiken Welt „normalen" sozialen Praktiken war. So wird die Überzeugung des Evangelisten hervorgehoben, dass eine andere Welt nicht nur noch möglich, sondern auch dringend notwendig ist, obwohl sie wenig realistisch erscheinen mag, weil sie noch nicht realisiert worden ist.

Das Reich Gottes ist im Markusevangelium also kein apokalyptisches Konzept, das eine andere bzw. „göttlichere" Regierung mit dem echten König antizipiert, sondern dient dazu, ein anderes Modell für das alltägliche, zwischenmenschliche Leben auszuarbeiten. Ein alternatives „häusliches" Leben, welches letztlich ein neues „Zuhause" wäre.[231] So etwas ist

---

Essays in Honor of Frederick Herzog, Minneapolis 1999, 367–384; ders., *The Sermon on the Mount: An Economic Proposal*, in: Ross Kinsler/Gloria Kinsler (Hg.), God's Economy: Biblical Studies from Latin America, Maryknoll (NY) 2005, 127–151; ders., *The Economy, Stupid! The Teaching of Jesus in the Gospel of Matthew*, in: ders., Borderline Exegesis, University Park (PA) 2014, 55–91.

[230] Zu Mk 10,23–25 vgl. Ernst Best, *Uncomfortable Words: VII. The Camel and the Needle's Eye (Mark 10:25)*, in: Expository Times 82 (1970–1971), 83–89; Ched Myers, *Binding the Strong Man: A Political Reading of Mark's Story of Jesus*, Maryknoll (NY) 1988, 274–275.

[231] Vgl. S. Åalen, *„Reign" and „House" in the Kingdom of God in the Gospels*, in: New Testament Studies 8 (1961–1962), 215–40; Halvor Moxnes, *Putting Jesus in His Place: A Radical Vision of Household and Kingdom*, Louisville (KY) 2003; Leif E. Vaage, *En otra casa: el discipulado en Marcos como ascetismo doméstico*, in: Estudios Bíblicos 63 (2005) 1, 21–42; ders., *An Other Home: Discipleship in Mark as Domestic Asceti-*

es vielleicht auch, was die polnische Dichterin Wislawa Szymborska in ihrem (zuerst aus dem Polnischen ins Englische, dann hier aus dem Englischen ins Deutsche übersetzten) Gedicht *Kein Titel verlangt* hat ausdrücken wollen:

Zum Schluss handelt es sich um mich
unter einem Baum gesessen
am Ufer eines Flusses
im Morgenlicht.
Das Ereignis ist bedeutungslos,
wird nicht in die Geschichte eingehen.
Keine Schlacht. Kein Vertrag,
dessen Motive untersucht werden müssen.
Kein Tyrann, dessen Meuchelmord
Aufmerksamkeit verlangt.

Trotzdem sitze ich am Flussufer; das stimmt.
Und weil ich hier sitze,
muss ich von irgendwo gekommen sein,
und zuvor
muss ich an vielen anderen Orten aufgetaucht sein,
wie die Eroberer von Ländern
bevor sie in See stachen.

[…]

So ergibt es sich, dass ich bin und mich umschaue.
Über mir: ein weißer Schmetterling, der durch die Luft flattert.
Nur ihm gehören seine Flügel.
Und durch meine Hände fliegt ein Schatten.
Nur seiner. Kein anderer. Von keinem anderen.

Bei solch einem Anblick werde ich immer unsicher
ob das Wichtige
wichtiger ist als das Unwichtige.[232]

---

cism, in: CBQ 71 (2009) 4, 741–761; ders., *Earliest Christian Asceticism & the Early Christian Family*, in: Estudios Bíblicos 67 (2009) 2, 303–327.

232 Vgl. Wisława Szymborska, *No Title Required*, in: Miracle Fair: Selected Poems of Wisława Szymborska, übersetzt von Joanna Trzeciak mit einem Vorwort von Czesław Miłosz, New York-London 2001, 93–94.

Kapitel VI
(Ur) Christentum ohne Kirche? Was heißt Nachfolge Jesu im Markusevangelium?

Was ich in diesem Kapitel darzulegen versuche, ist sehr einfach, aber gleichzeitig grundlegend und deshalb vielleicht kompliziert oder verkomplizierend. Es geht um die Kirche bzw. Nachfolge Jesu im Markusevangelium. Was heißt das, nachdem die bekannte Welt schon zugrunde gegangen ist? Gibt es so etwas noch? Die Argumentation dieses Kapitels wird sich in drei Schritten entfalten. Beim ersten Schritt handelt es sich um „erste Erfahrungen“ im Bereich des ekklesiologischen Denkens, was noch einige weitere Erklärungen bezüglich des Hauptthemas des vorangehenden Kapitels und der Möglichkeit eines tatsächlichen Vollzugs der Nachfolge Jesu im Markusevangelium einschließt. Der zweite Schritt enthält eine bestimmte Negation. Und schließlich wird der dritte Schritt eine andere Möglichkeit für den Inhalt des Begriffes „Kirche“ bzw. „Nachfolge Jesu“ im Markusevangelium aufzeigen.

Mit anderen Worten, der erste Schritt der Argumentation dieses Kapitels ist ein Versuch, meine eigenen ekklesiologischen Karten auf den Tisch zu legen. Was habe ich im Kopf oder im Herzen, wenn ich von der Kirche und der Nachfolge Jesu spreche? Der zweite Schritt soll erklären, warum ich glaube, dass im Markusevangelium die Mitglieder der Gruppe der Zwölf, vor allem Petrus, keine beispielhaften Vertreter für die Nachfolge Jesu darstellen können. Dem Evangelisten zufolge haben sie schon seit langem jeden Anspruch darauf verloren. Der dritte Schritt soll deswegen hervorheben, dass es im Markusevangelium eine Reihe anderer Menschen gibt, die sehr gut verstanden haben, worum es bei Jesus geht. Darum können sie das, was wir jetzt „Kirche“ nennen, am besten vertreten. In diesem Fall aber werden wir schon die Grenze zu einer neuen Welt überschritten haben.

1. Erste Erfahrungen

Meine Frau (Susan Slater) war dabei, als ich die Vorlage für das letzte Kapitel als Vorlesung vorgetragen habe. Nach der Vorlesung hat sie mir zugestanden, dass ich wahrscheinlich (wie immer) Recht gehabt, aber mich (wie immer) auch etwas falsch ausgedrückt habe. So ist es, wenn man im Reich Gottes leben will. Man muss jeden Tag bereit sein, seine eigene Meinung neu entstehen zu lassen. Zum Beispiel habe ich früher von der Leidensgeschichte Jesu im Markusevangelium als einer Erzählung von „radikaler Endlichkeit“ gesprochen. Das schließt auch die Erzählung von der Auferstehung Jesu ein: „Er ist auferstanden (bzw. auferweckt worden): er ist nicht (mehr) hier“ (16,6). Diese Erfahrung schließt auch die apokalyptische Hoffnung ein, dass Jesus als Menschensohn bald „zur Rechten der Macht“ sitzen wird (14,62). Als ob Jesus als Menschensohn die radikale Endlichkeit seines eigenen Todes und Begräbnisses, die auch die sogenannte Auferstehung bzw. ein endgültiges Verschwinden umfasst, irgendwie überstehen oder umgehen könnte oder sollte. Aber dann hätte er keine wirklich radikale Endlichkeit erlebt. Und darum habe ich gemeint, dass auch die in Mk 13,24–27 und 14,62 von Jesus selbst geäußerte Hoffnung, bald als Menschensohn im Himmel eingesetzt zu werden, auf der Ebene der Erzählung des Markusevangeliums am Kreuz zu ihrem „radikalen Ende“ kommt. Darum hat die Frage, wie man *jetzt*, unter solchen Umständen, in das Gottesreich eintreten soll, mit der Erfahrung einer radikalen Endlichkeit der Hoffnung zu tun.

Es gibt drei „Lehrsätze“ aus der Volksweisheit Perus, die uns vielleicht helfen können, genauer zu erklären, was ich im letzten Kapitel habe sagen wollen, als ich geschrieben habe: Die Apokalypse ist im Markusevangelium schon vorbei. Dieser Satz bedeutet selbstverständlich: Wenn man noch in das Reich Gottes kommen will, muss man einen anderen Weg gehen, der nicht mehr apokalyptisch oder eschatologisch sein sollte. Denn in das Gottes Reich zu kommen bedeutet, sich eines ewigen, erfüllten, befriedigenden Lebens nicht nur im Himmel, sondern auch auf der Erde erfreuen zu können, wie viele von uns zu beten gelernt haben: „wie im Himmel, so auf der Erde“ (Mt 6,10).

Der erste peruanische Lehrsatz ist: „No hay que dejarse llevar por el miedo.“ Man soll sich nicht von der Angst bzw. Furcht oder vom Schrecken leiten lassen. Das ist aber genau das, was im Markusevangelium zuerst die Mitglieder der Gruppe der Zwölf tun und zuletzt auch die Frauen, die zum Grab Jesu gegangen sind, getan haben. Darum können diese Menschen dem Evangelisten zufolge kein Vorbild für die Nachfolge Jesu sein – eine Behauptung, die ich bald beweisen werde. Diese Menschen sind im Markusevangelium von der „radikalen Endlichkeit“ des Apokalyptischen entweder zu tief ergriffen bzw. paralysiert oder fasziniert, um sich anders bewegen zu können, als sich auf die Flucht zu begeben. Sie wurden alle letzten Endes von Panik erfasst und haben sich dadurch schließlich in die gewohnte Sicherheit eines vollkommenen Verlustes, die die Hoffnungslosigkeit ist, zurückgezogen.

Der zweite peruanische Lehrsatz ist: „Ya pasó." „Es ist schon vorbei." So sagt man im peruanischen Alltag, um z.B. Kinder nach einem schlechten Erlebnis zu trösten, um sie zu beruhigen. Ich erinnere mich daran, wie oft ich mich irritiert fühlte, als ich diesen Satz immer wieder hören musste, wenn jemand aufgemuntert oder dazu ermutigt werden sollte, nicht beim Traumatischen zu bleiben. Wie es für Norweger typisch ist, dachte ich: „So leicht kann es nicht sein."[233] Und so leicht war es sicher nicht. Aber irgendwann muss man das, was im Leben „apokalyptisch" passiert ist, loszulassen versuchen, um auf dem Weg zu einem „guten" Leben weiterzugehen. „Es ist schon vorbei." Es mag auch sein, dass es noch nicht völlig erklärt oder gründlich behandelt oder in Ordnung gebracht worden ist, aber es muss schon irgendwann vorbei sein, damit man etwas anderes erleben kann. Wichtiger als immer Recht zu haben ist, nicht weiter dadurch befangen bzw. darin gefangen zu bleiben.

Der dritte peruanische Lehrsatz ist: „Que no se amargue la vida." Man soll sich das Leben nicht vermiesen lassen. So etwas passiert sehr leicht. Und dann wird die Apokalypse nie vorbei sein. Nach dem Scheitern, dem Krieg, dem Kollaps, der Apokalypse, dem Ende der Geschichte ist das Leben sicher schwer und noch oft gefährlich. Aber das Leben ist nicht vorbei. Es bleibt bestehen. Es ist noch da. Es gibt noch die Möglichkeit weiterzugehen. Man muss sie aber ergreifen. Man muss sich angesichts dieser Möglichkeit „öffnen" lassen. Sonst kommt man nie in das übriggebliebene Leben hinein.

Den Aussagen über das Gottesreich, die sich in der Mitte des Markusevangeliums befinden, zufolge, kann man einen solchen Zustand nur erreichen, wenn man sich auf eine bestimmte Weise verhält. Oder besser gesagt, wenn man auf einem bestimmten Lebensweg geht. Und zwar auf dem, der „nicht oft beschritten" (Robert Frost) worden ist. Diese Wahrheit hat auch Julia Esquivel, eine Dichterin aus Guatemala, in ihrem Gedicht *Sie haben uns mit Auferstehung bedroht* (oder: Ihre Auferstehung hat uns bedrängt = Nos han amenazado de resurrección) zum Ausdruck gebracht.

---

[233] Auf Norwegisch sagt man: „Det er ikkje så lett."

Was uns nicht ausruhen lässt, Bruder,
das ist nicht der Lärm auf der Straße,
das sind nicht die Schreie der jungen Leute, die besoffen aus dem „Sankt Pauli“ torkeln,
das ist nicht der Krach derer, die aufgeregt vorbeigehen
zum Gebirge.

Was uns nicht schlafen lässt,
was uns nicht ausruhen lässt,
was hier drinnen
zu schlagen nicht aufhört,
das ist die stille, warme Klage
der Indianerinnen ohne ihre Männer, das ist der traurige Blick der Kinder,
der starr auf etwas jenseits der Erinnerung gerichtet ist,
selbst in der Pupille unserer Augen,
die beim Schlafen geschlossen
Wache stehen
bei jeder Diastole
bei jeder Systole
bei jedem Aufwachen.

Jetzt sind uns sechs verlorengegangen,
und neun in Rabinal, und zwei, plus zwei, plus zwei,
und zehn, und hundert, und tausend,
wie ein ganzes Heer
Zeuge unseres Schmerzens
unserer Angst, unserer Kraft,
unserer *Hoffnung*!

Was uns nicht schlafen lässt,
das ist:
Sie haben uns mit Auferstehung bedroht!
Denn bei jedem Zunachten,
schon erschöpft aus den Schlachten,
die seit 1954 kein Ende haben,
lieben wir doch noch das Leben
und akzeptieren ihren Tod nicht!

Sie haben uns mit Auferstehung bedroht,
denn wir haben ihre Körper,

die sich nicht bewegen,
berührt, und ihre Seelen
sind in unsere eigene eingedrungen,
die jetzt doppelt so stark ist,
denn in diesem Marathon der Hoffnung
gibt es immer andere, die uns ablösen,
die die Kraft tragen,
um das Ziel zu erreichen
jenseits des Todes.

Sie haben uns mit Auferstehung bedroht,
weil es ihnen nicht möglich sein wird,
uns wegzunehmen
ihre Körper
ihre Seelen
ihre Kräfte
ihren Geist
ihren eigenen Tod
und noch weniger ihr Leben.
Denn sie leben
heute, morgen und immer
in der Straße, die mit ihrem Blut getauft wurde,
in der Luft, die ihren Schrei aufnahm,
in dem Dschungel, der ihre Schatten verbarg,
in dem Fluss, der ihr Lachen aufnahm,
in dem Meer, das ihre Geheimnisse bewahrt,
in den Kratern der Vulkane,
der Pyramiden des Morgengrauens,
die ihre Asche schluckten.

Sie haben uns mit Auferstehung bedroht,
weil sie mehr denn je noch leben, weil sie unsere Qualen bevölkern,
unseren Streit bereichern,
weil sie uns hochziehen, wenn wir hinfallen,
weil sie sich wie Riesen erheben
vor der Angst der verrückten Gorillas.

Sie haben uns mit Auferstehung bedroht,
weil sie das Leben nicht kennen (die Armen!).

Das ist der Wirbelsturm,
der uns nicht schlafen lässt,
der Grund, warum wir, eingeschlafen, Wache stehen
und wach träumen.

Nein, es sind nicht die Geräusche der Straße,
nicht die Schreie der Betrunkenen aus dem „Sankt Pauli",
nicht der Jubel der Sportler. Es ist der innere Zyklon eines Streits der Farben,
der diese Wunde des Quetzal heilen soll,
der in Ixcán abgeschossen wurde.
Es ist das Erdbeben, das sich nähert,
um die Welt zu erschüttern
und alles wieder in Ordnung zu bringen.

Nein, Bruder, es ist nicht der Lärm auf der Straße,
der uns nicht schlafen lässt.

Begleite uns bei dieser Wache
und du wirst erfahren, was träumen heißt.
Dann wirst du das Wunder erfahren,
mit Auferstehung bedroht zu leben!
Wach zu träumen,
schlafend Wache zu stehen,
sterbend zu leben,
und sich schon
auferstanden zu wissen![234]

Dieses „Mit-Auferstehung-bedroht-Leben" bzw. *Jetzt*-in-das-Gottesreich-Eintreten könnte man auch als Modell für die Nachfolge Jesu im Markusevangelium verstehen. Darum findet sich die zweite Gruppe von Texten, die in diesem Werk das Thema „Gottesreich" als Frage des Raums bzw. des Eintretens und des Draußenbleibens thematisieren, im zentralen Abschnitt des Markusevangeliums, wo Jesus hauptsächlich über die Nachfolge spricht. Und so wenden wir uns dem Hauptthema dieses Kapitels zu, nämlich: Was heißt Nachfolge Jesu im Markusevangelium? Wohin bzw. auf welchen Weg führt diese „Auswanderung heimwärts"? Mit

[234] Vgl. Julia Esquivel, *Threatened with Resurrection/Amenazado de Resurrección: Prayers and Poems from an Exiled Guatemalan*, Elgin (IL) 1982, 58–63.

anderen Worten: Wie lernt man von Jesus im Markusevangelium, in das Reich Gottes zu kommen? Wer in diesem Werk besteht oder übersteht die letzte Prüfung in diesem „Fach“ des vollkommenen Lebens?

Das Thema „Nachfolge Jesu“ ist aber gleichzeitig auch das Thema „Kirche“. Und beim Thema „Kirche“ kann und wird fast alles aufs Tapet kommen. Trotzdem stehe ich hier, mitten in einem Buch über das Markusevangelium aus amerikanischer Perspektive, zwischen einem Anfang, der vom Trauma geprägt wurde, und einem Schluss, der die Befreiung, die noch ausbleibt, beschreiben soll, und ich kann nicht anders: Ich muss im Folgenden auch das Thema „Kirche“ angehen. Gott sei Dank kommen bald Männer und Frauen aus dem Markusevangelium, die „schön wie der Morgen“ sind und „französisch heitres Tageslicht“ in diese Finsternis bringen können. So fragen wir noch einmal ermutigt: Was heißt Nachfolge Jesu bzw. Kirche in diesem Werk? Das Thema ist ein „enger“ Bereich, in dem die vielen Interessen, die das Thema „Kirche“ betrifft, zu ihrem Recht kommen müssen. Und das Markusevangelium scheint mir schon – kurz und sicher schlecht gesagt – von einem Modell der Kirche „die Nase voll“ zu haben, das wir sehr oft – sowohl historisch als auch theologisch – als *das* Modell *der* Kirche betrachten.[235]

Zu Hause in Kanada an der theologischen Fakultät, an der ich arbeite, habe ich vor einigen Jahren ein Seminar für Professoren angeregt und geleitet, dessen Titel *Teaching Theology After the Church* lautete. Die Hauptfrage des Seminars war: Was bedeutet es für uns, eine Gruppe von Professoren, die sich beruflich mit dem Thema „theologische Ausbildung“ beschäftigen, Theologie zu treiben? Was ist Theologie für uns eigentlich? Und wie kommt dieses Verständnis im Unterricht als pädagogische Methode vor?

Die Präzisierung „after the church“ ist ein Ausdruck, der zweideutig sein soll. Auf der einen Seite bedeutet er „der Kirche nach“ oder „der Kirche zufolge“. Auf der anderen Seite bedeutet er – das ist aber die Bedeutung, die man in erster Linie mit dem Ausdruck „after the church“ verbindet – „wenn die Kirche vorbei ist“. Oder: wenn die Kirche der Vergangenheit angehört, weil sie nicht mehr „wirklich“ oder lebenswichtig ist.

Sehr schnell wurde mir klar, dass es für ungefähr die Hälfte derjenigen, die an meiner theologischen Fakultät angestellt sind, sehr schwer

[235] Wenn wir diesen ekklesiologischen „Teufel“ unter den vielen exegetischen Einzelheiten des Markusevangeliums – „Der Teufel liegt im Detail“ – dort liegen lassen können – „Keine schlafenden Hunde wecken“ –, wird es vielleicht noch möglich sein, auf diesem Weg weiterzugehen.

sein würde, sich mit dem Begriff Theologie ohne die Institution Kirche zu beschäftigen. Und für die andere Hälfte von uns würde es nicht nur leichter, sondern unbedingt notwendig sein, das Gegenteil annehmen zu können, nämlich die Möglichkeit einer „christlichen" Theologie, die mit dieser Institution „Kirche" bzw. den Kirchen des „Christentums" nicht wesentlich verbunden ist. Für die einen war es, als ob die Reihe theologischer Hauptbegriffe Jesus – Evangelium – Gottesreich – Nachfolge undenkbar oder sinnlos wäre, wenn man nicht gleichzeitig die Institution Kirche bzw. Gemeinde oder eben Gemeinschaft in Betracht zieht. Als ob es noch keine christliche Wahrheit *extra ecclesiam* geben könnte. Dass im Grunde keine echte Theologie außerhalb der Kirche existieren könnte. Für die anderen war es aber, als ob die Theologie als irgendeine „reine" Wissenschaft ohne größeres Publikum sollte weiterleben können. Als ob das berufliche „Reden von Gott" gerechtfertigt oder bestätigt bzw. weiter finanziert werden könnte, weil es einen eigenen, selbständigen Wert hat. Bis heute ist diese Debatte noch nicht abgeschlossen.

Dasselbe Problem stellt sich der Bibelwissenschaft beim Thema „Urchristentum und Neues Testament". Ist der Begriff „Kirche" einfach eine unbedingt notwendige Voraussetzung für die historische Erforschung der urchristlichen Literatur oder nur als mögliches Ergebnis der Untersuchung zu verstehen? Was für eine Gemeinde bzw. Gemeinschaft muss man als ursprüngliche Leserschaft für einen Text wie das Markusevangelium voraussetzen, um das Anliegen des Werkes richtig beschreiben zu können? Aber warum muss man so etwas überhaupt voraussetzen? Warum sollte man davon ausgehen, dass alle urchristlichen Schriften mit irgendeinem „Gemeindeleben" in Verbindung standen?

Noch eine Frage: Wenn wir uns dogmatisch zu der „einen, heiligen, katholischen und apostolischen Kirche" bekennen, was meinen wir damit eigentlich? Das habe ich mich selber vor kurzem aus irgendeinem Grund gefragt. Da gab es in mir eine große Überraschung! Ich bin irgendwie noch ein echter Lutheraner, der, wenn überhaupt, dann prinzipiell an eine *communio sanctorum invisibilis* glaubt, d.h. an eine unsichtbare Kirche. An eine Kirche, die der mystische Leib Christi sein sollte. An eine „wahre" Kirche, die unantastbar sein sollte, d.h. an eine übermenschliche, unbegreifliche Versammlung der endlich befreiten Menschheit zusammen mit der ganzen Schöpfung. Was für eine Gemeinschaft oder Bewegung aber soll das sein? Gibt es so etwas auf der Erde?

1983 nahm ich in Vancouver, British Columbia, Kanada, an der Vollversammlung des Ökumenischen Rats der Kirchen teil. Das Hauptthema dieser Versammlung war *Die Kirche und die Welt*. Auf irgendeiner Empore in irgendeinem Saal saß ich und hörte der Debatte zu. Durch das Fenster hinter mir schien, warm und hell, die Sonne herein. Und aus mehr als einem Grund war ich dabei einzuschlafen. Dann stand jemand da unten plötzlich auf. Es war der Patriarch einer der orthodoxen Gruppen. Er sagte in Bezug auf die bisherige Diskussion und damit auch auf das Hauptthema der Versammlung: „Wir haben keine Ahnung, worum es hier geht. Für uns [die Orthodoxen] existiert die Kirche einfach noch nicht, bis Christus endlich ‚alles und in allen' ist." Für die Orthodoxen sei die Kirche ein eschatologisches Ereignis. Etwas, das es noch nicht geben könne, bis die neue Welt der Endzeit Wirklichkeit geworden sei. Etwas, das bisher nur in der Hoffnung existiere.

Irgendwann nach dieser Erfahrung hat mir jemand in Peru von einer Studie über die Basisgemeinden in der Hauptstadt Lima erzählt, in der nachgewiesen wurde: Je weiter entfernt von der Kirche, d.h. dem Hauptgebäude des Pfarrbezirks eine Basisgemeinde lag, desto lebendiger war das Gemeinschaftsleben dieser Gruppe. Die Studie war rein soziologisch bzw. sozioanthropologisch, wurde aber von bestimmten (katholischen) Theologen sehr geschätzt.

Selbstverständlich bin ich von diesen (und auch anderen) „ersten Erfahrungen" im Bereich der Ekklesiologie beeinflusst und geprägt, wenn ich jetzt versuche, das Markusevangelium aus ekklesiologischer Perspektive auszulegen. Zugleich aber müssen dieselben Erfahrungen nicht immer oder nicht unbedingt die folgende Auslegung des Markusevangeliums bestimmen oder durch meine Interpretation „bestätigt" werden. Hoffentlich ist es auch möglich, ab und zu neue exegetische Erfahrungen in diesem Bereich zu machen. Ich setze hier voraus, dass das Thema „Kirche" ein weites Feld sein kann, auf dem wir noch andere Erfahrungen machen können.

2. *Ist die Nachfolge Jesu im Markusevangelium überhaupt möglich?*

Zuerst aber muss man fragen, ob es überhaupt möglich ist, die Nachfolge Jesu im Sinne des Markusevangeliums zu praktizieren. Oder ob der Übermensch von Nazareth ein so außerordentliches Wesen ist, dass er nicht nachgeahmt werden kann. Auf jeden Fall glaube ich nicht, dass der Evangelist ein echter Lutheraner *avant la lettre* war, der meinte, dieses Ziel sei in der Tat nie erreichbar, trotzdem müsse es immer wieder versucht werden, damit man erlebe, wie schwach die Menschheit ist, um die

Gnade Gottes an der Grenze des Menschenmöglichen entdecken zu können.

Nein, es gibt keinen Grund zu bezweifeln, dass es der Evangelist ernst gemeint hat, als er direkt nach dem Bekenntnis von Petrus und seiner Zurechtweisung durch Jesus schrieb: „Er [Jesus] rief die Volksmenge und seine Jünger zu sich und sagte: Wer mein Jünger sein will“, der muss dies und jenes tun (Mk 8,34–38). Es gibt keinen Grund zu bezweifeln, dass die Berufung von Simon und Andreas, Jakobus und Johannes am Anfang des Werkes (Mk 1,17.19) eine Möglichkeit darstellt, die sich die Leser des Textes vorstellen sollen als Möglichkeit, die auch sie ergreifen können. Und das, was die Männer sofort getan haben, um ihrer Berufung zu folgen, nämlich: „Sogleich ließen sie ihre Netze liegen und folgten ihm“ (1,18); „[...] und sie ließen ihren Vater Zebedäus mit seinen Tagelöhnern im Boot zurück und folgten Jesus nach“ (1,20), wurde vom Evangelisten als die richtige Antwort auch zu seiner Zeit verstanden.

Später im Markusevangelium fragt Petrus Jesus, ob es sich eigentlich lohnt, die Nachfolge anzutreten, wenn es so schwierig ist, in das Gottesreich zu kommen. Auf diese Frage antwortet Jesus: „Amen, ich sage euch: Jeder, der um meinetwillen und um des Evangeliums willen Haus oder Brüder, Schwestern, Mutter, Vater, Kinder oder Äcker verlassen hat, wird das Hundertfache dafür empfangen: Jetzt in dieser Zeit wird er Häuser, Brüder, Schwestern, Mütter, Kinder und Äcker erhalten, wenn auch unter Verfolgungen [*meta diôgmôn*], und in der kommenden Welt das ewige Leben“ (Mk 10,29–30). Deutlich soll im Markusevangelium außer Zweifel bleiben, dass die Nachfolge Jesu der Mühe wert ist, sowohl damals als auch zur Zeit des Evangelisten.

Auch bezieht sich die Fragestellung eindeutig auf eine bestimmte Sozialpraxis. Man stellt hier keine „theoretische“ Frage, z.B. was für ein ontologischer Horizont dadurch erkennbar wird, sondern es geht hier darum, wie man sich im Alltagsleben verhalten soll. Deshalb ist das Thema der Nachfolge Jesu im Markusevangelium kein schlechter Witz, kein schöner Traum, keine „gute Idee“, sondern eine ganz konkrete Herausforderung – ein *Ou Topos*, wie Heiner Geißler geschrieben hat[236] –, die darin besteht, einen bestimmten Weg im Leben zu gehen, um ein bestimmtes sozialpolitisches Projekt durchzuführen, ohne dessen Erfolg schon im Voraus gesichert zu wissen.

Dieser Mangel an Sicherheit oder an einem vorher feststehenden Re-

---

236 Vgl. Heiner Geißler, *Ou Topos: Suche nach dem Ort, den es geben müsste,* Reinbek 2010.

sultat der Nachfolge Jesu, ist vielleicht der Hauptgrund dafür, dass nicht wenige (insbesondere evangelische?) Ausleger des Markusevangeliums geglaubt haben, die Nachfolge Jesu sei in diesem Text überhaupt nicht möglich. Sie sei einfach zu anstrengend für die meisten, sozusagen normalen, Menschen! Man bekomme auch kein Versprechen, dass so viel Anstrengung letztlich zu einem guten Ende führt! Sich auf so etwas ohne irgendein Sicherheitsnetz einzulassen, könne sehr schnell lebensgefährlich sein. Und zweifelsohne ist es so! Die Nachfolge Jesu wird im Markusevangelium oft als lebensgefährliche Sozialpraxis dargestellt. Denn es handelt sich dabei um das Leben oder Nicht-Leben, um das Tote oder das Lebendige. Wie soll man sein Leben führen, fragt der Evangelist, damit es nicht nur ein lebendiger Tod bleibt (siehe z.B. Mk 8,35–37)? Wie kann man „das Leben" zurückbekommen? Wie tritt man in „das Leben" ein? Mit anderen Worten: Wie wird man sich endlich darüber klar, dass das gewöhnliche Alltagsleben kein echtes Leben darstellt, sondern nur ein langsames Sterben, ein taubes, stummes, lahmes Benutzt- und Besessenwerden?[237]

Weil das gewöhnliche Alltagsleben im Markusevangelium kein richtiges Leben darstellt, muss man, um Jesus nachfolgen zu können und mit ihm in das Gottesreich einzutreten, um das eigene Leben irgendwie zu retten, unter anderem die Familie verlassen, wenn man nicht schon sowieso als gesellschaftlicher Außenseiter ohne Familie lebt. (Auf dieses Thema werde ich gleich zurückkommen.) Das Erste, was Jesus nach dem Prolog im Markusevangelium tut, ist deshalb, seine ersten vier Nachfolger – Simon und Andreas, Jakobus und Johannes – aus ihrem familiären Betrieb herauszurufen bzw. herauszureißen. Und später, als Petrus Jesus daran erinnert: „Wir haben alles verlassen und sind dir nachgefolgt", antwortet Jesus zuerst mit den Worten: „Jeder, der um meinetwillen und um des Evangeliums willen Haus oder Brüder, Schwestern, Mutter, Vater, Kinder oder Äcker verlassen hat [...]" (Mk 10,29), als ob es selbstverständlich wäre, dass „alles verlassen", um Jesus nachzufolgen, bedeutet, Haus und Eigentum, Eltern, Geschwister und Nachkommenschaft hinter sich zu lassen, von sich zu werfen, beiseitezuschieben. Im Markusevangelium nimmt auch Jesus selber diesen notwendigen Abschied von der eigenen Familie. Seine eigene Familie ist bald der Meinung, dass der Sohn und Bruder völlig „verrückt" geworden ist. „Die Seinen" kommen nach Kapernaum, nachdem sie gehört haben, dass er wieder einmal da ist,

---

[237] Mit anderen Worten: der gewöhnliche Alltag als modernes Übungsfeld für jede Art von Dämonen.

um ihn abzuholen und wieder nach Hause zu bringen, damit er der Familie keine Schande mehr machen kann (Mk 3,20–21). Auf diese Weise wird deutlich gemacht, dass „die Seinen" keine Ahnung haben, wer Jesus eigentlich ist und was er vor sich hat. Deswegen sagt Jesus, als „seine Mutter und seine Brüder" auf der Straße vor seinem Haus in Kapernaum stehen und ihn rufen lassen: „Wer ist meine Mutter, und wer sind meine Brüder? Und er blickt auf die Menschen, die im Kreis um ihn herumsitzen, und sagt: Das hier sind meine Mutter und meine Brüder! Wer den Willen Gottes erfüllt, der ist für mich Bruder und Schwester und Mutter" (3,33–35).

Es ist daher kein Wunder, dass Jesus, als er später „in seine Heimatstadt" zurückkehrt (6,1), nicht wohlwollend von den Seinen und den Nachbarn aufgenommen wird. Nicht ohne Recht fragen die Menschen: „Woher hat er das alles? Was ist das für eine Weisheit, die ihm gegeben ist! […] Ist das nicht der Zimmermann, der Sohn der Maria und der Bruder von Jakobus, Joses, Judas und Simon? Lebt nicht seine Schwester hier unter uns? Und sie nahmen Anstoß an ihm und lehnten ihn ab" (6,2–3). Jesus zieht aus dieser Erfahrung die logische Schlussfolgerung (die dann von der eigenen Familie und den Nachbarn als schamlos verstanden worden wäre): „Nirgends hat ein Prophet so wenig Ansehen wie in seiner Heimat, bei seinen Verwandten und in seiner Familie" (Mk 6,4). Darum muss man im Markusevangelium die eigene Familie verlassen, um Jesus nachfolgen zu können und mit ihm in das Gottesreich einzutreten.[238]

Es ist genau das, was z.B. der reiche Mann (der im Markusevangelium kein junger Mensch ist; vgl. Mt 19,20) letztlich nicht tun kann: „Als sich Jesus wieder auf den Weg machte, lief ein Mann auf ihn zu, fiel vor ihm auf die Knie und fragte ihn: Guter Meister, was muß ich tun, um das ewige Leben zu gewinnen? Jesus antwortete: Warum nennst du mich gut? […] Du kennst doch die Gebote […] Er erwiderte ihm: Meister, alle diese Gebote habe ich von Jugend an befolgt" (10,17–20). Die letzte Behaup-

---

[238] Bei der Familie im Altertum ging es nicht in erster Linie um die Verwandtschaft oder intime, gefühlsbetonte, grundlegende Beziehungen, sondern prinzipiell um Ökonomie und Politik, d.h. darum, wie man das physische Überleben der Gruppe und das soziale Miteinanderleben an einem bestimmten Ort am besten ermöglichen, gestalten und in der Zukunft sichern könnte. Die Familie als *oikos* bzw. *domus*, als Hof und Haushalt, war deshalb der Grundstein der verschiedenen kollektiven Entwürfe, die dies in der Antike möglich machen sollten. Die Familie war im Altertum sozusagen das „Alltagssystem", auch bei den Juden in Palästina. Was wir heute als Staat bezeichnen, hieß *mutatis mutandis* im Altertum einfach Familie. Um Jesus im Markusevangelium nachzufolgen, sollte man aus diesem Alltag heraustreten und darum die Familie verlassen und dadurch prinzipiell zum sozialen Außenseiter werden.

tung wird von Jesus weder verneint noch in Frage gestellt. (Der Evangelist war eindeutig kein echter Lutheraner.) Es ist bemerkenswert, gleich im nächsten Satz zu lesen: „Da sah ihn Jesus an und liebte ihn“ (10,21: *êgapêsen auton*). Eigentlich ist der Mann so, wie ein „guter Mensch“ sein sollte. Und Jesus hat im Markusevangelium kein Interesse daran, das in Frage zu stellen.

Der Mann war einfach erfolgreich. Er hatte sich als (jüdischer) Mensch voll und ganz verwirklicht. Er war im besten Sinne des Wortes „etabliert“. Moralisch vollkommen, religiös ohne Fehl und Tadel. Ein ganzer Kerl, der schon alles gemacht hatte, was damals von einem anständigen Mann erwartet wurde. Jesus gibt das zu. Und nicht nur das, sondern Jesus lobt den Mann auch. Jesus erkennt seine Leistungen an. Noch einmal: „Er sah ihn an und liebte ihn“ (10,21). Und trotzdem – oder gerade deshalb – „sagte er [Jesus zu diesem Mann]: Eines fehlt dir noch. Geh, verkaufe, was du hast, gib das Geld den Armen, und du wirst einen bleibenden Schatz im Himmel haben; dann komm und folge mir nach!“ (10,21). Um Jesus im Markusevangelium nachfolgen zu können, muss man alles, was normalerweise zu einem erfolgreichen menschlichen Leben gehört – die gute Erziehung, die besondere Bildung, die guten Beziehungen – irgendwann aufgeben. Es ist deshalb keine Überraschung und fast selbstverständlich, dass der Mann „betrübt [wurde], als er das hörte“, und er „ging traurig weg; denn er hatte ein großes Vermögen“ (10,22), d.h. er war ein sehr respektierter, hoch angesehener Mann.

Der arme (reiche) Mann hatte vielleicht Recht, der Aufforderung Jesu letztlich nicht nachzukommen. Es wäre einfach unverantwortlich für ihn gewesen. Dass er aber traurig wegging, ist auch ein Zeichen dafür, dass er Jesus gut verstanden hatte. Die Nachfolge Jesu, die dem Markusevangelium zufolge in das Gottesreich führen soll, „um [dort] das ewige Leben zu gewinnen“ (Mk 10,17), muss „gemacht“ werden, d.h. praktiziert werden. Nur so stellt sie eine Lebensoption dar.

3. Die Gruppe der Zwölf ist kein gutes Beispiel für die Nachfolge Jesu!

Im Matthäus- und im Lukasevangelium stellt die Gruppe der zwölf Jünger Jesu, die Jesus selber auserwählt und berufen hat, den apostolischen Grundstein der Kirche dar.[239] Im Matthäus- und im Lukasevangelium

[239] Das Konzept ist in beiden Evangelien ähnlich, aber die Menschen sind nicht immer die gleichen.

wird deshalb die ursprüngliche Nachfolge Jesu, die uns auch im Allgemeinen als historische Erinnerung geläufig ist, so verstanden. Das Matthäus- und das Lukasevangelium machen die Gruppe der Zwölf zu dem Modell, das bis heute unsere ekklesiologischen Vorstellungen zu bestimmen scheint. Auf das Markusevangelium trifft das aber meines Erachtens nicht zu. Die Zwölf sind in diesem Werk überhaupt keine Heldenfiguren. Sie vertreten das Projekt Jesu am Ende der Erzählung nicht (mehr).

Es kann gut sein, dass eine solche Gruppe tatsächlich, d.h. historisch vor dem Ersten Jüdischen Krieg die urchristliche Kirche in Jerusalem geleitet hat, wenn wir z.B. die Beschreibung dieser Gemeinde durch Paulus in seinem Galaterbrief (1,13–2,14) als Beweis dafür betrachten können. Eigentlich muss man von einer solchen Situation ausgehen, um die große Polemik im Markusevangelium bezüglich dieser Gruppe zu erklären. Aber man darf auch nicht ignorieren, wie diese Gruppe in demselben Werk beschrieben wird. Kurz gesagt: Die Zwölf werden hier als unzuverlässige Zeugen der Sache Jesu dargestellt, d.h. – vor allem Petrus (vgl. 16,7) – als „Taugenichtse“ im Bereich der Nachfolge Jesu.

Diese Behauptung wird selbstverständlich bestritten. Nicht alle Bibelwissenschaftler werden diese Auffassung teilen. Normalerweise wird aber die Behauptung nicht auf der Grundlage exegetischer Argumente, die spezifisch mit dem Markusevangelium zu tun haben, in Frage gestellt, sondern hauptsächlich auf der Grundlage ekklesiologischer Voraussetzungen bzw. erster Erfahrungen in diesem Bereich der Theologie. Denn niemand bezweifelt, dass die Darstellung der Gruppe der Zwölf im Markusevangelium „problematisch“ ist. Jeder Leser des Werkes erkennt, dass die Gruppe der Zwölf im Markusevangelium auf eine seltsame oder kritische Weise dargestellt wird. Trotzdem versucht man *ad nauseam* weiterhin, diese Darstellung nicht als Abweisung oder Verleumdung der Gruppe der Zwölf zu verstehen, sondern als Schilderung der Schwierigkeiten oder der Herausforderungen bei der Nachfolge Jesu. Aus einer Beschimpfung, die sonst „schwer zu verstehen“ sei, hofft man, eine theologische Tugend machen zu können. Wie man aber nach Shakespeare sagt: „Methinks thou dost protest too much.“

Betrachten wir jetzt die Texte aus dem Markusevangelium, die für die Frage exegetisch wichtig sind. Am Anfang des Werkes machen die Zwölf eigentlich alles, was von einem Nachfolger Jesu erwartet wurde. Zum Beispiel verlassen sie ihre Familien. Gleich nach dem Prolog verlassen Simon (Petrus) und Andreas, Jakobus und Johannes ihren familiären Betrieb und Letztere auch ihren Vater, um Jesus sofort nachzufolgen (Mk

1,16–20; vgl. 3,20–21.30–35; 6,1–6a; 10,29). Aber schon in Mk 4,1–32 verstehen die Mitglieder der Gruppe der Zwölf die Gleichnisse Jesu genauso wenig wie die anderen, die Jesus auch begleiten. Trotzdem bekommen die Zwölf im Unterschied zu den anderen nach dieser Vorlesung Jesu am Ufer des Galiläischen Sees eine zusätzliche Sprechstunde: „[...] aber wenn sie allein waren, legte er seinen Jüngern alles aus" (4,33–34). Die Zwölf hätten die Sache Jesu besser verstehen sollen, weil sie besondere Aufmerksamkeit und eine geistliche Begleitung von ihm geschenkt bekamen.

Direkt nach dem „Gleichnis-Seminar" in Mk 4,33–34, „am Abend desselben Tages", fährt Jesus mit der Gruppe der Zwölf in einem Schiff über den See „und es erhob sich ein großer Wirbelwind". Die Zwölf erschrecken, während Jesus auf dem Kissen hinten im Schiff weiterschläft: „Und sie weckten ihn und riefen: Meister, kümmert es dich nicht, dass wir zugrunde gehen? Da steht er auf und beruhigt den Sturm. Dann spricht er seinen Jüngern zu: Warum habt ihr solche Angst? Habt ihr noch keinen Glauben? Da ergriff sie große Furcht, und sie sagten zueinander: Was ist das für ein Mensch, dass ihm sogar der Wind und der See gehorchen?" (Mk 4,35–41).

Bald danach, als die Frau, die seit zwölf Jahren einen Blutfluss hatte, durch die Berührung des Randes des Kleides Jesu gesund geworden ist, heißt es im Text: „Im selben Augenblick fühlte Jesus, dass eine Kraft von ihm ausströmte, und er wandte sich in dem Gedränge um und fragte: Wer hat mein Gewand berührt? Seine Jünger sagten zu ihm: Du siehst doch, wie sich die Leute um dich drängen, und da fragst du: Wer hat mich berührt?" (Mk 5,30–31). Die Zwölf wissen nicht, was gerade passiert ist, nicht nur im Unterschied zu Jesus, sondern auch im Unterschied zu der Frau, die schon geheilt, aber noch unerkannt geblieben ist. Sie „wusste, was mit ihr geschehen war, kam und fiel vor [Jesus] nieder [obwohl Jesus selber noch nicht wusste, wer sein Gewand berührt hatte] und sagte ihm die ganze Wahrheit" (Mk 5,33).

Nach der Speisung der 5000 Männer (Mk 6,44) und nach einer kleinen Pause auf dem Berg, um beten zu können (6,46), kommt Jesus zu der Gruppe der Zwölf, die wieder mit dem Schiff über den See fahren, „und wollte an ihnen vorübergehen. Und da sie ihn über den See gehen sahen, meinten sie, es sei ein Gespenst, und schrien auf. Alle sahen ihn und erschraken" (6,48–50). Dann spricht Jesus mit ihnen, aber ohne Erfolg: „Sie waren bestürzt und außer sich. Denn sie waren nicht zur Einsicht gekommen, als das mit den Broten geschah; ihr Herz war verstockt" (6,51–52). Es wird immer deutlicher, dass die Gruppe der Zwölf nicht nur nicht in der Lage ist, das Anliegen Jesu zu verstehen, sondern auch, dass sie dieses nicht verstehen wollte. Noch einmal: „ihr Herz war verstockt".

In Mk 7,1–17 führt Jesus eine kleine Auseinandersetzung mit den Pharisäern und mit einigen Schriftgelehrten. Am Schluss fasst er das Ergebnis des Streitgesprächs in einem Lehrsatz zusammen. Dann „verließ er die Menge und ging in ein Haus. Da fragten ihn seine Jünger nach dem Sinn dieses rätselhaften Wortes", das er gerade vorher ausgesprochen hatte: „Und er antwortete ihnen: Begreift auch ihr nicht?" (Mk 7,17–18). Und wieder einmal muss er versuchen, ihnen alles ausführlich zu erklären. So wird verdeutlicht, dass der Gruppe der Zwölf jede Gelegenheit geboten wurde zu verstehen, worin die Nachfolge Jesu besteht.

Als nach der Speisung der 4000 Menschen die Gruppe der Zwölf wieder vergessen hatte, Brot mitzunehmen, und es im Schiff nur *ein einziges* Brot bei ihnen gab, sagt Jesus etwas rätselhaft zu ihnen:

„Gebt acht, hütet euch vor dem Sauerteig der Pharisäer und dem Sauerteig des Herodes! Sie aber machten sich Gedanken, weil sie kein Brot bei sich hatten. Als er das merkte, sagte er zu ihnen: Was macht ihr euch darüber Gedanken, dass ihr kein Brot habt? Begreift und versteht ihr immer noch nicht? Ist denn euer Herz verstockt? Habt ihr denn keine Augen, um zu sehen, und keine Ohren, um zu hören? Erinnert ihr euch nicht: Als ich die fünf Brote für die Fünftausend brach, wie viele Körbe voll Brotstücke habt ihr da aufgesammelt? Sie antworteten ihm: Zwölf. Und als ich die sieben Brote für die Viertausend brach, wie viele Körbe voll habt ihr da aufgesammelt? Sie antworteten: Sieben. Da sagte er zu ihnen: Versteht ihr immer noch nicht?" (Mk 8,14–21).

So ist es bei der Gruppe der Zwölf im Markusevangelium und so wird es bleiben bzw. noch schlimmer werden bis zum Ende der Erzählung. Diese zwölf Männer verstehen das Anliegen Jesu einfach nicht. Und ihr Missverständnis wird immer größer.[240] In Gethsemane gibt es schließlich eine Szene, die diese endgültige Unfähigkeit von Petrus, Jakobus und Johannes beweist, Jesus zu begleiten. Die Szene ist fast eine Parodie auf die Zwölf als Menschen, die im Denken allzu schwerfällig waren, um das Anliegen Jesu jemals zu begreifen:

[240] Vgl. auch Mk 8,32–33; 9,2–6.9–13.28–29.32.33–34.38–41; 10,10.13.23–31.32.35–45; 13,1–4; 14,4–6.17–19.29–31.

„Sie kamen zu einem Grundstück, das Getsemani heißt, und er sagte zu seinen Jüngern: Setzet euch und wartet hier, während ich bete. Und er nahm Petrus, Jakobus und Johannes mit sich. Da ergriff ihn Furcht und Angst, und er sagte zu ihnen: Meine Seele ist zu Tode betrübt. Bleibt hier und wacht! Und er ging ein Stück weiter, warf sich auf die Erde nieder und betete, daß die Stunde, wenn möglich, an ihm vorübergehe. Er sprach: Abba, Vater, alles ist dir möglich. Nimm diesen Kelch von mir! Aber nicht, was ich will, sondern was du willst [soll geschehen]! Und er ging zurück und fand sie schlafend. Da sagte er zu Petrus: Simon, du schläfst? Konntest du nicht einmal eine Stunde wach bleiben? [...] Und er ging wieder weg und betete mit den gleichen Worten. Als er zurückkam, fand er sie wieder schlafend, denn die Augen waren ihnen zugefallen; und sie wußten nicht, was sie ihm antworten sollten. Und er kam zum drittenmal und sagte zu ihnen: Schlaft ihr immer noch und ruht euch aus? Es ist genug. Die Stunde ist gekommen [...]" (Mk 14,32–41).

Die drei Anführer der Gruppe der Zwölf – Petrus, Jakobus und Johannes – beweisen auf diese Weise, dass sie alle nicht imstande waren, die Nachfolge Jesu zu praktizieren. Ihr Privileg, zu seinen auserwählten Jüngern zu gehören, haben sie im wahrsten Sinn des Wortes schließlich verschlafen.

Die Gruppe der Zwölf wird im Markusevangelium zum letzten Mal bei der Verhaftung Jesu beschrieben, direkt nach der Szene mit Petrus, Jakobus und Johannes in Gethsemane. Judas tritt jetzt in der Rolle des Verräters auf. Jesus wird gefangen genommen. Danach gibt es einen Augenblick der Verwirrung. Und dann wird im Text erzählt: „Da verließen ihn alle [die Jünger Jesu] und flohen" (Mk 14,50). Dieser Vers (14,50) beschreibt die letzte Handlung der Zwölf im Markusevangelium. Danach sind sie (auf der Ebene der Erzählung) aus der Geschichte verschwunden.

Nach der Verhaftung Jesu gibt es zwar noch zwei Texte, in denen die Zwölf und vor allem Petrus erwähnt werden. Beide Texte aber unterstreichen nur ihre letzte Handlung, als sie Jesus im Stich gelassen haben. Zuerst findet die bekannte Episode statt, in der Petrus Jesus verleugnet. Gleich nach der Verhaftung Jesu, als er zu dem Hohepriester geführt worden ist, heißt es: „Petrus aber folgte ihm nach von ferne bis hinein in des Hohepriesters Palast und saß bei den Knechten und wärmte sich am Feuer" (Mk 14,54). Diese „Nachfolge" des Petrus ist aber im Markusevangelium weder ein Zeichen seines Muts noch der Ausdruck seiner Treue zu Jesus, sondern nur eine Einzelheit, die nötig ist, um direkt danach von der Verleugnung des Petrus in Mk 14,66–72 erzählen zu können.[241] Und nach der Verleugnung des Petrus wird kein Wort mehr über die Gruppe der Zwölf gesagt, bis zum vorletzten Vers des Werkes, in dem der junge Mann, der im leeren Grab sitzt, zu den drei Frauen sagt: „Geht aber hin und sagt seinen Jüngern, vor allem Petrus, dass er vor euch hingehen wird nach Galiläa; da werdet ihr ihn sehen, wie er euch gesagt hat" (16,7). Das ist aber wiederum genau das, was diese Frauen nicht tun. Stattdessen wird erzählt: „sie gingen hinaus und flohen von dem Grabe [...]. Und sie sagten niemand etwas; denn sie fürchteten sich" (16,8). Es ist mir also einfach unbegreiflich, wie man meinen kann, dass es irgendwie möglich ist, exegetisch aus der Erzählung des Markusevangeliums aus der Gruppe der Zwölf ein empfehlenswertes Modell für die Nachfolge Jesu abzuleiten bzw. zu „retten".[242]

---

241 So findet der zuvor angekündigte Bruch des Treueeids von Petrus in Mk 14,27–31 statt. Petrus hatte gesagt: „Wenn ich auch mit dir sterben müsste, wollte ich dich nicht verleugnen. Desgleichen sagten sie alle" (14,31), die an der letzten Mahlzeit von Jesus mit seinen Jüngern teilnahmen. Was aber kurz danach geschieht, ist nochmals das genaue Gegenteil. Zuerst „verließen ihn alle und flohen" (14,50), und danach leugnet Petrus dreimal, Jesus zu kennen.

242 Im Gegensatz zum Matthäus- und zum Lukasevangelium ist die Gruppe der Zwölf im Markusevangelium kein Vorbild für die Nachfolge Jesu. Darum schien es für den Evangelisten kein Problem zu sein, dass auch Judas mit den anderen Mitgliedern dieser Gruppe an der letzten Mahlzeit Jesu mit seinen Jüngern teilnahm. Denn alle Zwölf werden am Ende dieser Geschichte bestenfalls noch als Mitglieder der urchristlichen Bewegung angesehen, aber auf keinen Fall als geistliche Autoritäten oder Stellvertreter Jesu anerkannt. Als beispielhafte Nachfolger Jesu sind sie einfach gescheitert. Ich bin mir darüber im Klaren, dass nicht alle Exegeten diese Bewertung der Rolle der Zwölf im Markusevangelium teilen würden. Vielleicht würde die Mehrzahl genau das Gegenteil behaupten, nämlich dass die Zwölf, obwohl sie im Markusevangelium eindeutig nicht ohne Fehler und Mängel dargestellt werden, auch in diesem Werk exemplarisch wirken sollen – gerade wegen der Schwierigkeiten, die sie haben, das Anliegen Jesu zu begreifen. Diese Interpretation setzt voraus, dass das Anliegen Jesu im Markusevangelium sehr schwer zu begreifen ist, weil dasselbe „Evangelium von Jesus Christus, dem Sohn Gottes" (1,1) sehr widersprüchlich wirke, weil es ungefähr so wie das angeblich paulinische Evangelium eine Art Kreuzestheologie (*theologia crucis*) entwickele. Der Evangelist kehrt hier als Lutheraner *avant la lettre* zurück – wenn er nicht sogar Martin Luther selbst ist! Nein, exegetisch genügt es meines Erachtens nicht, Petrus und die anderen „Jungs" im „Bund Jesu" nur als „menschliche, allzu menschliche" Nachfolger Jesu zu beschreiben, als ob der Evangelist durch seine Schilderung der Zwölf nur die *condition humaine* darstellen möchte. Es braucht nicht festgestellt oder vertieft zu werden, dass diese Männer „nur Männer" waren oder immer noch Menschen geblieben sind. Das ist ganz deutlich – und keine Entschuldigung für ihre Untauglichkeit im Markusevangelium. Gerade deshalb versucht Jesus ihnen mehrmals zu erklären, wie man sein Projekt durchführen kann und sollte, so wie es ein echter *didaskalos* mit seinen schwachen Schülern tun würde. Aber das Bestreben Jesu ist im Ganzen vergeblich. Die Zwölf sind einfach unfähig, ohne Mut oder Willen, zu lernen, was ihnen der Meister mitzuteilen versucht hat, und Jesus wird im Laufe der Erzählung immer enttäuschter, verärgerter, resignierter in Bezug auf sie. Im Markusevangelium begeben sich die drei Frauen

Man sollte sich vielmehr fragen: Warum ist der Evangelist beim Schreiben des Markusevangeliums so böse auf die Gruppe der Zwölf gewesen, insbesondere wenn man daran denkt, dass zumindest einige von ihnen höchstwahrscheinlich bzw. historisch zur ehemaligen Leitung der urchristlichen Kirche in Jerusalem vor dem Ersten Jüdischen Krieg gehörten? Wir werden bald auf diese Frage zurückkommen.

4. *Es gibt aber andere Nachfolger Jesu im Markusevangelium: Die sogenannten Nebenfiguren*

Wenn die Gruppe der Zwölf im Markusevangelium kein Vorbild für die Nachfolge Jesu darstellen soll, gibt es dann eine andere Möglichkeit? Gibt es Menschen, die es schaffen, das Projekt Jesu praktisch zu verstehen und ihm dann in der Tat nachzufolgen? Mit anderen Worten: Gibt es jemanden, der zeigt, dass er wirklich begriffen hat, was bei Jesus spürbar geworden ist und folglich, wie man mit und durch Jesus in das Gottesreich eintreten kann?[243]

Wieder muss man, glaube ich, nur dem Wortlaut des Markusevangeliums folgen, um in diesem Text solche alternativen Nachfolger Jesu kennenzulernen. Z.B. wird im zweiten Kapitel des Markusevangeliums erzählt: „Jesus ging wieder hinaus an den See. Da kamen Scharen von Menschen zu ihm, und er lehrte sie. Als er weiterging, sah er Levi, den Sohn des Alphäus, am Zoll sitzen und sagte zu ihm: Folge mir nach!" (Mk 2,13–14). Die Antwort Levis auf diese Berufung ist dieselbe wie die, die Simon und Andreas, Jakobus und Johannes schon im ersten Kapitel des Markusevangeliums gegeben haben: „Da stand Levi auf und folgte ihm" (Mk 2,14). Im Unterschied zum Matthäusevangelium aber, wo dieser Zöllner Matthäus heißt (Mt 9,9) und sich sofort in die Gruppe der Zwölf integriert (Mt 10,3), hat Levi im Markusevangelium gar nichts mit der Gruppe der Zwölf zu tun (vgl. Mk 3,13–19). Der Zöllner Levi wird im Markusevangelium sozusagen ein freier Nachfolger Jesu.

---

nicht zur Gruppe der Zwölf, um ihnen die überraschende gute Nachricht von der Auferstehung Jesu zu überbringen. Diese Männer bleiben wieder ahnungslos in Bezug auf den nächsten Schritt in der Geschichte Jesu. Das Ende des Markusevangeliums stellt sicher nicht die ganze Wirklichkeit des Urchristentums vor. Aber es entspricht der Weise, wie der Evangelist die Gruppe der Zwölf dargestellt hat. Zum Schluss spielen diese Menschen im Markusevangelium keine Rolle mehr, zumindest nicht als Vorbild für die Nachfolge Jesu.

243 D.h. wie man ein echtes, eigenes, ewiges Leben führen kann.

Ein anderes Beispiel findet sich im 5. Kapitel des Markusevangeliums. Der Text beschreibt die Heilung des Gerasener Besessenen: „Er kam von den Grabhöhlen, in denen er lebte. Man konnte ihn nicht bändigen, nicht einmal mit Fesseln. Schon oft hatte man ihn an Händen und Füßen gefesselt, aber er hatte die Ketten gesprengt und die Fesseln zerrissen; niemand konnte ihn bezwingen. Bei Tag und Nacht schrie er unaufhörlich in den Grabhöhlen und auf den Bergen und schlug sich mit Steinen" (Mk 5,2–5). Zuerst befreit Jesus diesen Mann von dem „unreinen Geist", der „Legion" heißt. Das erste Ergebnis der Heilung ist: Der Mann „saß ordentlich gekleidet da und war wieder bei Verstand" (5,15). Dann wurde den anderen Einwohnern der Gegend, die vorher die „normalen" Menschen sein sollten und sich „in der Stadt und auf dem Lande" befanden, erzählt, was gerade passiert war. Und sie kamen alle zu Jesus und sahen den Mann an: „Darauf baten die Leute Jesus, ihr Gebiet zu verlassen" (5,17). Vielleicht taten sie das wegen der verlorenen Schweine, die im Meer ertrunken waren, wohin die aus dem zuvor besessenen Mann ausgetriebenen „unreinen Geister" die Schweine getrieben hatten. Auf jeden Fall war Jesus jetzt selbst zur *persona non grata* in der Gegend geworden.

Am Ende der Episode bittet der Mann, der gerade geheilt worden ist, Jesus darum, „bei ihm bleiben zu dürfen". Der Mann bekommt aber von Jesus keine Erlaubnis dazu: „Aber Jesus erlaubte es ihm nicht", ihm nachzufolgen. Warum nicht? Weil der Mann der erste Apostel im Markusevangelium sein sollte! Darum sagte Jesus zu ihm: „Geh nach Hause, und berichte [*apaggeilon*] deiner Familie alles, was der Herr [*kyrios*] für dich getan und wie er Erbarmen mit dir gehabt hat. Da ging der Mann weg und verkündete [*kêryssein*] in der ganzen Dekapolis, was Jesus für ihn getan hatte, und alle staunten" (5,19–20). Im Markusevangelium ist dieser Mann der erste Missionar, der von Jesus selber ausgesandt wurde. Der Mann ist auch der einzige dieser Ausgesandten, der – ganz im Gegensatz zur Gruppe der Zwölf (siehe 6,7–13; 9,14–29) – ohne Einschränkung erfolgreich wirkt: „und alle staunten" (5,20).

Noch ein Beispiel: Die Frau, die seit zwölf Jahren einen Blutfluss gehabt hatte, wurde, nachdem sie Jesus „die ganze Wahrheit" über ihre Heilung mitgeteilt hatte, von Jesus mit den Worten gesegnet: „Meine Tochter, dein Glaube hat dich gesund gemacht bzw. erlöst [*sesôken*]. Geh in Frieden! Du sollst von deinem Leiden geheilt sein" (Mk 5,34). Die Art und Weise, wie die Frau sich in Bezug auf ihre Krankheit verhalten hat, macht Jesus klar, dass sie gut verstanden hat, was bei ihm spürbar geworden ist. Darum braucht er ihr nur zu sagen: „[…] dein Glaube hat dich gesund gemacht bzw. erlöst." Und so bekommt sie ihr Leben zurück. Man könnte aber auch sagen: Sie ist damit schon in das Gottesreich eingetreten. Darum hat sie von Jesus „nur" den Segen bekommen: „Geh in Frieden!"

Und noch ein anderes Beispiel: Die syrophönizische Frau ist der einzige Mensch im Markusevangelium, der Jesus in einem Streitgespräch besiegt. Obwohl Jesus in diesem Fall eigentlich keine Lust hatte zu helfen und man fast sagen könnte, dass er die Frau schlecht behandelt, versteht sie so gut, was Jesus für ihre Tochter und damit auch für sie tun kann, aber auch, wie sie mit Jesus umgehen muss, um zu bekommen, was sie von ihm braucht, dass Jesus schließlich keinen anderen Ausweg sieht, als ihr diese Bitte zu erfüllen. Er heilt dann ihre Tochter. Die syrophönizische Frau hatte Jesus sozusagen in die Sackgasse seiner eigenen Logik geführt. Darum: „Er antwortete ihr: Weil du das gesagt hast [d.h. weil sie besser als er diskutiert hat], sage ich dir: Geh nach Hause, der Dämon hat deine Tochter verlassen. Und als sie nach Hause kam, fand sie das Kind auf dem Bett liegen und sah, daß der Dämon es verlassen hatte" (7,29–30).

Und noch ein weiteres Beispiel: Etwas Ähnliches passiert im Fall des Bartimäus: „Sobald er hörte, dass es Jesus von Nazareth war, rief er laut: Sohn Davids, Jesus, hab Erbarmen mit mir!" (Mk 10,47). Als erste Antwort auf diesen Hilfeschrei stößt der Blinde nur auf Widerstand: „Viele wurden ärgerlich und befahlen ihm zu schweigen. Er aber schrie noch viel lauter: Sohn Davids, hab Erbarmen mit mir!" (10,48). Erst in diesem Augenblick „blieb Jesus stehen und sagte: Ruft ihn her!" Bartimäus erlangt dann seine Sehkraft schnell wieder. Die letzten Worte, die Jesus zu ihm spricht, sind dieselben, die Jesus zu der Frau, die den Blutfluss hatte, sagt: „Geh! Dein Glaube hat dich gesund gemacht bzw. erlöst [*sesôken*]" (10,52). In dieser Episode aber, die unmittelbar vor der Ankunft Jesu in Jerusalem stattfindet, wird die Bemerkung hinzugefügt: „und er folgte Jesus auf seinem Weg" (10,52).

Letztes Beispiel: Die Frau, die am Anfang der Leidensgeschichte Jesu das Haus Simons, des Aussätzigen, betritt und eine Flasche Nardenöl auf das Haupt Jesu gießt, wofür sie nur die Verachtung der Männer erntet, die mit Jesus am Tisch sitzen, wird von Jesus verteidigt und gelobt: „Sie hat getan, was sie konnte; sie hat im Voraus meinen Leib für das Begräbnis gesalbt. Amen, ich sage euch: Überall auf der Welt, wo das Evangelium verkündigt wird, wird man sich an sie erinnern und erzählen, was sie getan hat" (Mk 14,8–9). Während der Gerasener Besessene der erste Apostel Jesu im Markusevangelium ist und auch der einzige, der erfolgreich wirkt, wird diese Frau zum unentbehrlichen Inhalt des Evangeliums, das überall auf der Welt verkündigt werden soll.[244]

Nicht alle diese Frauen und Männer haben ihre Familie verlassen (müssen). Auf jeden Fall bekommen wir vom Evangelisten keinen Hinweis darauf. Nur der Gerasener Besessene und vielleicht auch der blinde Bartimäus – obwohl er deutlich mit Bezug auf seinen Vater als „Bartimäus, der Sohn des Timäus“ (Mk 10,46) vorgestellt wird – haben wahrscheinlich ohne irgendeine Verbindung zu ihrer Familie gelebt. Die anderen bleiben dagegen ihrer Familie entweder ausdrücklich – die Frau aus Syrophönizien sucht Jesus auf und führt mit ihm einen Disput, in dem sie sich für ihre Tochter einsetzt; Simon von Kyrene soll „der Vater des Alexander und des Rufus“ sein (15,21) – oder stillschweigend verbunden. Z.B. ist Levi als Sohn des Alphäus bekannt (2,15). Die Frau, die seit zwölf Jahren einen Blutfluss hatte, müsste in der Zeit irgendwie überleben können; sie hatte genug Geld, um alles im Laufe der Zeit für medizinische Behandlungen auszugeben. Die Frau, die in das Haus Simons gekommen war, um das Haupt Jesu zu salben, hatte die Flasche Nardenöl von irgendjemandem bekommen. Joseph von Arimathäa war „ein angesehener Ratsherr“ (15,43).

Aber fast alle diese Menschen sind gleichzeitig auf unterschiedliche Weise gesellschaftliche Außenseiter gewesen. Z.B. war Levi Zöllner. Der Gerasener Besessene wurde von unsauberen Geistern heimgesucht. Die eine Frau hatte zwölf Jahre lang einen unkontrollierbaren Blutfluss. Die andere war eine Fremde, stammte aus Syrophönizien. Bartimäus war ein Blinder, der vermutlich immer am Rande der Hauptstraße saß, um dort betteln zu können. Die letzte Frau betritt das Haus eines Aussätzigen, wo sie allein auf eine Männergruppe trifft. Solche Frauen und Männer brauchen ihre Familie nicht zu verlassen, um dem gewöhnlichen Alltagsleben den Rücken zu kehren. Sie leben alle schon am Rande dieser Welt. Sie haben alle schon „das Leben“ verloren. Darum sind sie alle imstande, das andere Leben zu erkennen, das ihnen Jesus im Markusevangelium anbietet und vor Augen stellt.

---

[244] Und es gibt noch andere Beispiele, die man zu diesem Thema anführen könnte: z.B. i) den Mann, der im Namen Jesu böse Geister austrieb, ohne „uns“, d.h. der Gruppe der Zwölf, „nachzufolgen“ (Mk 9,38–40); ii) den Jüngling, der in Gethsemane bei der Gefangennahme Jesu dabei war und nackt floh, als dieser angegriffen wurde (Mk 14,51–52); iii) Simon von Kyrene, der gezwungen wurde, für Jesus das Kreuz zu tragen, und der diesen Auftrag dann tatsächlich ausgeführt hat (Mk 15,21; vgl. 8,35); iv) Joseph von Arimathäa, „welcher auch auf das Reich Gottes wartete“, der zu Pilatus ging und um den Körper Jesu bat (Mk 15,42–46).

5. *(Ur) Christentum ohne Kirche? Die Nachfolge Jesu im Markusevangelium als „häusliche Askese"*

Wenn im Markusevangelium die Mitglieder der Gruppe der Zwölf nicht als die wahren, erfolgreichen, beispielhaften Nachfolger Jesu dargestellt werden, und andere Menschen, die ansonsten gar nichts miteinander zu tun haben, dort das Anliegen Jesu am besten verstehen, welche Gemeinschaft entsteht dann aus dieser „Gruppe" besonderer „Einzelner"? Für welches „Kirchenmodell" stehen sie? Kann man überhaupt die Aneinanderreihung solcher Fälle im Markusevangelium als Darstellung irgendeiner „Gemeinde" betrachten – von der Kirche ganz zu schweigen? Ich würde die letzte Frage mit einem klaren Nein beantworten. Das Markusevangelium scheint mir kein „ekklesiologisches" Projekt – im üblichen Sinne dieses Begriffs – vorauszusetzen oder zu unterstützen. Oder, was vielleicht besser klingt: Die alternative Darstellung der Nachfolge Jesu im Markusevangelium weist auf ein „ekklesiologisches" Projekt hin, das ganz anders ist als das, was wir uns normalerweise unter diesem Begriff vorstellen.

Es ist auch wichtig, daran zu erinnern, dass das griechische Wort *ekklesia*, von dem das moderne Wort „Ekklesiologie" abgeleitet ist, nur zweimal in den vier kanonischen Evangelien vorkommt, und zwar nur im Matthäusevangelium (16,18; 18,17).

Zugleich ist es bemerkenswert, wohin die meisten Vertreter der zweiten Gruppe von Nachfolgern Jesu nach ihrer Begegnung mit ihm geschickt bzw. „abgeschoben" werden. Fast alle werden von Jesus zurück nach Hause geschickt. Levi z.B. wird zuerst berufen, Jesus nachzufolgen: „Da stand Levi auf und folgte ihm. Und [als nächster Schritt der Erzählung dieser Episode] als Jesus in seinem Haus [das entweder Levi oder Jesus gehörte] beim Essen war, aßen viele Zöllner und Sünder zusammen mit ihm und seinen Jüngern; denn es folgten ihm schon viele" (Mk 2,15). Als diese Gesellschaft direkt danach von den Schriftgelehrten unter den Pharisäern kritisiert wird, erklärt Jesus ihnen, dass genau diese Art von „Versammlung" das Ziel seiner Tätigkeit ist: „Ich bin gekommen, um die Sünder zu rufen, nicht die Gerechten" (2,17). Mit anderen Worten: Das Projekt Jesu besteht darin, „das Leben" unter den sogenannten Außenseitern zu entdecken bzw. zu retten. Im Fall des Gerasener Besessenen, dem es nicht wie der Gruppe der Zwölf erlaubt wurde, Jesus persönlich zu begleiten, wird dieser neu berufene Apostel zuerst „nach Hause" geschickt, damit er „deiner Familie alles" verkündigt, „was der Herr für dich getan und wie er Erbarmen mit dir gehabt hat" (5,19). Was der Mann zu

Hause den „Einheimischen“ mitgeteilt hat, stellt dann den Ausgangspunkt für die erste „Evangelisierung“ der ganzen Dekapolis dar.[245] Die Frau aus Syrophönizien wird von Jesus nur mit der trockenen Zusage verabschiedet: „[…] der Dämon hat deine Tochter verlassen“, aber direkt danach bestätigt der Text: „Und als sie nach Hause kam, fand sie das Kind auf dem Bette liegen und sah, dass der Dämon es verlassen hatte“ (7,29–30). Die Frau, die das Haupt Jesu im Voraus zu seinem Begräbnis salbt und dadurch in die Erzählung des Evangeliums eingeht, macht das alles „im Haus Simons des Aussätzigen“ (Mk 14,3).[246]

Noch andere Menschen, die von Jesus nach ihrer Heilung nach Hause geschickt werden, gibt es auch im Markusevangelium. Z.B. wird dem Gichtbrüchigen, der durch eine Öffnung im Dach des Hauses, in dem Jesus wohnt, auf seinem Bett hinuntergelassen wurde, befohlen: „Ich sage dir: Steh auf, nimm deine Tragbahre und geh nach Hause!“ (2,11). Der Blinde in Bethsaida wird von Jesus „bei der Hand“ genommen, hinaus „vor das Dorf“ geführt und dort geheilt, bevor er dann wieder nach Hause geschickt wird.[247] Und damit ganz deutlich wird, was in diesem Fall „nach Hause“ geschickt zu werden bedeuten soll, wird eine Erklärung hinzugefügt: „Geh aber nicht in das Dorf hinein!“ (8,26). Als ob das „Haus“, zumindest in diesem Fall, gar nichts mit dem „Dorf“ zu tun hätte. Offensichtlich soll das Haus im Markusevangelium einen besonderen sozialen Raum darstellen.[248]

Auch Jesus, der ohne Familie umherzieht, hat im Markusevangelium, wie schon erwähnt, in Kapernaum ein eigenes Haus (siehe 2,1.15; 3,20; 9,33; vielleicht auch 7,17; 9,28). Und an anderen Orten sucht Jesus Zuflucht (7,24; 10,10) oder erlebt Gastfreundschaft (14,1; vgl. 10,29–30) zu Hause bei anderen Menschen. Als ob im Markusevangelium das Verlassen der eigenen Familie – und somit auch des Alltagslebens – keine Obdachlosigkeit mit sich brächte. Als ob das Haus – bei dem es sich eindeu-

---

[245] Vgl. Santiago Guijarro Oporto, *La primera evangelización*, Salamanca 2013, bes. 106–107.

[246] Dass die Frau, die seit zwölf Jahren einen Blutfluss hatte, dann „in Frieden“ nach Hause gegangen ist, konnte im Altertum als etwas Selbstverständliches betrachtet werden und wird vielleicht darum im Markusevangelium nicht ausdrücklich erwähnt.

[247] Und letztlich alles scharf sehen kann – im Gegensatz zu den Zwölf, die kurz vorher gefragt wurden: „Ihr habt Augen, und sehet nicht? Habt Ohren, und höret nicht?“ (Mk 8,18).

[248] Auch der geheilte Gerasener Besessene wird schließlich nach Hause geschickt, um dort seiner Familie zu berichten, was ihm passiert ist, im Gegensatz zu den Hirten der ertrunkenen Schweine, die die Neuigkeit der Heilung und des dazu gehörenden Verlusts in der „Stadt“ und auf den „Äckern“ verbreitet hatten.

tig weder um eine Synagoge (1,21) noch um den Tempel in Jerusalem (11,15–18; 13,1–2) handelt – der geeignete Raum wäre, um die empfehlenswerte Nachfolge Jesu zu praktizieren.[249]

Was für ein Modell des Urchristentums ist dies? Welche ekklesiologischen Schlussfolgerungen soll man daraus ziehen? Wie sähe unsere Vorstellung von Kirche aus, wenn wir die Geschichte, die uns das Markusevangelium erzählt, als die – auch für die gegenwärtige Theologie – maßgebliche, die grundlegende, die prototypische Geschichte betrachteten? Was für eine alternative Gemeinschaft oder Bewegung stellen diejenigen dar, die diese Art der „Nachfolge Jesu“ praktizieren? Müsste man von einem „(Ur) Christentum ohne Kirche“ sprechen? Oder vielleicht besser von der Askese als Mutter der urchristlichen Ekklesiologie?

Ich verwende das Wort „Askese“ in diesem Zusammenhang bewusst als „ungenaue Kategorie“, in Anlehnung an die von Anthony J. Saldarini auf der Basis der philosophischen Arbeit von Robert C. Neville entwickelte These von der besonderen epistomologischen Rolle der sogenannten *vague abstractions*.[250] Nicht sehr ernst zu nehmen zu sein scheint mir der immer noch von einigen Wissenschaftlern vorgebrachte Einwand, dass es keine spezifischere, universellere oder allgemeiner akzeptierte Definition von Askese gibt und dass aus diesem Grund der Askese-Begriff als theoretischer Rahmen, in dem man einen Text wie das Markusevangelium lesen könne, zurückzuweisen sei. In erster Linie ist dieses Urteil allzu streng, d.h. unhaltbar.[251] Man fordert ein Maß an Genauigkeit, das praktisch jede Verwendung des Begriffs unmöglich macht. Außerdem wenden die genannten Kritiker dieses so anspruchsvolle Genauigkeits-Kriterium nicht auf andere, in der Bibelwissenschaft verbreitetere Konzepte an, wie zum Beispiel das der Apokalypse, der Eschatologie oder der christlichen Urgemeinde, die auch ziemlich vage in Bezug auf ihren konkreten Inhalt sind.[252] Auch verstehe ich unter Askese kein so vages Kon-

---

249 Das bedeutet nicht, dass im Markusevangelium die beispielhafte Nachfolge Jesu als reine Privatsache verstanden werden sollte. Im Markusevangelium geht es darum, im Namen der Nachfolge Jesu ein „einheimischer Außenseiter“ oder „ansässiger Aussteiger“ zu werden.

250 Vgl. Anthony J. Saldarini, *Asceticism and the Gospel of Matthew*, in: Leif E. Vaage/ Vincent L. Wimbush (Hg.), Asceticism and the New Testament, New York 1999, 11–27, bes. 13–18; auch Robert C. Neville, *Normative Cultures*, Albany 1995, 59–84.

251 Vgl. z.B. Mary Ann Tolbert, *Asceticism and Mark's Gospel*, in: Vaage/Wimbush (Hg.), Asceticism (wie Anm. 250), 29–48, bes. 30–32.

252 Ein ähnlicher Fall ist die Kritik, die bezüglich des Vergleichs von Q mit den Traditionen des antiken Kynismus geübt worden ist, eine Kritik, die nun in Frage gestellt worden ist von Kloppenborg Verbin, *Excavating Q* (wie Anm. 128), 420–444.

zept – quasi ohne besonderes Merkmal –, wie es der Fall bei anderen, neueren Definitionen von und/oder Theorien über Askese zu sein scheint, die aus der Askese letztlich eine Art Prinzip oder universales Charakteristikum der Menschheit machen.[253] Nachdem dies geklärt ist, ist es aber wichtig, die Askese nicht – als sei dies eine unumstößliche Tatsache – nur mit einigen besonderen Verhaltensweisen zu identifizieren wie z.B. der sexuellen Enthaltsamkeit oder dem Fasten oder anderen ähnlichen Gewohnheiten der Entbehrung und Selbstverleugnung. Obwohl natürlich alle diese Gewohnheiten Teil eines asketischen Lebens sein können und weit verbreitet sind.[254]

Das Wort „Askese" kommt vom griechischen Wort *askein*, das sich ursprünglich auf bestimmte Arten körperlicher Übungen bezog und erst später immer mehr auf andere Disziplinen moralischer und persönlicher Entwicklung.[255] Deshalb meine ich, dass Askese in erster Linie als besondere Art der „menschlichen Erziehung" verstanden werden muss bzw. als beabsichtigte Erziehung des Menschen. Eine der Hauptursachen dafür, dass es bis heute nicht möglich ist, eine globalere oder geschlossenere Definition von Askese zu entwickeln, die alle konkreten Aspekte dieser Lebensoption in den unterschiedlichen menschlichen Kulturen umfasst, ist den verschiedenen „theoretischen" Interpretationen der Gründe für eine Praxis dieser Art und ihrer Ziele geschuldet. Darüber hinaus gibt es innerhalb jeder Interpretationstradition auch große Diskrepanzen hinsichtlich der Auffassung, wie das gemeinsame Ziel am besten zu erreichen ist.[256] Trotzdem ist es möglich, zwischen all diesen Bemühungen

---

[253] Vgl. Richard Valantasis, *A Theory of the Social Function of Asceticism*, in: Vincent L. Wimbush/Richard Valantasis (Hg.)/Gay L. Byron/William S. Love, Asceticism, New York 1995, 544–552; ders., *Constructions of Power in Asceticism*, in: Journal of the American Academy of Religion 63 (1995), 775–821.

[254] Vgl. Peter Brown, *The Body and Society: Men, Women and Sexual Renunciation in Early Christianity*, New York 1988; Turid Karlsen Seim, *Ascetic Autonomy? New Perspectives on Single Women in the Early Church*, in: Studia Theologica 43 (1989), 125–140; dies., *Children of the Resurrection: Perspectives on Angelic Asceticism in Luke-Acts*, in: Vaage/Wimbush (Hg.), Asceticism (wie Anm. 250), 115–125, bes. 116.

[255] Vgl. Michel Foucault, *The Use of Pleasure* (The History of Sexuality 2), New York 1985, 72–77 (übersetzt von Robert Hurley); John Pinsent, *Ascetic Moods in Greek and Latin Literature*, in: Wimbush/Valantasis (Hg.)/Byron/Love, Asceticism (wie Anm. 253), 211–219.

[256] Vielleicht ist das beste Beispiel für diese theoretische Vielfalt die gezielte Ausübung sexueller Handlungen in der tantrischen Askese im Gegensatz zum Verzicht auf diese, der typisch für viele andere asketische Traditionen wie z.B. die christliche ist. Vgl. Walter O. Kaelber, *Asceticism*, in: The Encyclopedia of Religion, 15 Bde., Detroit ^{2}2005, 1526–1530, bes. 1529.

genug „Familienähnlichkeit" zu erkennen, um sie der Askese zuordnen zu können.[257]

Meiner Ansicht nach hat das Asketische in allen Fällen zwei Aspekte, die immer vorhanden sind und zusammen einen „konstitutiven Widerspruch" oder ein „Ur-Paradoxon" in jedem asketischen Projekt erzeugen. Die beiden Aspekte sind einerseits die entschiedene Zurückweisung der Welt, wie sie jetzt ist, als normativen Rahmen, um ein erfülltes oder gutes Leben kennenzulernen. Grundlegend in Frage gestellt durch die Askese wird die Fähigkeit dieser Welt, so wie sie ist, Glück und andere wertvolle Güter zu schaffen. Dies ist die Askese als *contemptus mundi*. Andererseits sucht die Askese immer noch das Gute, das fehlt, und besteht außerdem darauf, dieses Gute innerhalb der zurückgewiesenen Welt zu finden. Deshalb versucht der Asket in allen Fällen, über den eigenen Körper die andere, noch mögliche Welt kennenzulernen, was das Verdienst der körperlichen Disziplin oder eines anderen persönlichen Übungsprogramms sein soll. Dieser zweite Aspekt ist derjenige, der verhindert, dass der erste Aspekt zu einer Art Suizid oder zu einem quasi schizophrenen Leben wird.[258]

Von den beiden Aspekten ist der zweite vielleicht der wichtigere. Der erste – die entschiedene Zurückweisung der existierenden Welt als normativen Rahmen, um ein gutes Leben kennenzulernen – existiert auch als Teil anderer Traditionen soziopolitischen Widerstands, wie z.B. der Apokalypse oder des Martyriums. Dagegen entspricht der zweite Aspekt – innerhalb dieser Welt über den eigenen Körper das Gute zu suchen, das nötig ist – weder der Apokalypse noch dem Martyrium. Deshalb ist es die Verbindung der beiden Aspekte, die der Askese ihre Identität verleiht und anhand derer eine soziale und/oder ideologische Perspektive definiert und „asketisch" genannt werden kann. Auch deshalb müssen wir, wenn wir an die verschiedenen Gesten der Entsagung und des ungewöhnlichen Vergnügens in der Geschichte der Askese denken, der Tatsache, dass es eine so große Vielfalt gibt, was die Details der asketischen Praxis betrifft, nicht viel Aufmerksamkeit schenken, denn diese Details haben alle mit dem individuellen Körper des Asketen zu tun, wo das Gute, das nötig ist, sich manifestieren muss, und mit dem speziellen kulturellen Kontext, in dem man diesem Körper begegnet.

---

257 Zum Konzept der „Familienähnlichkeit" als Kategorie des Vergleichs siehe Ludwig Wittgenstein, *Philosophische Untersuchungen*, Frankfurt ^{3}1982.

258 Zu diesem Thema – dass die Askese kein verlängerter Suizid ist – vgl. Leif E. Vaage, *Ascetic Moods, Hermeneutics, and Bodily Deconstruction*, in: Wimbush/Valantasis (Hg.)/Byron/Love, Asceticism (wie Anm. 253), 246–263, bes. 256–260.

Es ist wahrscheinlich hilfreich, noch einmal die Tatsache zu unterstreichen, dass Askese nicht in erster Linie eine Frage von Verbotenem und Erlaubtem ist, sondern mehr als ein bestimmtes Verhalten die Bemühung darstellt, „gegen den Strom“ dessen zu leben, was man in einem bestimmten kulturellen Kontext als das „Normale“ betrachtet. Aus der asketischen Perspektive wäre diese Normalität genau das Problem, das gelöst werden muss. Der Asket unterscheidet sich von anderen in erster Linie dadurch, dass er, in Körper und Seele, eine von großer Diskrepanz zur sozialen Normalität seines kulturellen Kontexts bestimmte Haltung einnimmt und dieser Normalität auf diese Weise das Recht nimmt, solche Kriterien bzw. Werte durchzusetzen. Doch noch wichtiger als dieser Widerstand gegen die Hegemonie der Normalität ist das Bestreben, hier und jetzt im Körper des Asketen – d.h. in diesem Körper aus Fleisch und Knochen – zu erkennen, welches bessere, tiefere, reichere, reinere, lebendigere Leben man anstreben könnte.[259]

Indem ich die Nachfolge Jesu im Markusevangelium als eine Art „häusliche Askese“ beschreibe, komme ich auf die Tatsache zurück, dass im Markusevangelium das Haus der Ort ist, an dem man die mit der Jüngerschaft verbundenen Praktiken durchführen sollte, die trotzdem auch als vom typischen Familienleben in der Antike getrennt dargestellt werden. Außerdem möchte ich mit diesem Konzept der häuslichen Askese einen anderen Aspekt der Nachfolge Jesu im Markusevangelium unterstreichen. Das Konzept einer häuslichen Askese habe ich den wissenschaftlichen Arbeiten von Patrick Olivelle über die Geschichte des Brahmanismus entnommen, in denen Olivelle deutlich gezeigt hat, wie die späteren Formen der vedischen Religion schließlich die – viel radikalere – Herausforderung der traditionellen Ordnung Indiens von den Askesen des frühen Buddhismus und des Jainismus übernahmen, die den Wert der sogenannten Realität dieser Welt viel mehr als der Brahmanismus in Frage gestellt haben.[260] Etwas ähnlich wie der Fall des Brahmanismus stellt sich die Nachfolge Jesu als häusliche Askese im Markusevangelium dar, wenn sie z.B. mit den anderen Urchristentümern verglichen wird, die z.B. in der Logienquelle Q oder im Thomasevangelium ihren Ausdruck gefunden

---

[259] Vgl. Robert A.F. Thurman, *Tibetan Buddhist Perspectives on Asceticism*, und William C. Bushell, *Psycho-physiological and Comparative Analysis of Ascetic-Meditational Discipline: Toward a New Theory of Asceticism*, in: Wimbush/Valantasis (Hg.)/Byron/Love, Asceticism (wie Anm. 253), 108–118 bzw. 553–575.

[260] Vgl. Patrick Olivelle, *The* Asrama *System: The History and Hermeneutics of a Religious Institution*, New York 1993; ders., *Renunciation in Hinduism: A Medieval Debate*, 2 Bde., Wien 1986–1987; ders., *Deconstruction of the Body in Indian Asceticism*, in: Wimbush/Valantasis (Hg.)/Byron/Love, Asceticism (wie Anm. 253), 188–210.

haben.[261] Ebenso ist die häusliche Askese des Markusevangeliums – genauso wie der Brahmanismus – auch ein wirklich asketisches Projekt. Deshalb, so scheint mir, beunruhigen uns die Worte des Evangelisten immer noch.

Das alternative häusliche Leben, in dem sich dem Markusevangelium zufolge die „beispielhafte“ Nachfolge Jesu realisieren wird, ist kein neuer sozialer Raum, d.h. kein anderer „öffentlicher“ Ort. Der häusliche Raum, in dem sich Jesus und seine Jünger versammeln sollen, ist vielmehr ein anderer Raum, der z.B. vom „Gemeinde“-Rahmen der Synagoge und vom Jerusalemer Tempel deutlich getrennt ist. Im Markusevangelium ist das Haus (*oikos* oder *oikia*) deshalb – wie in der politischen Philosophie des Aristoteles[262] – nicht der Grundstein einer zivilen Ordnung. Auch ist das Haus im Markusevangelium kein Weg, um den (neuen) imperialen Wohlstand, d.h. eine „gute Regierung“ (des Gottesreichs) im Stil der römischen Gesetzgebung von Kaiser Augustus, zu fördern.[263] Vielmehr – und vollkommen paradox bzw. ganz unmöglich aus soziologischer Perspektive – soll das Haus im Markusevangelium ein subversiver, das heißt utopischer Ort sein, an dem man, nachdem man aus dieser Welt herausgetreten ist, weil man Jesus folgt, den nächsten Schritt geht, um „sein Leben zu retten“ (vgl. 8,35).[264]

Deshalb ist in Mk 10,23–25 das Eintreten in das Reich Gottes zu erklären als etwas, bei dem es darum geht, ein anderes ökonomisches Modell in die Praxis umzusetzen. Nicht der Reichtum und die Kaufkraft werden einem erlauben, in diesen noch utopischen Raum eines „anderen“

---

261 Vgl. Leif E. Vaage, *Galilean Upstarts: Jesus' First Followers according to Q*, Valley Forge (PA) 1994; Stephen J. Patterson, *The Gospel of Thomas and Jesus*, Sonoma 1993. Im Unterschied zur Logienquelle, die an Jesus erinnert, indem sie ihn z.B. zu einem Bewerber auf die Jüngerschaft sagen lässt: „Die Füchse haben ihre Höhlen und die Vögel ihre Nester; der Menschensohn aber hat keinen Ort, wo er sein Haupt niederlegen kann“ (Q 9,58); auch im Unterschied zum Thomasevangelium, das im Namen Jesu den Lebensstil eines „Vorübergehenden“ oder Umherziehenden propagiert (EvT 42), praktiziert Jesus im Markusevangelium ein alternatives häusliches Leben als Vorbild für die Jüngerschaft.

262 Vgl. Aristoteles, *The Politics*, 1252a–1253b, in: Stephen Everson (Hg.), Cambridge 1988/1984, 1–5.

263 Vgl. Susan Treggiari, *Roman Marriage:* Iusti Coniuges *from the Time of Cicero to the Time of Ulpian*, Oxford 1991, 60–80.277–290; Karl Galinsky, *Augustan Culture: An Interpretative Introduction*, Princeton 1996, 128–140.

264 Vgl. Michael F. Trainor, *The Quest for Home: The Household in Mark's Community*, Collegeville 2001.

Haushalts einzutreten, der das Reich Gottes ist, sondern der völlige und großzügige Verzicht.[265]

Deshalb wird in Mk 10,17–22, einem Text, der den Aussagen in 10,23–25 vorausgeht und sie teilweise vorwegnimmt, die Begegnung Jesu mit einem Mann kommentiert, dessen kurze Beschreibung das Profil eines erfolgreichen Familienvaters (*paterfamilias*) in der Antike ist. Wie der Patriarch Hiob soll der Mann alle Gebote des (jüdischen) Gesetzes von Jugend an erfüllt haben und war außerdem – wie es in einem solchen Fall sein sollte – zu einem sehr reichen Mann geworden. Im Markusevangelium nimmt Jesus diesen Erfolgen nicht ihren Wert und verachtet sie auch nicht. Der Text sagt vielmehr, dass Jesus den Mann, nachdem Jesus sich sein *curriculum vitae* angehört hatte, mit Liebe ansah. Gleichzeitig sagt Jesus zu ihm: „Eines fehlt dir noch", um „einen Schatz im Himmel" zu schaffen und so in das Reich Gottes kommen zu können: „Geh, verkaufe, was du hast, gib das Geld den Armen [...] dann komm und folge mir nach" (10,21).[266] Wenn der reiche und gute Mann diese letzte Forderung hätte erfüllen können – so wie Petrus später Jesus erinnert: „Wir haben alles verlassen und sind dir nachgefolgt" (10,28) –, hätte der gute und reiche Mann zusammen mit Petrus und den anderen Jüngern sofort gelernt, dass dem Markusevangelium zufolge das baldige Ergebnis dieser radikalen Entsagung ein anderes Modell häuslichen Lebens sein sollte. Denn Jesus verspricht Petrus und den anderen Jüngern, die es trotzdem nicht schaffen, mit ihm Schritt zu halten, eine direkte Belohnung dafür, dass sie schon alles verlassen haben. Wenn sie verstanden hätten, was es eigentlich bedeutet, Jesus nachzufolgen, und imstande gewesen wären, das zu tun, was diese Nachfolge verlangt, hätten sie „jetzt in dieser Zeit das Hundertfache an Häusern, Brüdern, Schwestern, Müttern, Kindern und Äckern erhalten" (10,30). Denn die Nachfolge Jesu soll im Markusevangelium dazu führen, dass sie „in einem anderen Haus" leben, das „hundert Mal mehr" ein Haus ist als das vorherige, d.h. das typische.[267]

---

[265] Zu Mk 10,23–25 vgl. Ernst Best, *Uncomfortable Words: VII. The Camel and the Needle's Eye (Mark 10:25)*, in: Expository Times 82 (1970–1971), 83–89; Myers, *Strong Man* (wie Anm. 230), 274–275.

[266] Dieser letzte Schritt ist es, der die Nachfolge Jesu für die Reichen so schwierig macht. Sie haben so viel zu teilen! Zu Mk 10,17–22 vgl. Karl Martin Fischer, *Asketische Radikalisierung der Nachfolge Jesu (Mk 10,17–31)*, in: Theologische Versuche 4 (1972), 11–25; Myers, *Strong Man* (wie Anm. 230), 271–274.

[267] Und natürlich – wie könnte man es vergessen? – wird man „in der kommenden Welt das ewige Leben" erhalten (Mk 10,30). Nicht wenigen ist aufgefallen, dass in diesem anderen Haus kein Vater erwähnt wird (vgl. Mk 3,31–35; 6,3), obwohl man noch „unter Verfolgungen" leben muss. Zu Mk 10,29–30 vgl. David M. May, *Leaving and Recei-*

Bis jetzt habe ich versucht zu zeigen, dass im Markusevangelium die Nachfolge Jesu als eine Praxis alternativen häuslichen Lebens dargestellt wird. Was zu klären bleibt ist: Warum? Warum ist die Nachfolge Jesu im Markusevangelium so anspruchsvoll? Warum sind alle Mitglieder der Gruppe der Zwölf gescheiterten Jünger? Warum muss die wahre Nachfolge Jesu der Normalität der existierenden Welt, einschließlich der der Familie, entgegenstehen? Ebenso: Warum sind im Markusevangelium die beispielhaften Jünger fast immer diejenigen, die Außenseiter sind oder irgendwie am Rande der Gesellschaft stehen? Und warum ist die Aufforderung zur Nachfolge Jesu, die von einem Menschen verlangt, mit dem ersten Schritt alles zu verlassen, trotzdem keine Berufung zu einem Leben der Obdachlosigkeit? Vielmehr soll man dadurch „hundert Mal mehr" von dem gewöhnlichen Leben bekommen. Außerdem: Warum wird im Markusevangelium das Reich Gottes mehr als eine Frage der Zeit als eine Frage des Raums verstanden, eines Raums, den man betritt, indem man eine andere Lebensweise praktiziert? Die Antwort auf all diese Fragen ist meines Erachtens ein und dieselbe: Weil der Evangelist die Nachfolge Jesu hier und jetzt als eine Art häuslicher Askese betrachtet.[268]

Diese These, dass die Nachfolge Jesu im Markusevangelium eine Form asketischen Lebens ist, erscheint mir aus verschiedenen Gründen plausibel. Jesus nachzufolgen impliziert in diesem Werk, ein Leben zu führen, das mit großen Herausforderungen verbunden ist. Zu den ersten Handlungen dieses Lebens gehört der Verzicht auf verschiedene Praktiken, die in der Antike ganz üblich waren, zum Beispiel das Familienleben mit eigenem Zuhause, mit dem Versprechen, dass so der Zugang zu einem besseren Leben möglich wird, das noch wünschenswerter und dieser Welt, wie sie ist, überlegen ist.[269] Dies ist dann der Grund dafür, dass das Markusevangelium in den Versen, die davon handeln, wie man in das Reich Gottes eintritt, nicht nur auf der richtigen Anrede der soge-

---

ving: A Social-Scientific Exegesis of Mark 10:29–31, in: Perspectives in Religious Studies 17 (1990), 141–154; Thomas E. Schmidt, *Mark 10.29–30; Matthew 19.29: „Leave Houses ... and Region?"* in: New Testament Studies 38 (1992), 617–620; Robert H. Gundry, *Mark 10:29: Order in the List*, in: CBQ 59 (1997), 465–475.

268 Das Konzept einer „häuslichen Askese" geht natürlich nicht auf den Evangelisten zurück. Jedoch hat das, was dieses Konzept zum Ausdruck bringen möchte, etwas mit ihm zu tun.

269 Im Markusevangelium heißt dieses bessere Leben entweder „das Leben" oder „das ewige Leben" oder „sein Leben retten" oder auch „das Reich Gottes". Man geht in dieses bessere Leben nicht nur ein, indem man auf die für die antike Welt typischen Aktivitäten und Beziehungen verzichtet, sondern auch, indem man eine andere Art sozialer Existenz praktiziert, die auch ziemlich fremdartig erschienen sein dürfte.

nannten „Kleinen“ besteht, sondern auch den Rat gibt, radikal alles zu reduzieren, womit einen der eigene Körper in die Irre führen könnte (Mk 9,42–48). Die „Kinder“ sollte man willkommen heißen, weil man auf diese Weise lernt, das normale Leben anders zu bewerten, das die Kinder und andere Menschen am Rande der Gesellschaft in der Antike führten (10,13–16). Und natürlich muss man großzügig auf alles verzichten, was Reichtum ist (10,17–27). Auf diesem Weg lernt man als Nachfolger Jesu, in eine andere, noch mögliche Welt zu gehen, die Furcht zu überwinden, den Unreinen zu berühren (1,41), mit denen, die einen schlechten Ruf haben, zu essen (2,15–16), sich von denjenigen erobern zu lassen, die keine Rechte besitzen (7,29), denjenigen zu umarmen, der gewöhnlich übersehen wird (9,36; 10,16). Auch der Weg Jesu zum Kreuz, wie er im Markusevangelium dargestellt wird,[270] könnte ohne große Probleme als ein – bewusst akzeptierter – Prozess der Selbstverleugnung verstanden werden.[271]

Im Folgenden gehen wir jetzt von dieser Auflistung bestimmter Elemente, die alle anspruchsvoll sind und zu einer Gegenkultur gehören und im Markusevangelium Merkmale einer beispielhaften Jüngerschaft sind, über zu einer anderen Analyse, die untersucht, wie diese Elemente im Text präsentiert werden. So erforschen wir die narrative Entwicklung des Lernprozesses, den die Nachfolge Jesu im Markusevangelium darstellt. Dabei wird der Begriff der Askese noch wichtiger, um diese exegetischen Besonderheiten des Markusevangeliums präzise zu beschreiben. Denn der wahre Jünger Jesu sollte, um Jesus nachfolgen zu können, im Markusevangelium zuerst seine Herkunftsfamilie verlassen und viele andere in

---

270 Vgl. Mk 8,31; 9,31; 10,33–34.45; 14,8.22–25.32–41; 15,22–23.27–32.34–37.

271 Natürlich gibt es im Markusevangelium auch andere Elemente, die nicht besonders asketisch zu sein scheinen. Z.B. die Tatsache, dass Jesus und seine Jünger nicht fasten (Mk 2,18). Oder die Erlaubnis, die Jesus im Markusevangelium im Unterschied zur Logienquelle seinen Jüngern gibt, Sandalen zu tragen und einen Stock mitzunehmen (Mk 6,8–9). Diese – wirklich wenigen – Elemente reichen nicht, um die These von einer Askese im Markusevangelium zurückzuweisen (vgl. Mary Ann Tolbert, *Asceticism* [wie Anm. 251], 40). Natürlich aber kann auch nicht alles, was hier als asketisch bezeichnet wird, nur so verstanden werden. Z.B. ist nicht alles, was anspruchsvoll oder kontrakulturell wirkt, *eo ipso* ein Zeichen für Askese. Trotzdem, wenn es beim Asketischen nicht in erster Linie um die Frage geht, auf dieses oder jenes zu verzichten, sondern es sich vielmehr auf das intensive Bemühen bezieht, das versucht, durch alternative soziale Praktiken und so tief wie möglich, mit dem ganzen Körper und der ganzen Seele, sich von allem zu lösen, was normalerweise als obligatorisch *und* auch wünschenswert verstanden wird, um so ein besseres bzw. erfülltes Leben kennenzulernen, in der Hoffnung, auf diese Weise eine „außergewöhnlich“ befriedigende Erfahrung zu machen, dann scheint mir dieses Bemühen sehr gut zum Ausdruck zu bringen, was die Nachfolge Jesu im Markusevangelium bedeutet.

der Antike übliche soziale Bindungen und Werte aufgeben. So wird der Prozess des Verlernens in Gang gesetzt, der die erste Etappe der Nachfolge Jesu im Markusevangelium bestimmt. Auf diesen Höhen des Weges der Jüngerschaft wird eine Fülle an grundlegenden Konzepten und üblichen Erwartungen hinterfragt und schließlich verworfen, wie z.B. das Konzept der Erlösung als Erfahrung von Ermächtigung bzw. Machtübernahme oder zurückgewonnenem Wohlstand oder das Konzept eines Messias, der den Typ eines politischen Helden verkörpert. Auch lernen wir im Markusevangelium von verschiedenen Personen, die dafür über keine traditionelle Befugnis verfügen, die am Rande des Typischen oder des Normativen lebten, wie das andere Schema aussieht, das einem Leben im Gottesreich entspricht. Viele schaffen es aber nicht, diesen Prozess, die Konzepte zu revidieren, zu einem erfolgreichen Ende zu bringen. Einige wie z.B. die Gruppe der Zwölf scheitern dabei völlig. Andere wie z.B. der reiche und gute Mann, der Jesus fragte: „Guter Meister, was muss ich tun, um das ewige Leben zu gewinnen?" (10,17) oder der Schriftgelehrte, der ihn fragte: „Welches Gebot ist das erste von allen?" (12,28) werden vom Evangelisten aus einer günstigeren Perspektive betrachtet. Trotzdem bekommen auch sie schließlich nicht, was sie gesucht haben. Tatsächlich könnte man, wenn man beim letzten Vers des Markusevangeliums angelangt ist, annehmen, dass niemand – nicht einmal Jesus – das im Text Versprochene erreichen kann, denn auf den ersten Blick stirbt auch Jesus vollkommen von Gott verlassen und ohne Trost (Mk 15,34.37). Der Mann, der den Leichnam Jesu in das Grab legt, muss noch auf das Kommen des Reiches Gottes hoffen bzw. gehofft haben (15,43). Und die Frauen, die gekommen sind, um den Körper des Verstorbenen zu salben, der nun nicht da ist, fliehen zitternd vor Angst und sagen es niemandem (16,8).

Doch obwohl dies die letzten Worte des Textes des Markusevangeliums sind, endet die Erzählung nicht an dieser Stelle. Denn der Leser, an den sich die Erzählung richtet, derjenige, der allem, was gesagt wird, wie eine Art idealer Jünger Aufmerksamkeit schenkt, hat schon im vorausgehenden Vers – dem vorletzten im Markusevangelium (16,7) – begonnen, nach Galiläa zurückzugehen, wo alles, was mit Jesus zu tun hat, angefangen hat und wo jetzt alles von neuem anfangen müsste.[272] Diese Rückkehr des Lesers in den Bereich der ersten Handlungen Jesu mit den entspre-

[272] Das heißt, im Markusevangelium ist die Rückkehr nach Galiäa die Heimkehr zum Alltäglichen, zum normalen Leben, zu der Welt, wie sie noch immer ist. Das Außergewöhnliche von Jesus gibt sich hier im Rahmen dessen zu erkennen, was immer da war.

chenden Fragen und grundlegenden Erläuterungen Jesu als Antwort auf das offensichtliche Versagen Jesu und anderer in Jerusalem, als eine Möglichkeit, die letzte Erfahrung zu überwinden, indem der Leser auf die ganze Geschichte zurückkommt, um sie noch einmal zu vertiefen und sie sich damit weiter anzueignen, ist vielleicht die „asketischste" Geste des ganzen Werkes, denn sie verlangt eine Art (geistliches) Training – der Leser muss dann alles von neuem erleben, wieder einmal, all das vermeintlich Bekannte, denn natürlich ist noch nicht klar, warum es so sein musste –, was ja die ursprüngliche (auf den Körper bezogene) Bedeutung des Begriffs „Askese" war.[273]

Zu meinem großen Erstaunen und Erschrecken und auch mit einer gewissen Enttäuschung habe ich vor kurzem gelesen, dass diese Vorstellung von einem „wahren" Christentum „ohne Kirche" im deutschen Pietismus ziemlich weit verbreitet war.[274] Obwohl es sie in der Geschichte des christlichen Glaubens nicht nur unter den deutschen Pietisten des 17. Jahrhunderts gegeben hat. Auch z.B. der sogenannte Gnostizismus der Antike hat keinen wirklich zwingenden Grund dafür gesehen, den gängigen Kirchenbegriff allzu ernst zu nehmen bzw. weiterzuentwickeln. Und die spätere christliche Askese ist als in der Weltabgeschiedenheit vollzogene Praxis immer „Gefahr" gelaufen, einen großen Teil dessen, was mit der Großkirche zu tun hatte, hinter sich zu lassen. Auch der mystische Spiritualismus des Spätmittelalters, der sich mit einem ganz anderen Realitätsprinzip der göttlichen Liebe und der damit verbundenen Vereinigung mit dem himmlischen Wesen identifizierte, hatte seinen theologischen Schwerpunkt nicht in der „irdischen, allzu irdischen" Kirchenanstalt.

Sich ein (Ur) Christentum ohne Kirche vorzustellen ist also eine Möglichkeit, die es immer wieder in der Geschichte des Christentums gegeben hat, obwohl diese Möglichkeit den Obrigkeiten zweifelsohne immer auch sehr fragwürdig oder höchst problematisch erschienen ist und wahrscheinlich auch denjenigen, für die die Kirche ein wichtiger Arbeitgeber war. Es mag sein, dass alle Bewegungen, die ich oben kurz beschrieben habe, implizit eine bestimmte Kritik an der gesellschaftlichen Kirche dargestellt oder diese explizit geübt haben. Zugleich ist es aber offensichtlich, dass die Bewegungen, die sich an dieser Kritik beteiligten, dies nicht getan haben, um sich gegen die Kirche als göttliches Projekt zu wenden, sondern um trotz der „menschlichen, allzu menschlichen" Wirk-

---

[273] Vgl. John P. Keenan, *The Gospel of Mark: A Mahayana Reading*, Maryknoll (NY) 1995, 393–397.

[274] Vgl. Martin Schmidt, *Pietismus*, Stuttgart 1972, 84 (über Gottfried Arnold).

lichkeit dieser Kirche in das Gottesreich bzw. in die Ewigkeit Gottes eintreten zu können. Und daher stellt sich die Frage: Ist so etwas nicht genau das, was wir im Markusevangelium sowohl mit Jesus als auch von Jesus wieder einmal in Galiläa lernen könnten, wenn wir seine Lehre und Wunder ohne apokalyptische „Machtphantasien" verstehen würden?

Kapitel VII
Was für eine Lehre ist dies? Das Mysterium der Befreiung

Ein andermal lehrte er wieder am Ufer des Begreiflichen und so viele Menschen, wie da waren, versammelten sich vor ihm. Er stieg deshalb aufs Podium und blieb stehen: die Leute aber saßen noch. Und er sprach lange zu ihnen und lehrte sie in Form von Gleichnissen.[275]

„Wir sind gerettet, aber wir sind nicht befreit“ (Norbert Wollheim, 26. August 1945). So lautet die Wandinschrift im Wollheim Memorial, das am Eingang der Goethe-Universität in Frankfurt a.M. steht. In den ersten Wochen meines Aufenthalts als Gastprofessor der Goethe-Universität bin ich jeden Tag an diesem Memorial vorbeigelaufen, ohne es wirklich zu sehen. Ich war zu der Zeit zu sehr mit meinen bevorstehenden Verpflichtungen beschäftigt, um mir so etwas anzuschauen. Zu sehr von Erschrecken und Entsetzen über die Arbeit, die ich bald erledigen sollte, erfüllt, um meine „Umwelt“ wahrzunehmen, an etwas anderes als das Eigene zu denken und mir die Augen öffnen zu lassen.

Eines Abends aber ist mir in der Dämmerung der oben zitierte Satz plötzlich aufgefallen, als ich wie immer eilig daran vorbeiging. Wahrscheinlich war es wegen des Lichtes, das in dem kleinen Gebäude – es war mir noch nicht klar, dass es ein Memorial ist – noch brannte. Der Satz ist mir aber bis vor kurzem so im Gedächtnis geblieben: „Wir sind gerettet, aber wir sind noch nicht befreit.“ Als ob die Befreiung selbstverständlich noch möglich sein müsste. Als ob sie irgendwann stattfinden sollte. Als ob es einfach unerträglich wäre, ohne sie weiterzuleben. Dann habe ich – wie es sich für einen Exegeten gehört – mein Gedächtnis an dem Text überprüft. In der Wandinschrift des Memorials fehlt leider das Adverb „noch“. Der Satz von Norbert Wollheim lautet wörtlich: „Wir sind gerettet, aber wir sind nicht befreit.“

Trotzdem scheint mir der Satz nicht nur die Lage der Juden im Hochsommer 1945 im Norden Deutschlands zu beschreiben, sondern auch eine theologische Wahrheit auszudrücken, die für die Christen immer noch gilt, nämlich: Wir sind erlöst, aber wir sind (noch) nicht befreit. Man kann nicht besser beschreiben, was uns fortwährend plagt: Wir sind seit langem

275 Vgl. Mk 4,1–2.

erlöst, gerettet, entwickelt, ausgebildet, etabliert, versichert, in den Ruhestand gelangt, ab und zu reich geworden … aber (noch) nicht befreit.[276]

Dann habe ich den Brief gelesen, in dem Norbert Wollheim diesen Satz ursprünglich geschrieben hat. Der Satz steht auf der zweiten Seite des Briefes, gleich nach der Beschreibung einer Massenveranstaltung, die unter dem Motto *6 Millionen vergaste Juden – Welt, wo ist Dein Gewissen?* stattfand, und der damit verbundenen Anmerkung: „Dieses Motto ist kennzeichnend für die Situation, in der wir zur Zeit leben." Auf der ersten Seite des Briefes spricht Wollheim, bevor er die Situation der Juden beschreibt, die sich nach dem Zweiten Weltkrieg noch in Deutschland befanden, von den zwei „grundsätzlichen Forderungen", die diese Juden stellten, „neben den materiellen Sorgen, die nicht nachgelassen haben. […] Die 2. Forderung ist die, von der wir bereits in der ersten Minute, in der wir Sie trafen, gesprochen haben, nämlich Deutschland so schnell es nur irgend geht endlich verlassen zu können". Mit anderen Worten: Endlich „befreit" zu werden von dem, was vermutlich schon vorbei war. Die Gräber der Konzentrationslager standen in Deutschland nach dem Krieg sozusagen „leer", aber die Befreiung, zu der die angekündigte Auferstehung der (fast) Toten in ihnen geführt haben sollte, stand noch aus.

Wenn ich dann sage, dass so etwas auch im Markusevangelium der Fall ist, will ich nur bekennen, dass ich bei der Vorbereitung dieses Buches von dem Satz Norbert Wollheims und seinem Hintergrund zunehmend betroffen gewesen bin. Wie erreicht man die Befreiung, von der dieser Jude gesprochen hat? Wie gelangt man in das Reich so einer Befreiung? Was tut man, wenn man überhaupt etwas tun kann, um sich zu befreien oder sich befreien zu lassen? Es ist beeindruckend, wie viel Norbert Wollheim jenseits der Konzentrationslager, wo er „alles" verloren hatte, noch tun konnte. Aber kann man Befreiung lernen? Hat das Wollheim Memorial nicht etwas mit den Zwecken einer Universität wie der Goethe-Universität zu tun? Wie versteht man aber dieses Mysterium, wenn man so etwas beschreiben kann? Und welche Rolle könnte das Markusevangelium, „aus amerikanischer Perspektive" gelesen, dabei spielen?

---

276 Vgl. Valentin Senger, *Der Heimkehrer: Eine Verwunderung über die Nachkriegszeit*, München 1995, 103: „Fünfzig Jahre danach ist das Grauen verblaßt, sind Angst und Schrecken verdrängt. In der Erinnerung geblieben ist das Absurde dieser Tage – und eine Zeit voller Hoffnung auf eine bessere, humanere, friedlichere Welt. Geblieben ist die Verwunderung, überlebt zu haben – gegen alle Logik. Und übriggeblieben eine große Trauer um einen zerstobenen Traum."

Bei dieser Belehrung sagte er zu ihnen ...[277]

Im Markusevangelium wird Jesus oft als Lehrer beschrieben.[278] Was aber lehrt Jesus in diesem Werk?[279] Was lernen wir zum Beispiel in Mk 1,21–22.23–27? Obwohl wir im Text lesen: Jesus „ging in die Synagoge und lehrte. Und die Menschen waren sehr betroffen von seiner Lehre: denn er lehrte sie wie einer, der Vollmacht [*exousia*] hat, nicht wie die Schriftgelehrten“, wird uns vom Evangelisten nicht mitgeteilt, was Jesus inhaltlich gesagt hat. Statt Unterricht bekommen wir die Beschreibung eines Exorzismus, bevor noch einmal gesagt wird: „Was hat das zu bedeuten? Hier wird mit Vollmacht eine ganz neue Lehre verkündet“ (1,27).

Eine ganz neue Lehre, deren Inhalt aber nicht mitgeteilt wird. In dem Satz wird nur die Tatsache unterstrichen, dass Jesus „nicht wie die Schriftgelehrten“ gelehrt hat und dass es ihm bzw. seiner Lehre gelungen ist, dass ihm „die unreinen Geister gehorchen“ (1,27). Im Gegensatz zu den drei anderen kanonischen Evangelien gibt Jesus als Lehrer im Markusevangelium keinen richtigen Unterricht.[280] Seine Lehre hat gar nichts damit zu tun, was man sonst als Erziehung oder Ausbildung versteht. So fragt man sich wieder: Was für eine Lehre ist dies?

Als er mit den Begleitern der Vorlesungsreihe und der Professorengruppe im Hörsaal allein war, fragten sie ihn nach dem Sinn seiner Gleichnisse. Da sagte er zu ihnen ...[281]

Jetzt habe ich nicht mehr vor, das Markusevangelium auf der Ebene der Erzählung zu erklären. Stattdessen fange ich sofort damit an, das Markusevangelium als Zeugnis eines Lebensprojektes zu interpretieren, d.h. ich fange ohne Weiteres an, prinzipiell als Zeuge dieses Zeugnisses zu sprechen. Wieso? Es wird jetzt immer schwieriger, das, was ich in meinem eigenen Leben zusammen mit dem Markusevangelium erlebt, ausprobiert, erforscht und entwickelt habe, um das eigene Leben zu ermöglichen, zu

277 Siehe Mk 4,2.

278 Siehe Mk 4,38; 5,35; 9,17.38; 10,17.20.35; 12,14.19.32; 13,1; 14,14 (*didaskalos*); 1,21.22; 2,13; 4,1.2; 6,2.6.34; 8,31; 9,31; 10,1; 11,17; 12,14.35; 14,49 (*didaskein*); 1,22.27; 4,2; 11,18; 12,38 (*didachê*). Außerdem: Vernon Robbins, *Jesus the Teacher: A Socio-Rhetorical Interpretation of Mark*, Philadelphia 1984.

279 Im letzten Abschnitt dieses Kapitels werde ich versuchen, eine Antwort auf diese Frage zu geben.

280 Nach dem Urteil meines Vaters bestätigt dies nur, dass der Mann einmal Professor an der Universität Toronto gewesen ist.

281 Vgl. Mk 4,10.

bereichern, zu verstehen, zu ertragen, klar von dem zu unterscheiden, was der Text einst unabhängig von meinem Leben zu anderen Zwecken zum Ausdruck brachte.

Diese Verquickung des eigenen Lebens mit dem biblischen Text hat sowohl mit der Geschichtlichkeit des menschlichen Verstehens als auch mit der Geschichtlichkeit (des Konzepts) des Geschichtlichen zu tun. Was einmal „war", was momentan „ist" und was immer noch daraus werden wird oder werden könnte, wird durch die jetzt vorgenommene Relektüre des Markusevangeliums immer mehr miteinander verschmolzen oder verbunden. Bei dieser Relektüre verwandelt sich der biblische Text in einen Treffpunkt für viele andere Lebensprojekte. Das Markusevangelium, das zuerst Zeugnis eines Lebensprojektes „in der Vergangenheit" war, das dem Evangelisten „Markus" entsprach, wird hier durch das Zeugnis, das ich jetzt, „in unserer Gegenwart", durch eine Relektüre dieses Zeugnisses ablege, auch Zeugnis eines Lebensprojektes, das ich und vielleicht – hoffentlich – andere Zeitgenossen zusammen mit mir zu realisieren versuchen, dessen Umsetzung aber noch „in der Zukunft" liegt.

Dadurch fangen sowohl der biblische Text als auch das eigene Leben des jetzigen Lesers wieder neu an, etwas zuvor Unbekanntes zusammen zu entwickeln. Bei dieser Relektüre ist der Text in der Tat kein Mittel der sogenannten Kommunikation, d.h. er stellt keine Mitteilung irgendeiner Botschaft dar, sondern erschafft einen besonderen Raum oder Rahmen eines lebendigen Lernprozesses.[282] Im Fall des Markusevangeliums heißt dieser Lernprozess: „(Neu-)Anfang des Evangeliums von Jesus Christus, dem Sohn Gottes" (1,1).

Und er sagte zu ihnen: Wenn ihr schon dieses Gleichnis nicht versteht, wie wollt ihr dann all die anderen Gleichnisse verstehen?[283]

Was für ein Lernprozess ist das, was ich gerade als Relektüre des Markusevangeliums beschrieben habe? Mit welchen Personen aus diesem Werk soll ich mich z.B. identifizieren, um an ihrem befreienden Lernprozess teilnehmen zu können? Beim ersten Lesen der Erzählung werde ich mich vielleicht ganz selbstverständlich mit denen identifizieren, die von Jesus selbst im Markusevangelium ausdrücklich dazu berufen worden sind, ihm nachzufolgen. Und vielleicht auch noch in einer zweiten Runde.

---

[282] Siehe Kapitel I dieses Buches. Vgl. auch Vaage, *Borderline Exegesis* (wie Anm. 24),11–12.

[283] Siehe Mk 4,13.

Und – warum nicht? – auch beim dritten Mal. Aber warum immer nur mit diesen Figuren?

Aus welchem Grund soll man dazu gezwungen sein, sich grundsätzlich oder hauptsächlich nur mit den sogenannten Auserwählten der Gruppe der Zwölf zu identifizieren, wenn diese Gruppe im Markusevangelium letzten Endes deutlich an der Nachfolge Jesu gescheitert ist? Es mag sein, dass ich diese Menschen im vorletzten Kapitel zu schnell beiseitegeschoben habe. Vielleicht muss man den Lernprozess des Markusevangeliums immer mit ihnen beginnen und auch mit ihnen denselben Prozess noch einmal wiederholen usw.

Aber wie kann man unter ihrer Anleitung endlich das Ziel erreichen – wenn es überhaupt erreichbar ist –, die Lehre Jesu im Markusevangelium zu verstehen? Wenn man sich prinzipiell mit der Gruppe der Zwölf identifizieren soll, wie kann man dann nach ihrem Vorbild lernen, sich in das Lehrprojekt Jesu völlig zu integrieren, das Leben „dreißigfach, ja sechzigfach und hundertfach" zu genießen, das Reich Gottes „wie ein Kind" anzunehmen und dabei „schon auferstanden" mit Freude im Erdbeben dieser neuen Welt zu „verschwinden"? Im vorletzten Kapitel habe ich nur darauf hinweisen wollen, dass es im Markusevangelium auch andere und vielleicht bessere Beispiele für die Nachfolge Jesu gibt, die wir beobachten und nachahmen könnten, um einen größeren Erfolg im Fachbereich „Ewiges Leben" zu erzielen.

Wie Jesus selber seinem Jünger Johannes geantwortet hat, als Johannes zu ihm gesagt hatte: „Meister, wir haben gesehen, wie jemand in deinem Namen Dämonen austrieb; und wir versuchten, ihn daran zu hindern, *weil er uns nicht nachfolgt*. Da sagte Jesus: Hindert ihn nicht! [...] Denn wer nicht gegen uns ist, der ist für uns" (Mk 9,38–40; vgl. Lk 9,49–50). Am Wichtigsten ist also nicht die Frage, wer den Lernprozess des Markusevangeliums anleitet oder begleitet. Am Wichtigsten ist vielmehr die Frage, wie man endlich das lernt, was unbedingt nötig ist, um das Leben nicht nur zu retten, sondern auch zu befreien.

Er sagte zu ihnen: Zündet man etwa ein Licht an und stülpt ein Gefäß darüber oder stellt es unter das Bett? Stellt man es nicht auf den Leuchter?[284]

[284] Siehe Mk 4,21.

Der Begriff „Relektüre“ stammt aus dem Lebensprojekt, das in Lateinamerika „Theologie der Befreiung“ genannt wurde.[285] Methodologisch wird hier das Markusevangelium im Rahmen dieses Lebensprojektes als Gegenstand der gegenwärtigen Kultur betrachtet und deswegen zwangsläufig „aus amerikanischer Perspektive“ verstanden. Der biblische Text wird als möglicherweise hilfreiches Element bei der Bemühung um eine Verbesserung des aktuellen Lebens gesehen. Theologisch wird das Zeugnis des Textes deswegen weiterentwickelt als etwas, das im Dienst des Mysteriums der „Befreiung“ steht.

Vor fast 20 Jahren haben Ignacio Ellacuría und Jon Sobrino ein Buch mit dem Titel *Mysterium Liberationis: Grundbegriffe der Theologie der Befreiung* herausgegeben.[286] Zu dieser Zeit war das Buch kirchenpolitisch notwendig. Das Buch könnte aber auch als eine Art „Theologie interkulturell“ verstanden werden, insofern man damit versucht hat, einem Leserkreis im europäisch-nordamerikanischen Norden die lateinamerikanische Theologie der Befreiung verständlich zu machen bzw. ihm gegenüber zu verteidigen. Ich befürworte diese (vermutete) Zielsetzung des Buches von Ellacuría und Sobrino. Ich muss aber auch gestehen, dass ich davon nicht sehr überzeugt bin, denn ich glaube, die Form des Buches ist für diese Zwecke nicht geeignet. Das Buch scheint mir Gefahr zu laufen, den eigenen Geist durch seine angeblich wissenschaftliche Gestalt zu verlieren. Trotzdem stelle ich hier in diesem Kapitel eine ähnliche Frage wie das Buch, nämlich: Welche Grundbegriffe einer Theologie der Befreiung kann bzw. soll man im Markusevangelium aus der Lehre Jesu (z.B. in Bezug auf das Thema Gottesreich) lernen? Ich habe in den vorausgehenden Kapiteln schon eine Reihe verschiedener Ausdrücke benutzt, die möglicherweise zu den „Grundbegriffen“ einer Theologie der Befreiung im Markusevangelium gehören sollen. Zum Beispiel habe ich empfohlen:

- eine „Auswanderung heimwärts“ in eine neue Welt, die noch möglich ist …
- eine „hysterische“ Hoffnung, weil die Apokalypse schon vorbei ist …
- eine noch nicht verlorene Fähigkeit, das Trauma des Vergangenen, das auch den Verlust der Vergangenheit einschließt, „durcharbeiten“ zu können …

---

[285] Vgl. Gustavo Gutiérrez, *Teología de la liberación: perspectivas*, Lima 1971; auch Frederick Herzog, *Liberation Theology: Liberation in the Light of the Fourth Gospel*, New York 1972.

[286] Luzern 1995.

- ein endgültiges „Verschwinden“ aus einer Welt der Machtphantasien …
- eine „Auferstehung“, die uns droht, dass wir noch weiterleben werden …
- eine traumatisierte Gegenwart, in der man dennoch lernen soll, das Gottesreich zu betreten am Rande des normalerweise Wichtigen …

Es gibt nichts Verborgenes, das nicht offenbar wird, und nichts Geheimes, das nicht an den Tag kommt.[287]

In dieser Vorlesungsreihe bin ich mir ab und zu vorgekommen wie der Affe in Kafkas Erzählung *Ein Bericht für eine Akademie*. Der Affe berichtet:

Hohe Herren [und Damen] von der Akademie! Sie erweisen mir die Ehre, mich aufzufordern, der Akademie einen Bericht über mein äffisches Vorleben [in Amerika] einzureichen. In diesem Sinne kann ich leider der Aufforderung nicht nachkommen. Nahezu fünf Jahre trennen mich vom Affentum, eine Zeit, kurz vielleicht am Kalender gemessen, unendlich lang aber durchzugaloppieren, so wie ich es getan habe, streckenweise begleitet von vortrefflichen Menschen, Ratschlägen, Beifall und Orchestralmusik, aber im Grunde allein, denn alle Begleitung hielt sich, um im Bilde zu bleiben, weit von der Barriere. […] Ich wiederhole: es verlockte mich nicht, die Menschen nachzuahmen; ich ahmte nach, weil ich einen Ausweg suchte, aus keinem anderen Grund. […] Als ich in Hamburg dem ersten Dresseur übergeben wurde, erkannte ich bald die zwei Möglichkeiten, die mir offenstanden: Zoologischer Garten oder Varieté. Ich zögerte nicht. Ich sagte mir: setze all Kraft an, um ins Varieté zu kommen; das ist der Ausweg; Zoologischer Garten ist nur ein neuer Gitterkäfig; kommst du in ihn, bist du verloren. Und ich lernte, meine Herren. Ach, man lernt, wenn man muss; man lernt, wenn man einen Ausweg will; man lernt rücksichtslos. […] Diese Fortschritte! Dieses Eindringen der Wissensstrahlen von allen Seiten ins erwachende Hirn! Ich leugne nicht: es beglückte mich. […] Durch eine Anstrengung, die sich bisher auf der Erde nicht wiederholt hat, habe ich die Durchschnittsbildung eines Europäers erreicht. Das wäre an sich vielleicht gar nichts, ist aber insofern doch etwas, als es mir aus dem Käfig half und mir diesen besonderen Ausweg, diesen Menschenausweg verschaffte. Es gibt eine ausgezeichnete

---

[287] Siehe Mk 4,22.

deutsche Redensart: sich in die Büsche schlagen; das habe ich getan, ich habe mich in die Büsche geschlagen. Ich hatte keinen anderen Weg, immer vorausgesetzt, dass nicht die Freiheit zu wählen war.[288]

Die Erzählung Kafkas soll auf zauberhafte Weise entzaubern. Sie stellt ziemlich viel aus dem Bereich der Bildung und der Wissenschaft in Frage. Ich möchte nur einige wichtige Sätze der Erzählung nochmals zitieren:

- „… ich ahmte nach, weil ich einen Ausweg suchte, aus keinem anderen Grund."
- „Und ich lernte, meine Herren. Ach, man lernt, wenn man muß; man lernt, wenn man einen Ausweg will; man lernt rücksichtlos."
- „Das wäre an sich vielleicht gar nichts, ist aber insofern doch etwas, als es mir aus dem Käfig half und mir diesen besonderen Ausweg, diesen Menschenausweg verschaffte."
- „Ich hatte keinen anderen Weg, immer vorausgesetzt, dass nicht die Freiheit zu wählen war."

Wie aber sähe dieser Lernprozess aus, wenn die Freiheit doch zu wählen wäre? Wenn man noch von Befreiung reden könnte? Wie gesagt habe ich mich mehrmals mit dem Affen in Kafkas Erzählung identifiziert, weil auch der Affe „einen Ausweg suchte" … „einen Ausweg will" … sich einen „besonderen Ausweg, diesen Menschenausweg verschaffte" …, obwohl er bzw. Kafka der Meinung war, die Freiheit komme nicht in Frage, es gebe nur die zwei Möglichkeiten: entweder den zoologischen Garten oder das Varieté. Trotzdem hat der Affe bzw. Kafka immer wieder seinen Willen zur Befreiung zum Ausdruck gebracht. Er wollte unbedingt „aus dem Käfig" herauskommen.

Wer Ohren hat zu hören, der höre!

Wie der Affe in Kafkas Erzählung hat auch der Evangelist im Markusevangelium seinen Bericht über das „Vorleben Jesu" in einer Gefangenschaft verfasst, die weder im zoologischen Garten bzw. im römischen Zirkus noch im Varieté bzw. als Teil des Römischen Friedens stattfand, sondern in einem Niemandsland, auf einer Zwischenstufe, wo man sozu-

[288] Franz Kafka, *Ein Bericht an eine Akademie*, in: ders., Gesammelte Schriften, hg. von Max Brod, 5 Bde., Berlin 1935, 1166–1177.

sagen in der Luft hing und nicht wusste oder nur ahnen konnte, wohin das Leben führen sollte. Eine Situation wie diejenige, über die Norbert Wollheim in seinem Brief am 26. August 1945 geschrieben hat. Unter solchen Umständen stellt man die Frage – ob man sie stellen will oder nicht – nach der Befreiung.[289] Man will unbedingt einen Ausweg finden.

Weiter sagte er: Achtet auf das, was ihr hört! Nach dem Maß, mit dem ihr meßt und zuteilt, wird euch zugeteilt werden, ja, es wird euch noch mehr gegeben.[290]

Im ersten Kapitel dieses Buches habe ich im Namen des Markusevangeliums versprochen, kein melancholisches Lied zu singen. Was für ein Lied aber soll dieser Gesang der Befreiung sein, und zwar jener, den Jesus im 4. Kapitel des Werkes probt? Bald stehen wir wieder vor dem Meister am Ufer des galiläischen Sees, um seiner Lehre aus dem Boot auf dem See zuzuhören. Was erwarten wir von dieser Lehre, wir, die jetzigen Leser und Leserinnen des Markusevangeliums, die schon der Aufforderung des jungen Mannes im leeren Grab gefolgt und im Kielwasser der „Naturgeschichte der Zerstörung", die sich in Jerusalem ereignet hat, nach Galiläa zurückgekehrt sind, um dort den Auferstandenen wieder zu „sehen, wie er euch gesagt hat"? Was kann Befreiung bedeuten nach der vollzogenen Vernichtung?[291]

In seinem Buch *Die Ringe des Saturn* hat W.G. Sebald einen Strand an der nordöstlichen Küste Englands beschrieben, wo sich Menschen versammeln, um eine andere Art der Befreiung zu praktizieren. Zum Schluss meint Sebald: „Ich denke nicht, dass diese Männer tage- und nächtelang am Meer sitzen, um, wie sie behaupten, die Stunde nicht zu versäumen, zu der die Wittlinge vorbeiziehen, die Flundern steigen oder der Kabeljau gegen die Küste schwimmt, sondern sie werden sich einfach

---

289 Kafkas Affe sagt, er habe auf diesem „besonderen Ausweg, diese[m] Menschenausweg", die Möglichkeit der Befreiung noch nicht erlebt, nicht zuletzt deshalb, weil er – was in seinem Fall richtig ist – vorausgesetzt hatte, dass „nicht die Freiheit zu wählen war". Im Markusevangelium scheint mir aber die Lehre Jesu nicht von dieser Annahme auszugehen. Man soll noch in das Gottesreich eintreten können. Deswegen heißt es: „Euch ist das Geheimnis des Gottesreichs anvertraut" oder schon gegeben (Mk 4,11). Und danach erzählt Jesus einige Gleichnisse, um diese andere „Wirklichkeit" zu erklären, die aber niemand versteht oder verstehen will oder kann. Wie lernt man dann, befreit zu werden?

290 Siehe Mk 4,24.

291 Vgl. nochmals den oben zitierten Spruch von Norbert Wollheim: „Wir sind gerettet, aber wir sind nicht befreit."

an einem Ort aufhalten wollen, an dem sie die Welt hinter sich haben und vor sich nichts mehr als Leere."[292] Man könnte sich fragen, ob meiner Relektüre des Textes zufolge das Markusevangelium nicht solch eine „inhaltsleere" Befreiung „vor sich" hat. Ob die Lehre Jesu nach dieser Interpretation nicht lediglich eine besondere „Ermunterung zur Grenzüberschreitung" ist. Die Lehre Jesu wäre dann eine besondere Leere Jesu.

Teilweise stimmt diese Vermutung. Sowohl die Nachfolge Jesu als auch der Eintritt in das Gottesreich werden im Markusevangelium von Jesus als Lebensmöglichkeiten beschrieben, die überwiegend mit einem Verlassen der Normalität und des Gewöhnlichen verbunden sind. Und was man dadurch zurückbekommen oder zurückgewinnen soll, nachdem man „alles verlassen hat", wird im Markusevangelium oft nur unter großem Vorbehalt angedeutet.[293] In diesem Fall wäre die Befreiung, die Jesus im Markusevangelium lehrt, eine Herausforderung im Sinne Kierkegaards. Man würde sich in die Tiefe eines unbestimmten „Nichts" bzw. in den Abgrund eines vollständigen Unwissens fallen lassen, in dem man jenseits aller Versicherung irgendeines Ergebnisses die verborgene Gnade Gottes erfahren würde und nur auf diese Weise in das Reich Gottes eintreten könnte. Die Befreiung wäre also auch in diesem Fall die Erfahrung einer fruchtbaren oder „hysterischen" Leere. Eine Art Aufenthalt vor dem Meer, in dem nicht nur Wittlinge, Flundern und Kabeljau vorbeischwimmen, sondern auch das Ungeheuer, das Leviathan heißt, und der Andere, der mit ihm spielt, auftauchen können.

So leer aber ist die Lehre Jesu von der Befreiung im 4. Kapitel des Markusevangeliums schließlich nicht. Es gibt noch etwas „mehr" hier als nur das unergründliche, unfassbare „Meer", das es uns ermöglichen sollte, das Geheimnis des Gottesreiches bzw. das Mysterium der Befreiung zu lernen. Obwohl die Rede Jesu im 4. Kapitel des Markusevangeliums in einem Boot auf dem See gehalten wird, geht es in dieser Rede fast ausschließlich um Bilder, die mit der fruchtbaren Erde zu tun haben. In den Gleichnissen des Kapitels wird das Gottesreich verschiedenartig beschrieben, z.B. als das, was mit einem Sämann passiert, oder als das, was auf einem Acker passiert, oder als das, was mit einem Senfkorn passiert. Nur in diesem Kapitel wird gesagt, dass das Gottesreich bzw. das Geheimnis des Gottesreiches schon „da" ist, weil es „euch schon gegeben worden ist (*dedotai*)", nämlich denen, die die Begleiter Jesu zusammen mit den Zwölf (*hoi peri auton syn tois dôdeka*) waren (4,10). Zugleich

292 Sebald, *Ringe des Saturn* (wie Anm. 187), 69.

293 Wie soll man aber die Verheißung in Mk 10,28–29 verstehen?

aber wird auch unterstrichen, dass niemand aus dieser Gruppe – jetzt wieder auf der Ebene der Erzählung – imstande war, das Geheimnis zu begreifen, was uns aber nicht überraschen soll, wenn es beim Gottesreich um Befreiung geht (vgl. 4,11–12 und 4,33–34; 8,17–18).

Die Befreiung liegt schon auf der Hand, aber wir haben – so sieht es leider aus – eigentlich keine Ahnung davon. Wir verstehen nicht, wie man sie wirken lassen bzw. verwirklichen kann. Trotzdem bleibt die Möglichkeit der Befreiung fortwährend da als Horizont oder als eine Art „rezessives Gen" des menschlichen Lebens, das aber jederzeit „aufgefressen" und „ausgetrocknet" und „erstickt" wird oder bestenfalls „verborgen" bleibt. Auf jeden Fall wird die Befreiung nie völlig ausgerottet. Irgendwie ist sie immer noch „da", unter den Menschen, der Lehre Jesu im 4. Kapitel des Markusevangeliums zufolge.

Im Vergleich zum Gleichnis vom Senfkorn in der Logienquelle, in dem der Mensch eine entscheidende Rolle bei der Ermöglichung des Gottesreiches spielt und das Ergebnis seines Tuns völlig fantastisch oder übernatürlich ist, bleibt das Gleichnis vom Senfkorn im Markusevangelium (4,30–32) innerhalb der Grenzen der botanischen Vernunft.[294] Denn der Senf ist eine Art Kraut, wie im Markusevangelium, und kein Baum, wie in der Logienquelle beschrieben! Es könnte sein, dass der Evangelist, der das Markusevangelium geschrieben hat, nicht nur alle Machtphantasien, sondern leider auch die Phantasie an sich als Bestandteil seiner Hoffnung nach dem Scheitern des Ersten Jüdischen Krieges verloren hat. Denn die Befreiung, die im 4. Kapitel des Markusevangeliums in den Gleichnissen Jesu geschildert wird, ist zweifelsohne „bescheidener" als die, von der vor diesem Krieg in mehreren Sprüchen der Logienquelle die Rede ist. Das hat wahrscheinlich etwas mit den geschichtlichen Bedingungen der Hoffnung zu tun. Trotzdem bzw. vor allem deshalb muss man in Betracht ziehen, dass es gleichzeitig in den Gleichnissen Jesu im 4. Kapitel des Markusevangeliums etwas gibt, das unheimlich oder befreit und befreiend wirkt.

Z.B. scheint sich der Sämann, der aufs Feld gegangen ist, um zu säen, keine großen Gedanken über die Verteilung der Körner zu machen. Er sät sie überall, und ein großer Teil fällt dahin, wo es vermutlich keine Möglichkeit gibt, mit großem Gewinn zu ernten. Der Sämann sät trotzdem überall, obwohl man fragen könnte, ob es eigentlich so schwer ist, den Weg, die Steine und die Dornen von dem guten Boden klar zu unterschei-

---

[294] Vgl. Immanuel Kant, *Die Religion innerhalb der Grenzen der bloßen Vernunft*, Königsberg 1793; außerdem: Vaage, *Galilean Upstarts* (wie Anm. 261), 63–64.

den. Die Deutung des Gleichnisses vom Sämann, die der Evangelist in Mk 4,13–20 anbietet, soll dem Leser erklären, dass es sich bei den Empfängern der Körner bzw. des verkündeten Wortes um Menschen handelt und es darum nicht möglich ist, im Voraus zu wissen, wo genau der gute Boden liegt. Trotzdem ist es merkwürdig, dass der Sämann, der als Lehrer oder Prediger zu verstehen ist, sich keine Gedanken darüber macht, mit wem oder wie er redet. Sein Wort wird einfach verstreut, ohne dass das Ziel dieses Verstreuens genauer bestimmt wird. Als ob man keine im Voraus bekannten Konsequenzen erwarten könnte oder sollte.

Wieso ist das aber nicht nur ein Zeichen reiner Dummheit? Wieso sollte es vielmehr ein Ausdruck gelassener Sorglosigkeit sein? Wird hier nicht einfach ein fehlender Optimierungswille dargestellt? Oder spielt eine besondere Art der Großzügigkeit dabei eine Rolle? Wird z.B. gezeigt, wie Befreiung geschaffen oder „verbreitet“ wird? Oder handelt es sich nur um ein Beispiel für ein altmodisches Managementmodell? Man bekommt bei der Deutung des Gleichnisses im Markusevangelium keine klare Antwort auf diese Fragen, nur eine „eröffnende“ Ambivalenz.

Im zweiten Gleichnis des 4. Kapitels des Markusevangeliums gibt es noch einen Sämann, der Samen streut. Dann aber tut er nichts mehr. Er schläft, steht auf, schläft nochmals ein. Er hat anscheinend gar nichts mehr mit „seinem“ Samen zu tun. Die Erde selber bringt die Frucht des Samens hervor. Der Sämann wartet nur darauf, dass die Frucht irgendwann herangereift sein wird. Dann genießt er das, was die Erde „automatisch“ hergestellt hat.

So handelte man vielleicht, als die Menschheit noch „Jäger und Sammler“ war. So handelte man vielleicht, als es noch gute Erde gab. So handelte man vielleicht, als wir noch damit zufrieden waren, nur das, was die Erde von selbst hergab, zu konsumieren. Heutzutage aber könnte man sich – aus irgendeinem Grund – kaum noch so verhalten. Regelmäßig schlafen aber, das wäre doch schön. Nicht immer nachschauen zu müssen, ob der eigene Einsatz erfolgreich gewesen ist, sich nicht überall schützen zu müssen, gegen alles verteidigen, jedes Problem vorhersehen, vorwegnehmen, vorsorgen, das wäre auch nicht schlecht. Aber wieso soll die Erde „automatisch“ produktiv sein? Macht denn nicht Arbeit frei, Fleiß reicher, konstante Aufmerksamkeit sicher?

Im zweiten Gleichnis gibt es noch eine Ambivalenz, die die Selbstverständlichkeit des Selbstverständlichen in Frage stellt und dadurch die Möglichkeit einer unbekannten Befreiung erkennen lässt. Die Befreiung ist daher wie ein Senfkorn. So heißt es im dritten Gleichnis dieses Kapitels des Markusevangeliums. Die Befreiung ist wie eine Plage für den ordentlichen Garten, wie die Wildschweine in Baden-Württemberg. Im dritten Gleichnis weiß man aber wieder nicht, wie der Samen gesät worden, wie er in die Erde gekommen ist, wie sich das Zeug in das Alltagsleben der Menschen hineingeschmuggelt hat. Man weiß nur, dass es bald das ganze Gebiet überwuchert. Es wird wachsen, bis in seinem Schatten die Vögel des Himmels nisten. Und nicht nur die Vögel, sondern alles, was auf der Erde lebt, soll unter den Zweigen dieser Plage befreit wohnen.[295] So lautet die Lehre Jesu über das Geheimnis des Gottesreiches bzw. der Befreiung im 4. Kapitel des Markusevangeliums. Uns soll dieses Geheimnis schon gegeben sein. Wer hat es begriffen?

Durch viele solche Gleichnisse verkündete er ihnen das Wort, so wie sie es aufnehmen konnten bzw. wie er es ihnen vorzutragen vermochte.[296]

Das Mysterium der Befreiung bzw. des Gottesreiches, das Jesus im 4. Kapitel des Markusevangeliums erklärt, scheint mir das Gleiche zu sein wie in einer anderen Erzählung, die ich – vielleicht als ich noch in Peru wohnte – einmal gelesen habe, aber nicht mehr zuordnen kann. Die Erzählung lautet: Ein junger Mann möchte Mönch in einem buddhistischen Kloster werden. Oder war es im Franziskanerkloster Santa Rosa de Ocopa im Mantaro-Tal in den Anden? Der junge Mann fragte den Novizenmeister, wie lange es noch dauern würde, bis er endlich Mönch sei. Er könnte aber auch gefragt haben, wie lange es noch dauern würde, bis er sich im Reich der Befreiung befände. Der Novizenmeister antwortete ihm: Neun Jahre. Das scheint mir aber sehr lang zu sein, sagte der junge Mann. Es gibt aber sehr viel, sagte der Novizenmeister, was Sie noch lernen müssen. Aber was muss ich alles lernen? fragte der junge Mann, der etwas ungeduldig geworden war, weil es so lange dauern sollte. Da wies der Novizenmeister auf ein Gebirge weit in der Ferne hin. Er fragte den jungen Mann: Sehen Sie das Gebirge in der Ferne? Jawohl, sagte der junge Mann. Wie erscheint es Ihnen? fragte der Novizenmeister. Sehr groß, sagte der junge Mann, und auch ziemlich schwer. Nach neun Jahren, sagte der Novizenmeister, werde ich Ihnen dieselbe Frage nochmals stellen. Das Gebirge wird noch da, noch groß und noch ziemlich schwer

---

[295] Vgl. ebd., 171, Anm. 57; ders., *Jewish Scripture, Q and the Historical Jesus: A Cynic Way with the Word?* in: A. Lindemann (Hg.), The Sayings Source Q and the Historical Jesus, Leuven 2001, 479–495, bes. 486; ders., *El Evangelio de Marcos: su género literario, el problema sinóptico, y lo que se descubre comparando los textos compartidos con el Documento Q*, in: RIBLA 64 (2010), 22–34, bes. 31–32.

[296] Vgl. Mk 4,33.

sein. Aber dann werden Sie auch den Eindruck haben, dass es irgendwie frei in der Luft schwebt. Etwas Ähnliches hat Jesus meiner Meinung nach im 4. Kapitel des Markusevangeliums über das Gottesreich gelehrt.

Nur in Gleichnissen redete er; der Zuhörerschaft aber erklärte er alles, als er mit ihnen (nach der kleinen Pause) noch zusammen im Hörsaal blieb.[297]

Neben den Gleichnissen, die Jesus im 4. Kapitel des Markusevangeliums erzählt, könnte man zu seiner Lehre auch die verschiedenen Streitgespräche rechnen, die Jesus z.B. in Mk 2,1–3,35; 7,1–23; 8,11–21; 11,27–12,40 führt. Und in 8,31–10,45 gibt es außerdem u.a. eine Reihe von Texten, in denen Jesus sowohl über den eigenen Lebensweg als auch darüber spricht, was es bedeutet, ihm auf diesem Weg nachzufolgen. Darüber hinaus gibt es noch andere Texte (z.B. in 11,22–24; 12,41–44; 13,3–37), in denen Jesus in Bezug auf irgendein Thema einige „Randbemerkungen" macht oder weiterführende „Kommentare" abgibt. Wenn ich hier beabsichtigen würde, alles, was die Lehre Jesu im Markusevangelium betrifft, zu behandeln, müsste ich auch diese Texte besprechen, in denen Jesus etwas gesagt oder getan hat, um jemandem eine Lektion zu erteilen. Dann müsste ich aber fast das ganze Markusevangelium berücksichtigen. Und trotzdem bekäme ich, glaube ich, als Ergebnis dieser Untersuchung keine „inhaltsreichere" Lehre Jesu. Darum habe ich mich in diesem Kapitel auf das Kernstück der Lehre Jesu im 4. Kapitel des Markusevangeliums konzentriert.

Selbstverständlich sagt Jesus z.B. in seinen Streitgesprächen wiederum sehr viel, was seine Meinung nicht nur verteidigt, sondern auch genauer erklären kann bzw. soll.[298] Der Streit dient dazu, die Besonderheit der Lehre Jesu zu unterstreichen, zu vertiefen, zu präzisieren. Zugleich aber ist das vorgebliche Thema einer bestimmten Auseinandersetzung normalerweise nicht der Sinn des Streitgesprächs. Um streiten zu können, braucht man immer etwas, das den Ausgangspunkt oder äußeren Anlass für den Streit darstellt, z.B. die Frage, ob „es erlaubt ist, dem Kaiser Steuer zu zahlen, oder nicht" (12,14). Oder die Frage: „Wie kann der Satan den Satan austreiben?" (3,23). In diesen Fällen ist die entscheidende Frage nicht, was Jesus als Steuerberater oder Dämonen-Kenner tat-

---

[297] Vgl. Mk 4,34.

[298] Das Thema „Nachfolge Jesu" (in Mk 8,31–10,45) haben wir schon in Kapitel VI behandelt, obwohl wir nicht alle Texte, die das Thema betreffen, ausführlich haben auslegen können.

sächlich gemeint hat, sondern ob man Jesus durch das eine oder das andere Thema in eine Auseinandersetzung über andere Probleme, die letztlich gar nichts mit dem Steuerbezahlen oder mit der Dämonenaustreibung zu tun haben, zu verwickeln vermag.

Die Streitgespräche Jesu im Markusevangelium stellen keinen Versuch dar, die behandelten Probleme zu lösen. Was dadurch zum Ausdruck kommt, ist immer „nur“ die Tatsache des Streits. Und dieser Streit ist keine echte Debatte. Keine philosophische, theologische oder politische Auseinandersetzung, deren Hauptzweck es ist, ein bestimmtes wissenschaftliches oder gesellschaftliches Konzept genauer zu bestimmen. Die Streitgespräche Jesu im Markusevangelium sind nur eine besondere Art von Kampf, bei dem jedes Thema eine Waffe darstellt, mit der man versucht, den anderen niederzustrecken. Darum ist es mir nutzlos erschienen, die Streitgespräche im Markusevangelium als weitere Beispiele für die Lehre Jesu anzuführen.

Kapitel VIII
Wundermesse: Das Angesicht Gottes im (traumatischen) Alltag

Was heißt „Wunder"? Was heißt „Angesicht Gottes"? Was heißt „Alltag"?

Seit dem 18. Jahrhundert sind zumindest zwei von diesen drei Begriffen für die meisten Menschen im europäisch-nordamerikanischen Kulturraum entweder völlig bedeutungslos oder sehr fragwürdig geworden. Ausgangspunkt der wissenschaftlichen Tradition der modernen historisch-kritischen Interpretation der christlichen Bibel war die Frage nach der Glaubwürdigkeit der „Wundertätigkeit" Jesu in den Evangelien. Ob die sogenannten Wunder Jesu tatsächlich stattgefunden haben. Immer weniger Wissenschaftler glauben an die Historizität solcher Ereignisse.

Wie gehe ich dann als Exeget oder Theologe mit den vielen Wundergeschichten im ersten Teil des Markusevangeliums um? Denn die ersten acht Kapitel dieses Werkes erzählen fast nur ein Wunder Jesu nach dem anderen. Ohne diese Wundergeschichten würde ungefähr ein Drittel der kanonischen Erzählung des „Evangeliums nach Markus" fehlen. Es gäbe dann keinen klaren „Anfang des Evangeliums von Jesus Christus, dem Sohn Gottes". In diesem Fall gäbe es nicht nur eine Leidensgeschichte Jesu ohne *happy ending*, sondern auch ohne *happier start*. Es wäre dann nur eine „Naturgeschichte der Zerstörung", d.h. eine reine Tragödie.[299]

Wenn wir aber jetzt der Aufforderung des jungen Manns im leeren Grab gefolgt und nach Galiläa zurückgekehrt sind, um zu versuchen, dort den Auferstandenen wiederzusehen bzw. ihm zu begegnen, kehren wir vor allem zu Wundergeschichten zurück. Auch die Befreiung, von der Jesus im 4. Kapitel des Markusevangeliums spricht, hat wunderbare Züge. Z.B. wird die Befreiung, die sonst Gottesreich heißt, überall als Same verstreut, ohne dass man sich weiter darum kümmert. Die Befreiung soll dem 4. Kapitel zufolge Frucht einer „automatisch hervorbringenden" Erde sein. Sie soll immer schon „da"-sein, anscheinend unaustilgbar, obwohl sie selbstverständlich eine Plage für den ordentlichen Garten

---

[299] Vgl. W.G. Sebald, *Luftkrieg und Literatur*, München-Wien 1999. Das Buch wurde von Anthea Bell ins Englische übersetzt als *On the Natural History of Destruction* (London 2003). Die Gründe hierfür erläutert Bell in *On Translating W.G. Sebald*, in: Rüdiger Görner (Hg.), The Anatomist of Melancholy: Essays in Memory of W.G. Sebald, München 2003, 11–18, bes. 13–14.

eines gut geregelten Lebens ist. Wenn es aber für uns schon schwierig war, die Nachfolge Jesu „ohne Kirche“ zu bejahen bzw. uns wirklich befreien zu lassen, dann wird es für uns wahrscheinlich auch nicht leicht sein, das Angesicht Gottes im (traumatischen) Alltag als Wundermesse zu begrüßen. Oder kann es sein, dass wir schon weit genug auf dem seltener beschrittenen Weg des Markusevangeliums gegangen sind, um diese weitere „Provokation“ des Evangelisten als Zeichen des Fortschritts zu verstehen?

Auf jeden Fall habe ich den Begriff „Wundermesse“ nicht dem Evangelisten, sondern aus einem Gedicht der polnischen Dichterin Wislawa Szymborska „geklaut“. Aus irgendeinem Grund heißt das Gedicht *Wundermesse*.

Gemeinsames Wunder:
Dass es so viele gemeinsame Wunder gibt.

Ein gewöhnliches Wunder:
Mitten in der Nacht
das Bellen von unsichtbaren Hunden.

Ein Wunder von vielen:
Diese kleine, luftige Wolke,
die doch den großen, schweren Mond blockiert.

Einige Wunder zusammen:
Eine Erle, die im Wasser widergespiegelt wird
und seitenverkehrt, von links nach rechts, erscheint
und dort wächst, die Krone unten,
und den Boden nie erreicht,
obwohl das Wasser nicht tief ist.

Ein alltägliches Wunder:
Der Wind, schwach bis mäßig,
wird stark im Sturm.

Erstes unter ähnlichen Wundern:
Kühe sind Kühe.

Kein besseres:
Genau dieser Obstgarten
aus gerade jener Saat.

Ein Wunder ohne Cape und Zylinder:
Weiße Tauben, die sich verbreiten.

Ein Wunder – was sonst könnte man es nennen?
Heute ging die Sonne um 3 Uhr 14 auf
und wird um 8 Uhr 1 untergehen.

Ein Wunder, das nicht so überraschend ist, wie es sein sollte:
Obwohl die Hand weniger als sechs Finger hat,
hat sie trotzdem mehr als vier.

Ein Wunder – schau dich nur um:
Die Welt ist überall.

Ein zusätzliches Wunder, weil alles zusätzlich ist:
Das Undenkbare
ist denkbar.[300]

1. Das Angesicht Gottes im Markusevangelium

Fangen wir an mit der Feststellung, dass Gott selber niemals im Markusevangelium erscheint. An keiner Stelle des Werkes taucht er auf. Auch handelt er nie direkt in der Erzählung. Deshalb hat er im Markusevangelium, im elementarsten Sinn des Wortes, eigentlich kein *Gesicht*. Diese Gesichtslosigkeit Gottes stellt aber keine Besonderheit des Werkes dar. Vielmehr ist sie in der theologischen Tradition Israels verwurzelt.[301] Und

[300] Ich habe das im Original polnische Gedicht auf der Grundlage einer englischen Übersetzung ins Deutsche übersetzt. Vgl. *Miracle Fair*, in: Miracle Fair: Selected Poems of Wisława Szymborska, übersetzt von Joanna Trzeciak mit einem Vorwort von Czesław Miłosz, New York-London 2001, 119–120.

[301] Vom Gott Israels durfte man sich kein Bild machen, ihm kein Gesicht, keinen Körper, keinen anderen Aspekt des Physischen verleihen, im Gegensatz zu den anderen Göttern z.B. in Griechenland, die sich immer mit dem ein oder anderen Aspekt der sichtbaren, materiellen, fühlbaren Welt vermischten, bis hin zu den menschlichen Wesen, ohne sich (allzu sehr) zu sorgen, dass sie dabei einen Teil ihrer Göttlichkeit verlieren könnten. Doch in den jüdischen Schriften darf man das Gesicht Gottes mit nichts vermischen,

deshalb kann Gott selber nicht als Protagonist im Markusevangelium auftreten. Um wahrer Gott zu sein, muss er keine bestimmte Gestalt vorweisen. Dieser unsichtbare Gott hat aber eine Stimme. Vielmehr: Er ist diese Stimme. Zum ersten Mal spricht die Stimme aus dem Himmel, der sich nach der Taufe Jesu öffnet. In diesem Moment sagt die Stimme zu Jesus – und nur zu Jesus: „Du bist mein lieber Sohn, an dem ich Wohlgefallen habe“ (Mk 1,11). Später spricht die Stimme zum zweiten und letzten Mal wieder aus dem Himmel, der aber diesmal durch eine dicke Wolke verdeckt ist, um genau das Gleiche wie zuvor zu sagen (9,7). Diese beiden Momente sind die einzigen, in denen Gott im Markusevangelium direkt zu jemandem spricht. Im ersten Fall hört nur Jesus die Stimme. Im zweiten Fall hören sie auch die drei Jünger Jesu, die dabei sind, nämlich Petrus, Jakobus und Johannes, die aber gar nichts von dem, was sie gehört haben, verstehen. Es scheint also nichts Besonderes bzw. selbstverständlich zu sein, Gott selbst im Markusevangelium sprechen zu hören. Auf jeden Fall ändert sich dadurch gar nichts.

Es mag sein, dass sich das Gesicht Gottes im Markusevangelium am deutlichsten bei dem „Gottessohn Jesus Christus“ zeigt. Für den Evangelisten war die Begegnung mit dem galiläischen Menschensohn eine Gelegenheit, das Gesicht Gottes hier auf Erden zu betrachten. Auf diese Weise soll Jesus von Nazareth im Markusevangelium die sichtbare Seite des Mondes, der Gott heißt, sein, dessen verborgenes Antlitz man sonst nie wird sehen können, zumindest nicht von der Erde aus. Aber um dieses Gesicht Gottes, das Jesus von Nazareth heißt, betrachten zu können, müssen wir dann sofort nach Galiläa zurückkehren. Denn am Ende des Markusevangeliums sind dieser Jesus wie auch Gott völlig aus Jerusalem verschwunden. Denn wie soll man in Jerusalem nach dem Auschwitz der Zerstörung des Tempels noch von einem Gott reden können?

2. *Ein Wunder nach dem anderen – anfänglich*

Im ersten Teil des Markusevangeliums gibt es, wie alle wissen, fast keine Grenze für das, was der Menschensohn aus Nazareth bewirken kann, im Gegensatz zum Inhalt des zweiten Teils der Erzählung, wo er diese Macht zunehmend verliert. In den ersten acht Kapiteln des Markusevangeliums

---

was aus dieser Welt stammt (obwohl dieses Prinzip in denselben Schriften ab und zu vergessen wurde).

vollbringt Jesus quasi ein Wunder nach dem anderen.[302] Dieses Thema zu behandeln ist eigentlich nicht besonders kompliziert, trotz aller Nuancen oder Einzelheiten jeder Episode. Die exegetische Arbeit besteht hauptsächlich darin, zu erklären, wie ein bestimmtes Wunder ein jeweils anderes Gesicht Gottes darstellt. Bei einer im engsten Sinne des Wortes theologischen Relektüre des Markusevangeliums böte eine vollständige Untersuchung allein dieses Aspekts des Werkes genug Stoff für ein ganzes Forschungsprojekt. Die Frage, die man sich dabei immer wieder stellen müsste, wäre: Welches Gesicht Gottes offenbart sich z.B.,

- als der unreine Geist aus dem verrückten Mann ausfährt?
- als die Frau von dem gefährlichen Fieber geheilt wird?
- als der Mann von der Lepra rein geworden ist?

Bei jedem Wunder ist das Gesicht Gottes ganz konkret zu begreifen als eine andere Welt, die noch möglich ist. Als ein Ausweg aus der vernichtenden Wirklichkeit.[303] Das Wunder ist, dass man dennoch am Leben bleibt. Dass man irgendwie auch diesmal überlebt hat. Dass man wieder einmal neu anfangen kann.

Im letzten Kapitel habe ich schon bemerkt, dass in Mk 1,21–22.23–27 statt Unterricht ein Exorzismus stattfindet, ehe man liest: „Hier wird mit Vollmacht eine ganz neue Lehre verkündet“ (1,27). Die Lehre Jesu ist hier hauptsächlich eine Frage der „Vollmacht“ (*exousia*).[304] Und in diesem Fall ist das erste Wunder Jesu im Markusevangelium ein Zeichen seiner Vollmacht. Ein Zeichen für sein *savoir faire*. Für sein *can do*. Darum wird der zitierte Satz auf folgende Weise weitergeführt: „Hier wird mit Vollmacht eine ganz neue Lehre verkündet. Sogar die unreinen Geister gehorchen seinem Befehl“ (1,27). Diese Vollmacht begleitet Jesus mehr oder weniger vom Anfang bis zum Ende des Markusevangeliums,

302 Auf den ersten Blick präsentiert sich Jesus hier wie eine Art „Superheld“ – *theios anêr* – der Antike.

303 Die Behauptung – die ziemlich schlicht und dennoch in der Bibelwissenschaft weit verbreitet ist –, dass der Evangelist fast alle Wundergeschichten Jesu im ersten Teil des Werkes erzählt, um sie auf diese Weise an einer untergeordneten Stelle zu platzieren in Bezug auf das, was mit dem Kreuz am Ende der Geschichte zu tun hat, ist eindeutig ein Versuch, dem Thema „Wunder“ im Markusevangelium jegliche Bedeutung abzusprechen. Das größte Problem, das eine solche Interpretation mit sich bringt, ist, dass der Inhalt des Markusevangeliums nicht ernst genommen wird, weil sich die erste Hälfte des Werkes fast nur mit diesem Thema beschäftigt.

304 Vgl. Wendy J. Cotter, *The Christ of the Miracle Stories: Portrait Through Encounter*, Grand Rapids (MI) 2010, bes. 217.220–224.

aber er besitzt sie nie. Die Vollmacht fließt durch ihn, aber sie gehört ihm nicht. Darum ist sie nicht immer oder für alle Zeiten bei ihm.[305]

Z.B. wird in Mk 5,27–32 diese Vollmacht durch Jesus wirksam, ohne dass er selber genau weiß, wieso oder wozu. Die Frau mit dem unkontrollierten Blutfluss, die von Jesus gehört hatte, „drängte sich in der Menge von hinten an ihn heran und berührte sein Gewand. Denn sie sagte sich: Wenn ich auch nur sein Gewand berühre, werde ich geheilt" (5,27–28). Und sie hatte Recht: „Sofort hörte die Blutung auf, und sie spürte deutlich, dass sie von ihrem Leiden geheilt war. Im selben Augenblick fühlte Jesus, dass die Kraft von ihm ausströmte […]" (5,29–30). Mehr aber wusste er nicht. Darum „wandte er sich in dem Gedränge um und fragte: Wer hat mein Gewand berührt?" (5,30). Er musste diese Frage stellen, weil er eigentlich nicht wusste, wer es getan hatte, nur, dass es geschehen war. Deswegen „blickte er umher, um zu sehen, wer es getan hatte" (5,32).[306] Die Frau aber weiß über alles Bescheid. Und darum kam sie „zitternd vor Furcht, weil sie wusste, was mit ihr geschehen war" (5,33). Jesus ist in diesem Fall zweifelsohne die „Wunderleitung". Die Frau aber ist die Einzige, die es bewusst herbeiführt hat. Sie hat „sein Gewand berührt" in der Absicht, durch diese Berührung geheilt zu werden, und es hat funktioniert. Darum kann Jesus schließlich nur anerkennen bzw. muss er zugeben: „dein Glauben hat dich gerettet" (5,34). Jesus hat das Wunder „vermittelt", aber es ist die Frau, die es eigentlich „verursacht" hat (vgl. auch 6,56).

In Mk 6,5 passiert das Gegenteil. Jesus kehrt in seine Heimat Nazareth zurück und „konnte dort kein Wunder tun", abgesehen von der Heilung von ein paar Kranken. Die rhetorische Funktion dieses Nebensatzes, nämlich: „nur einigen Kranken legte er die Hände auf und heilte sie", besteht nicht darin, zu bestätigen, dass Jesus trotz des Unglaubens der Nachbarn noch Vollmacht hatte. Vielmehr dient der Nebensatz dazu, den großen Unterschied zwischen dieser Situation und dem für Jesus sonst im ersten Teil des Markusevangeliums Üblichen zu unterstreichen. D.h. er „konnte dort (fast) kein Wunder tun". Die Fähigkeit, Wunder zu tun, ist keine „Charaktereigenschaft" Jesu im Markusevangelium. Sie „gehört" ihm nicht. Sie ist irgendwie auch abhängig von den Menschen, die von

---

305 Der gleiche Geist, den Jesus nach seiner Taufe durch Johannes empfangen hat und der in der Gestalt einer Taube aus dem geöffneten Himmel herabgekommen ist, um sich auf Jesus niederzulassen (Mk 1,10: *eis auton*), „treibt" ihn (*ekballei*) hinterher in die Wüste. Das Verb ist dasjenige, was gewöhnlich für das Austreiben der bösen Geister verwendet wird.

306 *Perieblepeto* = imperfectum conativum.

Jesus geheilt werden. Sie ist deswegen kein „Eigentum“ Jesu. Kein „Recht“, über das er jederzeit verfügen kann.[307] Er ist vielmehr ein Werkzeug der Vollmacht, die ihn benutzt, um Wunder zu vollbringen.

In Mk 5,8–9 und 8,22–26 muss Jesus seine Wundertätigkeit „üben“. Er muss das Wunder noch einmal wiederholen, um das erwünschte Ziel zu erreichen. Im zweiten Fall (8,22–26) soll auch der Leser oder die Leserin des Textes etwas lernen, das für das Verständnis des ganzen Werkes wichtig ist. Im ersten Fall (5,8–9) aber kann man aus dem wiederholten Exorzismus keine Lektion dieser Art ableiten. Der erste Versuch, den unreinen Geist aus dem Gerasener Besessenen auszutreiben, hat leider nicht funktioniert, vielleicht weil Jesus vergessen hatte, diesen Geist nach seinem Namen zu fragen. Darum beginnt Jesus den zweiten Versuch mit der Frage: „Wie heißt du?“ Erst dann ist der Teufel los. Erst dann wird der unreine Geist ausgetrieben. Aber auch dann geschieht es nicht ohne Nebenwirkungen. Ungefähr 2000 Schweine ertrinken. Offensichtlich war nicht schon im Voraus bestimmt, wie dieses Wunder Jesu verlaufen würde.

Diese Vollmacht, die im Markusevangelium normalerweise Jesus zugeschrieben wird, kann aber auch anderen Menschen verliehen werden. Z.B. verleiht Jesus „seine“ Vollmacht der Gruppe der Zwölf, damit sie „die unreinen Geister austreiben“ (Mk 6,7; vgl. 3,15). Die Fähigkeit, Wunder zu tun, findet sich aber nicht nur bei diesen Jüngern. Es gibt auch andere Menschen, die solch einen Dienst „im Namen Jesu“ – aber sonst ohne besondere Beziehung zu ihm oder zu seinen auserwählten Jüngern – leisten. Auch sie treiben die Dämonen und unreinen Geister aus. Darum erwidert Jesus: „Denn wer nicht gegen uns ist, der ist für uns“, als Johannes zu ihm sagt: „Meister, wir haben gesehen, wie jemand in deinem Namen Dämonen austrieb; und wir versuchten, ihn daran zu hindern, weil er uns nicht nachfolgt“ (Mk 9,38–40). Die Vollmacht, die im Markusevangelium besonders bei Jesus „ansässig“ ist und wiederholt durch Jesus Wunder vollbringt, wirkt also nicht nur innerhalb der Grenzen einer bestimmten Identität bzw. der Gruppe der zwölf auserwählten Jünger Jesu.

---

[307] Oder besser gesagt, in der Heimat Jesu vertrauten die Nachbarn und manchmal auch die Familie mehr darauf, schon alles über den Handwerker, den Sohn einer alleinerziehenden Mutter, den Bruder unter bekannten Brüdern mit ebenfalls bekannten Schwestern „hier bei uns“ zu wissen (Mk 6,3). Angesichts dieses Unglaubens, der vielmehr ein absoluter Glaube an den gesunden Menschenverstand ist bzw. der Glaube an das, was wir alle schon wissen, oder unsere Wissenschaft, ist es nicht möglich, eine andere mögliche Welt zu erkennen, die hinter dem alltäglichen Leben verborgene Realität, das Angesicht Gottes, das sich sonst direkt vor unseren Augen befindet. In einer solchen Situation kann sich auch der Sohn Gottes nicht durchsetzen.

Als ob diese Vollmacht letztlich ein ganz freier Geist wäre oder befreit werden müsste, um endlich jene neue Welt, die möglich ist, schaffen zu können.

Ab und zu vollbringt Jesus im Markusevangelium ein Wunder nur mit Widerwillen. Das heißt, er vollbringt das Wunder ganz bewusst, aber ohne Lust dazu zu haben. Besonders interessant ist der Fall der syrophönizischen Frau in Mk 7,24–30. Vor der Begegnung zwischen den beiden ist Jesus in die Heimat der Frau gereist und wahrscheinlich unterwegs müde geworden. Auf jeden Fall hat er bei Ankunft schlechte Laune. Darum „ging er in ein Haus, wollte aber, dass niemand davon erfuhr". Doch die Frau, deren Tochter in Not war, suchte ihn auf. Sie „fiel ihm zu Füßen" und bittet ihn um Hilfe. Jesus aber beschimpft sie nur und lehnt alle Hilfe ab. Sie greift aber diese Beschimpfung auf und zwingt ihn, indem sie sich die Logik seiner ablehnenden Antwort zunutze macht, anzuerkennen, dass auch sie ein Recht auf die Lebenskraft hat, die bei ihm wirksam ist. Nur „weil du das gesagt hast" – d.h. weil Jesus keine weitere Antwort findet, die noch ein Grund zur Ablehnung ihrer Bitte sein könnte – tut er schließlich das, was sie wollte: „Er antwortete ihr: […] Geh nach Hause, der Dämon hat deine Tochter verlassen. Und als sie nach Hause kam, fand sie das Kind auf dem Bett liegen und sah, dass der Dämon es verlassen hat" (7,29–30). Das Wunder geschieht in diesem Fall durch Jesus, aber gegen seinen Willen. Auch Jesus muss im Markusevangelium ab und zu „in die Schranken verwiesen" werden, um die Wahrheit zu lernen, dass Wunder letztlich keine Frage des eigenen Begehrens sind, sondern eine Frage der Macht, die jedem Menschen den Zugang zum Leben ermöglicht (vgl. auch Mk 1,41–45).

Im Markusevangelium muss auch Jesus diese Lektion lernen. Das ist auch ein Wunder – vielleicht das größte von allen! Am Ende seines Lebenswegs betritt Jesus das Reich des Geheimnisses, dass das Wunder des Lebens über sein eigenes Leben hinausgeht, d.h. dass das Wunder des Lebens nicht nur das eigene Leben betrifft, obwohl man sich mit dem eigenen Leben selbstverständlich identifizieren sollte, und dass das Wunder des Lebens oft nur durch das eigene Leben zugänglich, präsent, greifbar werden kann. Trotzdem wird am Kreuz klargestellt: „Andere hat er gerettet, sich selbst aber kann er nicht retten" (15,31). Und das ist die reine Wahrheit. Der Gottessohn kann sich selbst nicht retten – nicht, wenn er auch andere retten will. Nicht, wenn durch ihn das Wunder des Lebens, das größer als das eigene Leben ist, offenbar werden soll.

3. *Der besondere Fall des Gerasener Besessenen*

In Mk 5,1–20 wird der Fall eines Besessenen aus dem Distrikt Gerasa, einer Stadt der Dekapolis im Südosten des See Genezareth, erzählt.[308] Als Jesus und seine Jünger „ans [dieses] andere Ufer des Sees in die Gegend der Gerasener“ gekommen sind, heilt Jesus den Besessenen, aber auf Kosten von zweitausend Schweinen. Nicht alle, die aus dem Ort stammen, lassen sich von dem Wunder beeindrucken. Bestimmt nicht die Besitzer der Schweine! Denn danach „baten [sie] Jesus, aus ihrem Gebiet fortzugehen“ (5,17). Trotzdem – und im Unterschied zu dem, was üblicherweise nach einer Heilung von Jesus im Markusevangelium geschieht – sagt Jesus zu dem Mann, der von den zweitausend Dämonen besessen gewesen war: „Geh nach Hause und berichte deiner Familie alles, was der Herr für dich getan und wie er Erbarmen mit dir gehabt hat. Da ging der Mann weg und verkündete in der ganzen Dekapolis, was Jesus für ihn getan hatte, und alle staunten“ (5,19–20). Auf diese Weise wird der ehemalige Besessene zum ersten „Apostel“ Jesu im Markusevangelium, dem Jesus ausdrücklich erlaubt, diese Rolle als Botschafter seiner guten Nachricht zu übernehmen. Und dem Evangelisten zufolge war der Mann der Einzige, dessen Bemühungen Erfolg hatten.[309]

Am Anfang des Textes wird der Besessene sehr mit allem, was der Tod ist, in Verbindung gebracht. Es gibt keine Möglichkeit, ihn zu kontrollieren. Er befindet sich außerhalb des menschlich verträglichen Rahmens. Er lebt am Rande eines normalen Lebens, in einer Gegend, wo das Wilde, das Dämonische, die entfesselte Gewalt herrscht, die, wie die Schlange, die sich in den Schwanz beißt, nicht damit aufhören kann, auch wenn es in diesem Fall den „Preis“ hat, dass der Besessene sich selbst mit Steinen schlägt (Mk 5,5).

Der Besessene lebt eine Art Ur-Chaos, ähnlich dem sogenannten „Naturzustand“, den der bekannte englische Philosoph Thomas Hobbes im 17. Jh. beschrieben hat. In diesem Fall ist Jesus im Distrikt Gerasa auf eine menschliche Bestie bzw. ein nicht-menschliches Lebewesen getroffen. Im folgenden Absatz sehen wir, dass dieser Randbezirk des normalen

[308] Dieser Text hat sich in Kapitel II dieses Buches als der wichtigste erwiesen, um den Evangelisten historisch zu verorten.

[309] In Mk 6,6b–7 sendet Jesus die zwölf Jünger aus, damit sie die Geister austreiben, doch dies ist von kurzer Dauer. Denn in 9,14–28 scheinen dieselben Jünger – außer dreien – die Fähigkeit, Kranke zu heilen und böse Geister auszutreiben, verloren oder vergessen zu haben. Sie sind wie ein felsiger Boden, auf dem die Saat schnell aufgeht, doch keine Wurzeln hat und schnell vertrocknet (vgl. 4,5–6). Dagegen ist der besessene Gerasener wie der auf guten Boden gefallene Samen, der gute Frucht bringt (vgl. 4,8).

Lebens, das Wilde, das Dämonische, die entfesselte Gewalt der Ort ist, wo Jesus normalerweise als „Sohn Gottes, des Allerhöchsten" (Mk 5,7) erkannt wird. Bekanntermaßen sind es im ersten Teil des Markusevangeliums nur die innerweltlichen Dämonen, die mit Sicherheit wissen, wer Jesus ist (siehe auch Mk 1,24.34; 3,11). Dagegen gelingt es den anderen – z.B. den Nachbarn, den Feinden und sogar den Verwandten und den engsten Jüngern Jesu – nicht, zu verstehen, was durch diese Person offenbar wird, auch wenn sie wissen, dass es nicht zur Normalität ihres Alltags gehört. Das Angesicht Gottes, das mit dem Erkennen Jesu als Sohn Gottes durch den Gerasener Besessenen offenbar wird, bringt uns deshalb an einen Ort, der jenseits des Rahmens der Normalität, des für die Gesellschaft Typischen, des rein Menschlichen liegt. Es führt uns in eine andere, übermenschliche oder besser gesagt ultra-menschliche, außermenschliche Welt.

Diese andere Welt, die jenseits des Normalen liegt, entbehrt nicht einer bestimmten Gewalt. Zumindest finde ich die Angst der Dämonen bemerkenswert, „Qualen" zu erleiden oder bestraft zu werden (Mk 5,7: *mê me basanisês*), wenn sie Jesus, dem Wundertäter par excellence im ersten Teil des Markusevangeliums, von Angesicht zu Angesicht begegnen. Dieses Gesicht Gottes scheint etwas Bedrohliches zu haben. Etwas Schreckliches. Etwas Schmerzliches. Als sei der Wundertäter Jesus eine Art Peiniger, der mit seinen Folterinstrumenten ankäme. Eine Art *mysterium*, das eher *tremendum* als *fascinans* ist.

Nachdem dies gesagt ist, beeindruckt der dritte Abschnitt im Text damit, dass er eine Art Dialog ist. Oder Waffenstillstand. Ein Moment des Feilschens. Obwohl Jesus die Macht Gottes, des Höchsten, „besitzt" und der unreine Geist zu den Bösen gehört, hört das Gesicht Gottes, das hier offenbar wird, nicht auf zu sprechen. Es kann zuhören. Es erträgt, dass der Böse eine Alternative vorschlägt.

Nun gibt es noch eine andere Merkwürdigkeit. Das Erste, was Jesus in Mk 5,8 tut, ist, dem unreinen Geist zu befehlen, den besessenen Mann zu verlassen. Doch danach fragt Jesus den unreinen Geist, ohne ihm Zeit gegeben zu haben, den Befehl auszuführen: „Wie heißt du?" Als ob Jesus gemerkt hätte, dass er voreilig war. Dass er mit dem ersten Befehl zu schnell reagiert hatte. Oder hat der erste Befehl nicht funktioniert und hat sich Jesus deshalb, obwohl er der Sohn Gottes, des Höchsten, ist, gezwungen gesehen, eine andere Taktik zu finden? Eine andere Art, um in diesem Fall zu intervenieren?[310]

[310] Hier von einer literarischen „Naht" zu sprechen, um das offensichtliche Fehlen einer

Auf jeden Fall gibt es hier eine kleine Pause, einen Dialog-Raum, einen Austausch von Perspektiven.[311] Der unreine Geist schlägt Jesus sozusagen eine Alternative vor und Jesus akzeptiert den Vorschlag, kommt mit dem Dämon zu einer Einigung und erteilt ihm die Erlaubnis zu tun, was er will, unter der Bedingung, dass er aus dem gequälten Mann ausfährt. Die Heilung des Mannes scheint Jesus wichtiger zu sein als der wirtschaftliche Verlust durch die Heilung. Denn was der unreine Geist Jesus als andere Möglichkeit vorgeschlagen hatte, um das Problem zu lösen, das heißt der „Preis“ dafür, dass er nicht geblieben ist, wo er war, eine Art ausgehandelte „Belohnung“ für die plötzliche gewaltsame Vertreibung, war das Recht, sich ca. zweitausend Schweinen zu bemächtigen, die sich dort befanden. Daher die – wenig überlegte – Antwort Jesu: „Und er erlaubte es ihnen“ (5,13), die, wenn man so sagen darf, ein völliges Fehlen von Verantwortungsgefühl für die Öffentlichkeit von Jesus offenbart. Zumindest sehr wenig Rücksicht auf die damit verbundene Kostenrechnung. Sehr wenig „Realitätssinn“.[312]

Es ist offensichtlich, dass die Tatsache, dass der unreine Geist Legion heißt, die Tatsache, dass der Geist aus einem verrückten Mann in eine Herde von Schweinen umzieht, und die Tatsache, dass diese Schweine im sogenannten Meer ertrinken, nachdem sie sich in den Abgrund gestürzt haben, zusammengenommen wie eine Art Witz oder Spott oder Hohn wirken sollen. Doch all dies dient nur dazu, die Boshaftigkeit des unreinen Geistes herauszustellen, der von da an nicht mehr existiert. Das Böse erweist sich hier als etwas Vorübergehendes, als ein Teil des Lebens mit seiner Unsicherheit, eine Art Turbulenz. Es hat gar nichts zu tun mit dem Gesicht Gottes, das sich nicht von dem Ort entfernt hatte, sondern an der Seite des Mannes geblieben ist, der von dem unreinen Geist besessen war. Nun ist der Geheilte nicht mehr dieser Besessene – auch wenn ihn diejenigen, die aus der Stadt und von ihren Feldern kommen, um zu sehen,

---

normalen Logik zu erklären, könnte eine gewisse Berechtigung haben, doch dies würde nicht viel dazu beitragen, den Text des Markusevangeliums zu verstehen.

311 Es ist viel über die Antwort des unreinen Geistes auf die Frage Jesu geschrieben worden. Doch das Thema ist nicht so wichtig, wenn man sich in das Gesicht Gottes vertiefen will, das sich hier offenbart. Denn die Bedeutung des Namens Legion und sein Wunsch, sich, wie auch immer, weiterhin an diesem Ort aufzuhalten, sind nicht die interessantesten Aspekte des Textes, wenn man das Markusevangelium aus theologischer Perspektive liest. Viel interessanter ist meines Erachtens, was danach kommt.

312 Nicht sehr interessant für unser Thema ist auch das Schicksal der Schweine. Obwohl ich zugebe, dass auch die Schweine ein Recht zu leben haben und lediglich das Pech hatten, sich dort im Gebirge (Mk 5,11) aufzuhalten, als Jesus den Vorschlag des unreinen Geistes akzeptierte, durch den sie ein so böses Ende nahmen.

was geschehen ist, trotzdem weiterhin als solchen bezeichnen (sehen) –, sondern ein ehemaliger Besessener: „Er saß ordentlich gekleidet da und war wieder bei Verstand“ (Mk 5,15). Als sie ihn so sahen, „fürchteten sich“ die Leute, die ihn gekannt hatten (Mk 5,15). Wenn ihn zuvor niemand mehr „binden [konnte], auch nicht mit Ketten“ (Mk 5,3), etwas, das man mehrmals versucht hat, und „niemand ihn bändigen“ konnte (Mk 5,4), zeigt sich nun, dass auch das Gegenteil, dass man ihn nun sehr kontrolliert und gut angezogen sieht, ein Grund ist zu erschrecken. Als sei die Veränderung, die die Lösung für das zuvor bestehende Problem ist, noch furchterregender als der wilde Mann.

Die Reaktion der „Normalen“ auf dieses überraschende Gesicht Gottes ist interessant. Die Heilung des Besessenen scheint ihnen nicht besonders willkommen zu sein. Und ich glaube nicht, dass dies nur wegen der wirtschaftlichen Kosten, die die Veränderung mit sich brachte, der Fall war, denn nicht nur die Besitzer der Schweine begannen Jesus zu bitten, die Gegend zu verlassen, sondern auch alle anderen Einwohner des Dorfes, die die Schweine zusammen mit denen aus der Stadt und von den Feldern gehütet hatten, denen sie die Neuigkeit mitteilten. Alle kamen zusammen, um die Veränderung zu sehen. Und alle – diejenigen, die gesehen hatten, was geschehen war, und diejenigen, die den Bericht darüber gehört hatten – „fingen an und baten Jesus, aus ihrem Gebiet fortzugehen“ (Mk 5,17).

Das Gesicht Gottes, das sich durch die Heilung des Besessenen offenbart, wird als eine Störung der öffentlichen Ordnung erlebt. Man muss ihn wegschicken, denn er stellt ein Problem für diese Ordnung, das Gewohnte, die Normalität dar. Es ist auch interessant, wie Jesus auf diese heftige Zurückweisung durch die Mehrheit des Volkes bzw. die demokratische Wahl reagiert. Oder nicht reagiert: Jesus sagt gar nichts zu den Dorfbewohnern (vgl. Mk 15,5). Der Text verliert keinen Satz darüber, wie Jesus auf die Zurückweisung reagiert hat, denn direkt im darauf folgenden Vers (Mk 5,18), der durch einen absoluten Genitiv den Inhalt seiner Aussage in eine Art Parallelwelt stellt, steigt Jesus wieder ins Boot, mit einem einzigen Wort als Verbindungsglied, der Konjunktion *kai*. Es herrscht eine Stille, die so tief ist wie im letzten Vers des Markusevangeliums.

Jesus protestiert nicht gegen die Zurückweisung. Er versucht nicht, sich durchzusetzen. Er will sich nicht wehren, sondern verschwindet ziemlich schnell angesichts des offensichtlichen Unwillens oder der Unfähigkeit, sich eine Veränderung, wie sie der ehemalige Besessene erlebt hat, vorzustellen. So wird das Gesicht Gottes wieder einmal zu einer

„utopischen" Präsenz. Doch Vorsicht: Dies geschieht nicht, weil es nicht möglich ist, diese andere Realität auf der Erde zu realisieren, sondern weil wir sie noch nicht bei uns haben wollen, den wohlhabenden Bewohnern dieser Welt, wie sie normalerweise gewesen ist.[313]

4. *Im traumatisierten bzw. traumatisierenden Alltag*

Wir haben hier nach dem Wunder des Lebens gefragt, das im Kielwasser einer vollständigen Vernichtung des Bekannten noch spürbar sein könnte (oder Szymborska zufolge noch „denkbar" ist). Mitten in einer fortdauernden Gottverlassenheit – nach der Zerstörung der alten (jüdischen) Welt, nach der Beisetzung einer weiteren verworfenen Leiche, nach dem unsicher gewordenen Grab bzw. dem endgültigen Verschwinden aller Überreste des letzten Menschensohnes – sollte es im Markusevangelium noch irgendwie möglich sein, das Wunder des Lebenden bzw. das Angesicht Gottes, das zuvor durch einen Handwerker aus Nazareth sichtbar gemacht worden ist, wiederzusehen. Und das genau dort, wo es zuvor am häufigsten sichtbar war, nämlich: in Galiläa, im Alltag Jesu, in seiner Wundertätigkeit, die nicht nur seine (eigene) Sache war.

Darum war es unbedingt „nötig" (*dei*: Mk 8,31), dass Jesus bewusst nach Jerusalem in ein sonst vorhersagbares Schicksal ging. Darum hat er mit vollem Recht gesagt, dass er bzw. der Menschensohn nicht (nach Jerusalem) gekommen war, um (dort) bedient zu werden, sondern um zu dienen. Um dort das eigene Leben als „Lösegeld" für „viele" hinzugeben.[314] Diese Hingabe des eigenen Selbst in den Abgrund eines schlimmen Todes gelingt Jesus nicht ohne Schwierigkeiten.[315] Beim letzten

[313] Doch hier endet die Geschichte nicht. Denn der zuvor Besessene, der zuerst darum gebeten hatte, Jesus nachfolgen zu dürfen, welcher ihm das nicht erlaubte und ihn stattdessen mit der Nachricht von seiner Genesung nach Hause schickte, wird danach zu einem anderen Gesicht Gottes, als er – und mit größerem Erfolg als Jesus selber in seinem Heimatort Nazareth – den Seinen und allen anderen Einwohnern der Dekapolis alles mitteilt, „was der Herr" – sagt Jesus – „für dich getan und wie er Erbarmen mit dir gehabt hat" (Mk 5,19) oder „was Jesus" – sagt der ehemalige Besessene – „für ihn getan hat" (Mk 5,20).

[314] Was „Lösegeld" hier bedeuten soll, werde ich bald erläutern.

[315] Noch einmal hat er eigentlich keine Lust, das Wunder zu vollbringen. Er tut es widerwillig. Aber jetzt wird er nicht dazu gezwungen wie im Fall der syrophönizinischen Frau. In Gethsemane kommt Jesus durch diesen Kampf mit dem Selbst, der Gebet heißt, zu der Erkenntnis, dass das, was er selber am liebsten hätte, nämlich das Überleben, ihm letztlich nicht den Zugang zu einem „göttlichen", „ewigen", vollständigen Leben er-

Schritt auf diesem Weg spricht er fast kein Wort mehr. Er gibt keinen Unterricht mehr. Denn es gibt keine Lehrsätze in diesem Bereich des Lebens. Trotzdem kann man von Jesus auch in diesem Abschnitt des Markusevangeliums noch etwas lernen.

Die Lektion hat mit dem Wunder des Lebenden zu tun: wie man das eigene Leben, das auch Jesus gerne verlängert hätte, in das Scheitern aller Erwartungen und Hoffnungen bzw. Wünsche hingeben kann, um ein anderes Leben zu entdecken. Um endlich in das Gottesreich zu gelangen. Um das Geheimnis einer Befreiung, die immer „da" gewesen ist, zu begreifen. Um eine neue Welt mit ganzem Herzen, aber ohne weitere Machtphantasien zu begrüßen, eine Welt, die nicht nur übriggeblieben, sondern auch vorausgegangen ist in Richtung des Lebendigen.

Das ist ein befreiender Tod. Das bedeutet es, ein „Lösegeld" für „viele" zu sein, für diejenigen, die noch vom Tod und von allem, was mit dem Tod verbunden ist, gefesselt sind. Man könnte mit dem Evangelisten sagen, dass Jesus gekommen ist, um so zu leben, dass die anderen – insbesondere diejenigen, denen es nicht so gut gegangen ist, die sogenannten Sünder, die von den bösen Geistern Besessenen, die von den normalen Menschen abgesonderten Verrückten – und vielleicht auch wir, lieber Leser, liebe Leserin – schließlich lernen, was das „Leben-Leben" eigentlich ist. Auch wenn das Unglück noch der Herr unseres Alltags ist.[316] Das ist, nicht wahr, ein ziemlich offenes, beinahe anarchisches, vielleicht ab und zu verzweifeltes, womöglich anstößiges Projekt, das an der Grenze der herrschenden Realität realisiert werden muss. Eine Wundermesse, die trotz aller Gefahren und Katastrophen der Geschichte tagtäglich hier und da stattfindet.

Ob ich das noch besser erklären könnte? Wahrscheinlich – leider – nicht. Ich zitiere aber sofort noch einmal Wisława Szymborska, um mit ihrem Gedicht *Über den Tod, ohne Übertreibung* die Sache klarzustellen. Die Wundermesse Jesu, die dem Markusevangelium zufolge einst in Galiläa zu Hause war, soll wie dieses Gedicht von Szymborska eine möglicherweise „freche" Beziehung zum Leben darstellen. Vom Tod, von der Krankheit, von den bösen Geistern lässt man sich nicht so sehr beeindrucken. So stark ist der Tod nicht. Noch nicht. Vielleicht niemals gewesen:

---

möglichen oder verschaffen wird. Diese Erkenntnis ermöglicht es ihm dann, noch weiter auf dem Lebensweg zu gehen, der von jetzt an nur vom Tod gezeichnet sein wird.

[316] Vgl. W.G. Sebald, *Die Beschreibung des Unglücks: Zur österreichischen Literatur von Stifter bis Handke*, Frankfurt a.M. 1994.

Er versteht keinen Scherz,
findet keinen Stern, schlägt keine Brücke.
Von Weben, Bergwerk, Landwirtschaft,
Schiffbau oder Küchen weiß er nichts.

Beim Planen für morgen
hat er das letzte Wort,
das immer irrelevant ist.

Genau das, was zu seinem Beruf gehört,
kann er nicht tun:
ein Grab schaufeln,
den Sarg bauen,
danach aufräumen.

Immer mit dem Töten beschäftigt,
macht er es grob,
ohne System oder Kunst.
Als ob jeder von uns der Erste wäre.

Ach, er hat seine Siege,
aber schau mal seine unendlichen Niederlagen an,
die Schläge, die nicht getroffen haben,
und die wiederholten Versuche!

Manchmal ist er nicht stark genug,
um eine Mücke in der Luft zu zerquetschen.

Viele Raupen
sind schneller als er.

All diese Zwiebeln, Schalen,
Fühler, Flossen, Tracheen,
Hochzeitsgefieder und Winterpelz,
beweisen, dass er seine Arbeit, halbherzig betrieben,
nicht rechtzeitig erledigt.

Schlechte Laune hilft nicht
und auch unsere Hilfe durch Kriege und Putsche
ist bis heute nicht genug.

Herzen schlagen in Eiern.
Babybeine werden länger.
Samen, immer an der Arbeit, lassen das erste Blättchenpaar sprießen,
und manchmal ersetzen sie auch hohe Bäume.

Wer sagt, dass er allmächtig ist,
beweist selber,
dass das nicht stimmt.

Es gibt kein Leben,
das nicht ewig sein könnte,
auch wenn nur für den Augenblick.

Der Tod
kommt immer genau um diesen Augenblick zu spät.

Nutzlos zieht er heftig am Knauf
der unsichtbaren Tür.
So weit du bisher gekommen bist,
das kann nicht ungeschehen gemacht werden.[317]

Und dann – was auch ein Wunder ist – geht man noch einen Schritt weiter. Der Augenblick verlängert sich. Wir sind doch da. Das ist Leben. Das lebendige Leben.

---

[317] Auch dieses Gedicht wurde in polnischer Sprache verfasst. Ich habe die Übersetzung ins Deutsche auf der Grundlage einer englischen Übersetzung vorgenommen. Vgl. Wisława Szymborska, *On Death, Without Exaggeration*, in: dies., Poems: New and Collected 1957–1997, übersetzt von Stanisław Barańczak und Clare Cavanagh, San Diego-New York-London 1998, 188–189.

Kapitel IX
Was noch gesagt werden muss ...

Von meinem Affentum habe ich in den letzten zwei Kapiteln gesprochen. Oder besser – kanadischer – gesagt: von meinem Bärentum. Von meinem Grizzlybärentum.[318] Es tut mir leid, es hat mir gut getan, mich endlich damit zu outen. Diese Freude am tanzenden Wunder des Lebens freimütig zu bekennen. Nur von diesem Leben habe ich berichten wollen. Nur Lebenserfahrungen dieser Art verbreiten. Ich berichte nur, hohe Damen und Herrn von der Akademie, ich habe nur von einem mir noch gebliebenen „unterkomplexen" Glauben an diese Wahrheit berichten wollen.[319] Und ich weiß, dass meine Begriffe – Wunder, Befreiung, Leben – nichts als Wortbilder sind. Armselige Metaphern. Erzählerische Umarmungen einer sonst unbekannten Wirklichkeit.

Die Denkweise ist, das gestehe ich hier ohne Rückhalt, hauptsächlich poetisch. Mit anderen Worten: Ich lüge gerne – was sicher Platon nicht gefallen hätte –, um auszudrücken, was ich meine, wenn ich sage, dass ich im Markusevangelium „aus amerikanischer Perspektive" ein bleibend mögliches „ewiges" Leben aufgespürt habe. Was mir im Werk nach sprudelndem Wasser, nach reiner Luft, nach gutem Essen gerochen und geschmeckt hat. Was diese Erde „automatisch" hervorbringen sollte. Ich meine, dass es noch möglich ist, dies zu erfahren, beim Lesen des Markusevangeliums. Dass so etwas noch erreichbar ist. Dass es augenblicklich hier und da passieren kann. Oder, wenn es erlaubt ist, Augustinus nochmals zu Wort kommen zu lassen, dass der Text ein Zeichen des göttlichen Lebens wird.[320]

1. Über den Begriff „Leben" in diesem Buch

Ich habe für die Verwendung des Begriffs „Leben" das bekommen, was man im Westen Norwegens als *kjeft* beschreibt.[321] Man hat diesen Begriff

---

318 Vgl. Leif E. Vaage, *Bear Stories*, in: ders., Schooled in Salt, Toronto 2003, 36.

319 Ich spiele hier auf den Schluss der Erzählung Kafkas an.

320 Das ist ein Zeichen, das auch „Evangelium" genannt werden könnte. Es sollte einen Neuanfang jener Wundertätigkeit ermöglichen, die zu diesem Lernprozess gehört, der Befreiung heißt.

321 Vgl. Ivar Grimstad, *Velsigne kjeften din, prest! Vist og gale frå Sunnmøre*, Oslo 1974.

„Leben“ aus verschiedenen Gründen in Frage gestellt.[322] Vielleicht war die Infragestellung nicht als *kjeft* gemeint. Ich habe sie aber ernstgenommen.

Der Begriff ist bestimmt kein guter Begriff. Er hat z.B. eine Vorgeschichte. Ich bin nicht der Erste, der das Wort so benutzt hat. Er kann also leicht missverstanden werden. Ich bin noch mit dieser Kritik beschäftigt … zuerst als kanadischer Affe, der noch lernen will und hoffentlich noch lernen kann. Bis jetzt habe ich, um im Bilde Kafkas zu bleiben, nur die Durchschnittsbildung eines Europäers erreicht. Und auch wenn ich dieses Bild sofort verwerfe, weil ich auch kein echter Affe bzw. kein Berliner bin, bedanke ich mich vor allem ganz herzlich für die Ermahnung. Man will sich nicht nur die eigenen Gedanken machen, insbesondere wenn man versucht, „Theologie interkulturell“ zu treiben.

Der Begriff „Leben“ ist ein gefährlicher Begriff. Genauso gefährlich wie der Begriff „Befreiung“. Oder wie der Begriff „Auferstehung“, die uns droht mit einer Verantwortung, die uns auch der Tod nicht wird nehmen können. Oder wie der Begriff „Selbsthingabe“, die uns den Boden der Selbstverständlichkeit entzieht. Man steht bei diesen Begriffen an der Grenze zwischen Begreiflichem und Unbegreiflichem, Wichtigem und Nichtwichtigem.

In Bezug auf das Markusevangelium will ich aber noch dazu sagen, dass man hier immer diesseits des Unbegreiflichen bleibt. Immer innerhalb des Greifbaren bzw. Angreifbaren. Das bedeutet: immer innerhalb des völlig Konkreten, des Körperlichen, des Sinnlichen, des Dinglichen. Und darum ist in diesem Fall die entscheidende Frage, die auch ein (Neu-)Anfang des Evangeliums von Jesus Christus, dem Sohn Gottes, sein sollte: Wie beschreibt man gerade heute im Bereich eines traumatisierenden Alltagslebens die Möglichkeit, nicht nur die „gewöhnliche“ Erfahrung der menschlichen Zerbrechlichkeit, der Begrenztheit des Erschaffenen, der Verwundbarkeit des Körperlichen, des tagtäglichen Verlusts und des persönlichen Scheiterns zu machen, sondern auch die „außergewöhnliche“ Erfahrung des Genusses, der Zufriedenheit, der Genugtuung und der Gelassenheit und vielleicht auch der Freude?

Das ist meine Frage bzw. meine Hoffnung, die die Relevanz dieser Deutung des Markusevangeliums aus amerikanischer Perspektive für unser Leben bestimmt. Ich bitte um Verständnis dafür, dass ich noch eine Anekdote erzähle, um die Sache weiter zu erklären, und eine kleine Exe-

---

[322] Weil der Begriff „Leben“ z.B. zu sehr oder zu schnell mit der sogenannten „Lebensphilosophie“ des 19. Jahrhunderts in Verbindung gebracht werden kann.

gese hinzufüge, um die biblische Bedeutung dieser Erklärung genauer darzulegen. Die Anekdote ist folgende: Ich stimme meinem bayrischen Kollegen völlig zu, dass Bier kein Genussmittel ist. Es ist ein Grundnahrungsmittel. Gottlob! In Peru kann man auch sehr gutes Bier bekommen, nicht zuletzt deshalb, weil es entweder von Deutschen oder in Zusammenarbeit mit Deutschen gebraut wird. Es hat mir immer unheimlich gut geschmeckt. Einmal aber vor vielen Jahren befand ich mich in Pucalpa, einem Dorf, das im Amazonasdschungel liegt, wo ich durch einen *aguacero* (Regenunwetter) ungefähr eine Woche festsaß. Zu trinken gab es im Dorf noch Bier, aber man konnte auch Papaya-Saft genießen aus Früchten, die Stunden zuvor noch am Baum gehangen hatten. Bei mir ist eine Art Wunder geschehen: Die ganze Woche in Pucalpa hatte ich auf Bier keine Lust mehr. Sie war einfach verschwunden. Ohne dass ich es bedauerte. Es war nur so, als ob mir endlich das Getränk Gottes jeden Tag zur Verfügung stünde, und es war genug. Ich wollte plötzlich gar nichts anderes. So ist es, wenn man „das Leben“ kennt. Ich habe es eine Woche lang in Pulcalpa erfahren.

Eine kleine Exegese: Wenn wir das letzte Abendmahl Jesu im Markusevangelium (14,22–25) als Zeichen für so einen Lernprozess betrachten, durch den wir auch heute in das Gottesreich hineinkommen können, was ergibt sich daraus?[323] Mir scheint ein wichtiger Aspekt der Erzählung zu sein, dass Jesus sich in das tagtägliche Teilen der Lebensmittel hineingibt. Er identifiziert sich mit dem Brotessen und mit dem Weintrinken. Das Gottesreich wird wieder da sein, wenn er diesen Wein neu (*kainon*) trinkt. Was aber bedeutet „neu“ in diesem Satz, wenn Jesus sich selbst als Wein zum (Opfer)fest übergeben hat? Hier lernt man das eigene Leben – den eigenen Körper mit dem eigenen Blut – nicht mehr als Hauptzweck oder Zentrum des eigenen Lebensprojekts zu verstehen, sondern in erster Linie als Mittel, als Durchgang, als Offenbarung einer Welt, die immer neu wirkt, die möglich bleibt, weil sie durch diese Selbsthingabe ernährt wird, durch dieses Brot- und Weinwerden, das die Grundnahrung des Lebens sein sollte. Das aber muss man wirklich essen bzw. trinken, um zu wissen oder zu erleben, wie „herrlich“ dieses Leben schmecken kann, und dass es genügt, um völliges Wohlbefinden zu erreichen.

[323] Hier lege ich selbstverständlich keine vollständige Interpretation des Textes vor.

Mit dem Titel *Was noch gesagt werden muss* ... spiele ich offensichtlich auf das viel diskutierte und oft scharf kritisierte Gedicht *Was gesagt werden muss* von Günter Grass an, das zum ersten Mal am 4. April 2012 in der Süddeutschen Zeitung (und auch anderswo) veröffentlicht wurde. Das Gedicht von Grass ist durchaus polemisch zu verstehen.

Warum schweige ich, verschweige zu lange,
was offensichtlich ist und in Planspielen
geübt wurde, an deren Ende als Überlebende
wir allenfalls Fußnoten sind.
Es ist das behauptete Recht auf den Erstschlag,
der das von einem Maulhelden unterjochte
und zum organisierten Jubel gelenkte
iranische Volk auslöschen könnte,
weil in dessen Machtbereich der Bau
einer Atombombe vermutet wird.
Doch warum untersage ich mir,
jenes andere Land beim Namen zu nennen,
in dem seit Jahren – wenn auch geheimgehalten –
ein wachsend nukleares Potential verfügbar
aber außer Kontrolle, weil keiner Prüfung
zugänglich ist?
Das allgemeine Verschweigen dieses Tatbestandes,
dem sich mein Schweigen untergeordnet hat,
empfinde ich als belastende Lüge
und Zwang, der Strafe in Aussicht stellt,
sobald er mißachtet wird;
das Verdikt „Antisemitismus" ist geläufig.
Jetzt aber, weil aus meinem Land,
das von ureigenen Verbrechen,
die ohne Vergleich sind,
Mal um Mal eingeholt und zur Rede gestellt wird,
wiederum und rein geschäftsmäßig, wenn auch
mit flinker Lippe als Wiedergutmachung deklariert,
ein weiteres U-Boot nach Israel
geliefert werden soll, dessen Spezialität
darin besteht, allesvernichtende Sprengköpfe
dorthin lenken zu können, wo die Existenz

einer einzigen Atombombe unbewiesen ist,
doch als Befürchtung von Beweiskraft sein will,
sage ich, was gesagt werden muß.
Warum aber schwieg ich bislang?
Weil ich meinte, meine Herkunft,
die von nie zu tilgendem Makel behaftet ist,
verbiete, diese Tatsache als ausgesprochene Wahrheit
dem Land Israel, dem ich verbunden bin
und bleiben will, zuzumuten.
Warum sage ich jetzt erst,
gealtert und mit letzter Tinte:
Die Atommacht Israel gefährdet
den ohnehin brüchigen Weltfrieden?
Weil gesagt werden muß,
was schon morgen zu spät sein könnte;
auch weil wir – als Deutsche belastet genug –
Zulieferer eines Verbrechens werden könnten,
das voraussehbar ist, weshalb unsere Mitschuld
durch keine der üblichen Ausreden
zu tilgen wäre.
Und zugegeben: ich schweige nicht mehr,
weil ich der Heuchelei des Westens
überdrüssig bin; zudem ist zu hoffen,
es mögen sich viele vom Schweigen befreien,
den Verursacher der erkennbaren Gefahr
zum Verzicht auf Gewalt auffordern und
gleichfalls darauf bestehen,
daß eine unbehinderte und permanente Kontrolle
des israelischen atomaren Potentials
und der iranischen Atomanlagen
durch eine internationale Instanz
von den Regierungen beider Länder zugelassen wird.
Nur so ist allen, den Israelis und Palästinensern,
mehr noch, allen Menschen, die in dieser
vom Wahn okkupierten Region
dicht bei dicht verfeindet leben
und letztlich auch uns zu helfen.

Über Grass als Menschen und als Dichter habe ich hier keinen Kommentar abzugeben. Nur vielleicht, dass er zweifelsohne ein Zeuge ist, der nicht ohne eigene Vorgeschichte spricht, was vielen anderen das Zeugnis seines Gedichts zweifelhafter zu machen scheint, obwohl dies nicht nur auf ihn zutrifft. Auch ich z.B. habe mich in diesem Buch nicht ohne eigene Vorgeschichte als Zeuge des Zeugnisses des Markusevangeliums geäußert. Auch ich habe vielleicht nicht alles erklärt, was hilfreich wäre, um wissen zu können, ob ich recht habe oder nicht. Über das Gedicht von Grass sage ich hier nur, was der bekannte und vor kurzem verstorbene Literaturkritiker der Frankfurter Allgemeinen Zeitung, Marcel Reich-Ranicki, schrieb, nämlich dass das Gedicht als Gedicht nicht sehr gut ist. Es ist tatsächlich ein ziemlich schlechtes Gedicht. Fast so schlecht geschrieben wie das Markusevangelium.

Es gibt sowohl im Markusevangelium als auch im Gedicht von Grass sehr wenig, was besonders „literarisch“ wirkt. Trotzdem – und dieser Trotz mag trotzdem für einige noch zu viel sein – hat das Gedicht von Grass bei vielen Menschen einen Nerv getroffen bzw. ist ihnen auf die Nerven gegangen. Es wurde in dem Gedicht etwas gesagt, das nicht alle hören wollten. Die Frage ist aber, ob es gesagt werden „musste“.

Auf die Frage des Judentums bzw. der Auseinandersetzung Jesu mit anderen Juden im Markusevangelium bin ich bisher nicht eingegangen. Ich habe das nicht getan, weil ich diese Frage irgendwie ignoriere. Ich habe sie nicht diskutieren wollen, d.h. ich habe sie nicht zur Achse einer Interpretation des Markusevangeliums „aus amerikanischer Perspektive“ machen wollen. Warum nicht? Um diese Frage zu beantworten, muss ich, glaube ich, noch eine Geschichte erzählen. Oder vielleicht müssen es zwei Geschichten sein.

Erste Geschichte: Mein bester Freund am Priesterseminar in Ohio, wo wir beide zu evangelisch-lutherischen Pfarrer ausgebildet wurden, war Jude. Er heißt Larry und ist in Chicago, Illinois, geboren und aufgewachsen. In Harvard studierte er Europäische Rechtsgeschichte des Mittelalters. Und in Harvard ist er Christ geworden, weil er entdeckt hatte, dass er irgendwie an Gott glaubte, und zu dieser Zeit nicht wusste, dass es möglich ist, dies auch als Jude zu tun. Schlimmer noch: Er ist Lutheraner geworden. In der gleichen Gemeinde, zu der u.a. der spätere Bischof von Stockholm, Krister Stendahl, der letzte Schüler von Rudolf Bultmann, Helmut Koester, und auch – das weiß ich aber nicht sicher – der vor kurzem verstorbene Kollege aus dem Fachbereich 06/Evangelische Theologie der Goethe-Universität, Dieter Georgi, gehört haben. Larry habe ich in der ersten Woche kennengelernt, als wir beide unser Studium am Priesterseminar aufgenommen haben. Ich weiß nicht, ob es etwas gibt, das wir nicht fast jeden Tag bis weit in die Nacht hinein miteinander diskutiert haben. Darum weiß ich, dass er Christ geworden ist, weil er nicht wusste, dass es möglich ist, als Jude ein „religiöser" Mensch zu sein.

Larrys Eltern waren beide säkularisierte bzw. aufgeklärte Juden, die ihr „Judentum" zu Hause praktizierten, ohne das Thema „Gott" im Blick haben zu müssen. Nach dem Studium am Priesterseminar ist Larry dann lutherischer Pfarrer geworden – in den Augen seiner Eltern eine weitere Schande für die Familie – und ist ungefähr 15 Jahre lang ein sehr guter – d.h. armer – lutherischer Pfarrer gewesen, bevor er in die Synagoge „zurückgekehrt" ist. So sagt man auf jeden Fall, was eigentlich nicht stimmt, weil er dort nie zuvor zu Hause gewesen war. Wie alle „Bekehrten" war Larry anfänglich genauso eifrig in dem „neuen" Glauben, der vermutlich für ihn der alte war, wie er es, als ich ihn kennengelernt hatte, in Bezug auf das Christentum war. In letzter Zeit wirft sich Larry jedes Jahr am Jom Kippur auf den Boden seiner „Schul" nieder – es gibt sonst nicht viele Glaubensgenossen außerhalb der Kreise der Hyperorthodoxen, die so etwas tun –, um der Tradition entsprechend alles zu bekennen und zu beklagen, was im Leben falsch gemacht wurde oder schiefgegangen ist. Für Larry schließt das jetzt auch den Staat Israel ein. Was diesen betrifft, würde mein Freund Larry wahrscheinlich Günter Grass zustimmen.

Aus meiner Beziehung zu Larry habe ich gelernt, die Frage nach einem bestimmten „Bekenntnis" bzw. einer besonderen Identität nicht mehr so ernst zu nehmen.[324] Oder besser gesagt: Aus dieser Beziehung zu Larry habe ich gelernt, die Vielfältigkeit der eigenen Identität zu bejahen. Und darum auch das Thema „Judentum" im Markusevangelium nicht als die entscheidende Frage zu betrachten.[325] Die Grenzen, die eine beson-

---

[324] Vgl. Hannah Arendt, *Isak Dinesen: 1885–1963*, in: dies., Men in Dark Times, New York 1968, 95–109, bes. 96: „At that time, she [Isak Dinesen] had discovered (as we know from ‚The Dreamers') that the chief trap in life is one's own identity – ‚I will not be one person again. … Never again will I have my heart and my whole life bound up with one woman' – and that the best advice to give one's friends (for instance, Marcus Cocoza in the story) was not to worry ‚too much about Marcus Cocoza', for this meant to be ‚really his slave and his prisoner'."

[325] Vor kurzem habe ich Larry gefragt, warum er als Jude noch „religiös" ist. Er hat mich zuerst angeschaut, als ob ich nun ein echter Dummkopf geworden wäre. Dann wurde ihm bewusst, mit wem er sprach, und er hat mir sofort die gleiche Antwort gegeben wie damals: Weil er noch an Gott glaube. Larry ist Jude. Schlimmer noch: Ein „gläubiger" Jude. Ich bin Christ. Schlimmer noch: Ein „freier" Lutheraner. Diese „angestammten" Identitäten sind nicht ohne Bedeutung für uns beide – im Gegenteil. Trotzdem ist es nicht das Thema „Judentum" bzw. „Christentum", das uns immer noch lebhafte Gespräche führen lässt. Vielmehr ist es die Frage nach dem, was der Begriff „Gott" bezeichnet, die fortwährende Sehnsucht nach etwas, das Befreiung hieße, usw.

dere menschliche Identität bestimmen, sind zu porös, um diese als etwas „Wirkliches“ zu verstehen.

Die Grenzen, die für die Bildung sozialer Gruppen unerlässlich sind, bestimmen in der Tat nur eine fließende Wirklichkeit, die kaum der Realität „Gott“ entspricht. Daher muss man bereit sein, wenn man „Theologie interkulturell“ treiben will, manchmal das Thema „Judentum/Christentum“ loszulassen, um etwas anderes, z.B. das gemeinsame Wunder des Lebens (oder das grausame Gegenteil davon, auch wenn dies im Namen Gottes bzw. der Gerechtigkeit geschieht), zu betrachten. Exegetisch heißt das in Bezug auf das Markusevangelium: aus dem Streit zwischen Jesus und anderen Juden, der sich hier immer wieder bis zu seinem vorhersagbaren Schluss wiederholt, keinen Schwerpunkt der Interpretation zu machen.

Zweifelsohne ist Jesus im Markusevangelium ein Jude bzw. Galiläer. Und es gibt andere Menschen, die auch Juden sind, mit denen Jesus nicht übereinstimmt. Sie stimmen aber auch mit ihm nicht überein. Und alle streiten heftig miteinander. Und dieser Streit wird im Markusevangelium immer schlimmer. Auch Jesus nimmt an ihm freiwillig und provozierend teil. Und dafür wird er schließlich hart bestraft, weil er die Macht, diesem Schicksal zu entkommen, nicht besitzt oder nicht begehrt. Am Ende der Geschichte steht deshalb leider kein Mysterium, nur die Wirklichkeit einer schlecht vollgezogenen Auseinandersetzung.

Deswegen sollten wir aus dem Streit zwischen Jesus und den anderen Juden im Markusevangelium keine theologische Tugend machen. Kein Zeichen der christlichen oder jüdischen Identität. Kein besonderes Merkmal der Geschichte.[326] Die Juden, auch Jesus von Nazareth, streiten im Markusevangelium miteinander bis zum Tode, nur weil sie „menschlich, allzu menschlich“ sind. Es lohnt sich, diesen Streit zu beklagen, aber nicht, ihn theologisch zu vertiefen. Nicht, ihn exegetisch zu entwickeln. Nicht, ihn „interessant“ zu machen.[327]

Theologie interkulturell muss also auch Theologie intrakulturell sein. Die „hysterische“ Grundlage dieser Theologie z.B. bei einer Relektüre des Markusevangeliums aus amerikanischer Perspektive hat nicht nur mit den Anderen zu tun, sondern auch und vielleicht vor allem mit dem eige-

---

[326] Selbstverständlich soll dieser Streit nicht mehr als Beweis für eine „jüdische“ Sünde angeführt werden, und auch nicht mehr als Beispiel für die „Heuchelei“ verstanden werden.

[327] Zumindest sollte man diesen Streit nicht mehr als Achse der Erzählung des Markusevangeliums interpretieren, als ob er uns helfen könnte, nachdem die Apokalypse vorbei ist, das Trauma durchzuarbeiten, auf dem diese Geschichte basiert.

nen Selbst. Durch die Anderen bekommt man die Gelegenheit, sich selbst als ein besonderes Durcheinander zu entdecken. Als etwas, das sich selber ab und zu fremd erscheinen kann, das umstritten und vielfältig ist, das nicht nur eine einzige Realität darstellt, sondern auch eine andere, verborgene, verdrängte Welt verkörpert, die weiter erforscht werden sollte.[328]

Zweite Geschichte: So weit der Text, den ich geschrieben hatte, bevor ich am Wochenende vor dieser letzten Vorlesung von Stuttgart mit einem der neuen Fernbusse nach Frankfurt zurückgefahren bin (ich war ins Schwabenland gereist, um mich von der Urquelle der deutschen Seele noch einmal erfrischen zu lassen). Beim Warten auf den Bus kam ich ins Gespräch mit einem Mann, mit dem ich mich dann auf der ganzen Reise unterhalten habe. Er sah ein bisschen aus wie Sankt Nikolaus (vom Hals bis zu den Füßen) und war genauso nett. Wie mein Freund Larry und Günter Grass glaubte er, so erfuhr ich bald von ihm, dass der Staat Israel ein Problem darstelle. Mutig sei der Grass mit seinem Gedicht gewesen. Wieso, fragte ich. Und dann wurde mir langsam und leider klar, was der Mann eigentlich dachte.

Das Grundproblem seien bis heute dieselben Juden. Sie seien für alles Dämonische in der Welt auch heute verantwortlich, u.a. weil sie, insbesondere einige Familien, das Geldsystem kontrollierten. Der Ursprung solcher Probleme sei aber die Entscheidung dieser Menschen vor fast 2000 Jahren, den richtigen Messias nicht anzuerkennen und stattdessen einen anderen zu erwarten bzw. ihn selber einzusetzen. Der falsche Messias versuche jetzt, die Welt auf eine jüdische, d.h. rein irdische, menschliche, satanische Weise zu beherrschen.

Ich konnte nicht glauben, was mir da im Fernbus gesagt wurde. Ich wusste nicht, was ich ihm antworten sollte. Der Mann war kein Rechtsradikaler und eigentlich ganz gutmütig, aber aus seinem Mund kamen dieselbe Logik, derselbe Mythos, dieselbe Interpretation der christlichen Bibel, wie sie in Deutschland vor dem Zweiten Weltkrieg üblich waren. Die Begegnung war für mich atemberaubend, verwirrend, deprimierend, entzaubernd. Und daraufhin ist es mir plötzlich sehr wichtig geworden, die Tatsache zu berücksichtigen, dass Jesus im Markusevangelium nicht nur Streit mit den anderen Juden hat. Ab und zu kommen dort auch Juden vor, die genauso „beispielhaft“ in Bezug auf das Projekt Gottes sind wie die sogenannten Heiden und anderen „beruflichen“ Außenseiter in diesem Werk.[329]

---

328 Vgl. den zweiten Abschnitt im Nachwort zu diesem Buch.

329 Vgl. Mario Vargas Llosa, *El hablador*, Barcelona 1987.

Z.B. der Mann, den Jesus sofort liebte, weil ihm nur eines fehlte, um das ewige Leben zu gewinnen. Nur eines hat ihm gefehlt! Die Tatsache, dass es schließlich auch für ihn sehr schwer war, wie für die meisten Menschen, die viel besitzen, in das Reich Gottes zu kommen, hat im Text – wie heute – gar nichts mit dem Judentum zu tun. Oder der Schriftgelehrte, der dem Streit Jesu mit anderen Juden zugehört hatte und bemerkte, „wie treffend Jesus ihnen antwortete", und Jesus dann noch eine Frage stellte. Nach der Antwort Jesu auf seine Frage „sagte der Schriftgelehrte zu ihm: Sehr gut, Meister! Ganz richtig hast du gesagt [...]". Er bestätigt also die Antwort Jesu. Am Schluss lesen wir: „Jesus sah, dass er mit Verständnis geantwortet hatte, und sagte zu ihm: Du bist nicht fern vom Reich Gottes. Und keiner wagte mehr, Jesus eine Frage zu stellen" (12,28–34). Oder der anonyme Dämonenaustreiber, der selbständig „im Namen Jesu" tätig ist. Es gibt keinen Grund zu bezweifeln, dass er, genauso wie mein Freund Larry, ein Jude war, der „in meinem Namen Wunder tut" (9,39). Über ihn sagt Jesus deutlich: „Hindert ihn nicht! Denn wer nicht gegen uns ist, ist für uns" (9,40). Oder der Mann, der der Vater des Alexander und des Rufus war und das Kreuz Jesu getragen hat (15,21). Oder „Josef von Arimathäa, ein vornehmer Ratsherr, der auch auf das Reich Gottes wartete" (15,43) und als Einziger den Mut hatte, um den Leichnam Jesu zu bitten. All diese Menschen sind höchstwahrscheinlich Juden gewesen.

Darum bin ich nicht der Meinung, dass das Markusevangelium „die" Juden oder „das" Judentum für alles, was im Leben des Evangelisten schiefgegangen war, verantwortlich macht: weder für den Tod Jesu noch für die spätere Zerstörung des Tempels in Jerusalem. Weder die Juden noch Jesus werden im Markusevangelium als „schuldlos" an dem Streit dargestellt, den es immer wieder zwischen ihnen gegeben hat. Beide Seiten haben sich an diesem Streit ohne Zurückhaltung beteiligt. Und alle haben schließlich wegen ihrer Streiterei gelitten. Und das ist schade. Nur schade. Eine reine Tragödie. Nur eine Leidensgeschichte.

Die entscheidende Frage ist: Was lernen wir aus dieser Geschichte? Darum habe ich in der Vorlesungsreihe das Thema „Judentum" im Markusevangelium „losgelassen" oder stehen lassen: teilweise als offene Wunde, die noch Zeit braucht, bevor sie behandelt werden kann; teilweise als Thema, das aus amerikanischer Perspektive nicht unbedingt das allerwichtigste ist, zumindest nicht, wenn es vor allem darum geht, einen Ausweg aus diesem Alptraum zu finden.[330] Bekanntermaßen gab es in der

[330] Dies wird wahrscheinlich nicht jeden zufriedenstellen – bestimmt nicht W.G. Sebald,

Region Syria Palaestina im 1. Jh. nach Christus verschiedene Judentümer, einschließlich der sogenannten der Urchristentümer. Und wie es bei solch einer Vielfalt zu erwarten ist, gab es auch, wie wir schon bemerkt haben, nicht wenige Unstimmigkeiten und soziale Konflikte zwischen den verschiedenen Gruppen, aus denen die jüdische Welt zur Zeit des Zweiten Tempels bestand. Der Zustand eines permanenten Streitens unter den verschiedenen jüdischen Gruppen war also ein Teil der Normalität oder des Alltags und ihm muss deshalb keine größere Bedeutung beigemessen werden. Und deshalb gibt es im Markusevangelium so viele Konflikte zwischen Jesus und den anderen Juden.

In dieser Realität waren die (Hohe) Priester und Sadduzäer diejenigen, die sich am meisten mit dem Jerusalemer Tempel identifizierten. Sie werden fast ausschließlich in der zweiten Hälfte des Markusevangeliums erwähnt, und besonders in der Leidensgeschichte Jesu.[331] Nach diesem Text waren sie die Ersten, die die Kreuzigung Jesu forderten. Der Kon-

---

dessen Werk ich sehr bewundere. Vgl. z.B. W.G. Sebald, *Austerlitz*, München 2001; ders., *Die Ausgewanderten: Vier lange Erzählungen*, Frankfurt a.M. 2001. Auch wird es nicht diejenigen zufriedenstellen, für die das christliche Gedenken an die Juden nach dem Zweiten Weltkrieg nicht nur eine Frage historischer Genauigkeit, sondern auch eine Art moralischer Imperativ geworden ist. Ich lehne diese Überzeugung nicht ab. Aber ich zweifle auch zunehmend an ihrer Unausweichlichkeit und den damit verbundenen Exklusivitätsansprüchen, nicht zuletzt wegen der Art und Weise, wie die modernen (nordatlantischen) historisch-kritisch orientierten Bibelwissenschaftler routinemäßig das Thema „Judentum" als Schutzschild benutzt haben, um ihre eigenen, spezifisch christlichen (protestantischen) Interessen auf undurchsichtige Weise zu verfolgen. Zum letzten Punkt siehe Jonathan Z. Smith, *Drudgery Divine: On the Comparison of Early Christianities and the Religions of Late Antiquity*, Chicago 1990, bes. 1–35. Zum Problem des Gedenkens an die Juden, das sich mit Exklusivitätsansprüchen verbindet, siehe: Shlomo Sand, *How I Stopped Being a Jew*, übersetzt von David Fernbach, London-New York 2014, 55–64. Anders formuliert, ich bin erstaunt über die scheinbare Fixierung auf Themen der Identitätsbildung bei diesen Wissenschaftlern, deren Wiederholungszwang möglicherweise eines der größten zu lösenden Probleme ist. Genauso, wie ich in den Streitgesprächen Jesu keine zusätzlichen Inhalte der Lehre Jesu im Markusevangelium gefunden habe, lehne ich es ab, aus dem sozialen Konflikt zwischen den verschiedenen jüdischen Akteuren im Werk etwas zu machen, was von größerer Bedeutung für die Erzählung ist, und sei es nur deshalb, weil ich den Eindruck habe, dass das, was sich weiterhin in der exegetischen Diskussion dieses Themas innerhalb der modernen Bibelwissenschaft manifestiert, nur die traditionelle (rechtgläubige) christliche Gewohnheit ist, sich selbst auf der Grundlage eines Gegenentwurfs zum „Judentum" zu verstehen, der vom Christentum selbst geschaffen wurde. Ich bin bereit zu lernen, was in dieser Hinsicht noch gesagt werden muss. Ich habe hier nur erklären wollen, warum ich nicht mehr darüber sagen möchte.

331 Vgl. *hiereus* (Mk 1,44; 2,26); *archiereus* (Mk 2,26; 8,31; 10,33; 11,18.27; 14,1 und passim; 15,1.3.10); *Saddoukaios* (Mk 12,18). Ein weiteres Leitungsamt, das im Markusevangelium im Zusammenhang mit dem Tempel erscheint, ist das der Ältesten (*presbyteroi*: Mk 7,3.5; 8,31; 11,27; 14,43.53; 15,1).

trast zwischen dem Christentum, von dem im Markusevangelium berichtet wird, und dem Projekt des Zweiten Tempels, mit dem sich diese Juden identifizierten, ist offensichtlich. Aber der Evangelist war nicht der einzige Kritiker, denn zum damaligen Zeitpunkt gab es große Meinungsverschiedenheiten über dieses Projekt innerhalb des Judentums. Zum Beispiel hatte auch die Gemeinschaft von Qumran scharfe Kritik an derselben Institution geübt. Doch im Gegensatz zum Markusevangelium, das sich schließlich von allem löst, was mit diesem Tempel zu tun hatte, bezog sich die Kritik der Gemeinschaft von Qumran auf das Problem der Führung, die sie als ungeeignet bezeichnete. Mit einem anderen Hohepriester – z.B. dem Lehrer der Gerechtigkeit oder einem seiner Nachfolger – hätte es für die Gemeinschaft von Qumran kein Problem mehr gegeben, weil ihr Protest nicht mit dem Tempel an sich zu tun hatte. Die Kritik des Markusevangeliums geht weit über diese Einstellung hinaus, vielleicht weil der Tempel nicht mehr da war.

Als Jesus im Markusevangelium (11,11) zum ersten Mal nach Jerusalem kommt, geht er direkt zum Tempel und sieht sich dort alles an, bevor er noch einmal hinaufgeht, weil es schon spät war. Am folgenden Tag kommt er dann zurück, um „ihn zu reinigen" (11,12.15). Während Jesus noch auf dem Weg zum Tempel war, verflucht er einen Feigenbaum (11,13–14). Auf diese Weise erklärt der Evangelist den Sinn seiner Reinigung des Tempels, was durch die schnelle Zerstörung des Feigenbaums (11,20) vorweggenommen wird. Später, in der Stunde, in der Jesus am Kreuz stirbt, zerreißt der Vorhang des Tempels „von oben bis unten" in zwei Stücke (15,38; vgl. 1,10). Nach dem Evangelisten musste der Vorhang verschwinden, weil der Tempel bald keinen Nutzen mehr haben würde, weil er in kurzer Zeit die Gläubigen nicht mehr beschützen könnte, entsprechend der Prophezeiung seiner Zerstörung in Kapitel 13, wo es heißt, dass von diesem Gebäude „kein Stein auf dem anderen" bleiben wird (13,2).[332] Für den Evangelisten gab es jetzt nichts, was dieses Projekt hätte retten können.[333] Dies aber bedeutet nicht, dass der Evangelist Position gegen das „Judentum" bezog, sondern vielmehr, dass

[332] Im Markusevangelium ist die angebliche Aussage Jesu, dass er einen Tempel errichten werde, der nicht von Menschenhand gemacht ist, Teil des falschen Zeugnisses derjenigen, die Jesus vor dem (den) Hohenpriester(n), den Ältesten und den Schriftlehrten anklagen (Mk 14,57–58). Es macht keinen Sinn anzunehmen, dass dies auch den Standpunkt von Jesus oder dem Evangelisten darstellt. Vgl. 1Kor 3,16–17; 6,19; 2Kor 6,16.

[333] Vgl. Jonathan Z. Smith, *To Take Place: Toward Theory in Ritual*, Chicago-London 1987; Mack, *Myth of Innocence* (wie Anm. 51), bes. 365–376.

er Abschied von jenem jüdischen Leben von früher hatte nehmen müssen, weil dieses jetzt zerstört worden war.

Die Pharisäer im Markusevangelium achten sehr auf die Einhaltung der verschiedenen Sitten und Bräuche des jüdischen Volkes, z.B. die rituelle Reinheit bei den Mahlzeiten (2,16; 7,1–5), das Fasten und die Sabbatruhe (2,24; 3,1–6).[334] Für den Evangelisten sind die Pharisäer „Traditionalisten". Im Markusevangelium beschränkt sich der Wirkungsbereich der Pharisäer fast ausschließlich auf die Region Galiläa. Im Grunde erscheinen sie nur in der ersten Hälfte des Werks.[335] Zweifelsohne spielen die Pharisäer keine Rolle in der Leidensgeschichte Jesu im Markusevangelium.[336] Noch einmal, sie sind nicht die Bösen in diesem Film.

Im Unterschied zum Dokument Q, in dem die Darstellung der Pharisäer viel mehr der heutigen Kenntnisse über die soziopolitischen Aufgaben dieser Gruppe im 1. Jh. nach Chr. entspricht, findet man im Markusevangelium z.B. keine Spur von Steuererhebungen von Seiten der Pharisäer für den Jerusalemer Tempel, eine Arbeit, die mit großer Wahrscheinlichkeit ihre erste Tätigkeit in Galiläa vor dem Ersten Jüdischen Krieg war.[337] Im Markusevangelium glänzt dieses Detail durch seine Abwesenheit. Es ist ein Detail, das sich leicht in die Tempelkritik des Evangelisten eingefügt hätte.

Im Markusevangelium sorgen sich die Pharisäer vielmehr um die ethnische Identität bzw. um die traditionelle Lebensweise ihres „jüdischen" Volkes.[338] Für die Pharisäer waren diese Sitten und Bräuche der Weg, dem es zu folgen galt. Eine Haltung, die der Evangelist kategorisch ablehnt.[339] Deshalb wendet sich Jesus im Markusevangelium gegen die

---

334 In zwei oder drei Situationen scheinen die Pharisäer mit den Anhängern des Herodes in Verbindung zu stehen. Vgl. Mk 3,6; 12,13; auch 8,15.

335 Vgl. Mk 2,16.18.24; 3,6; 7,1.3.5; 8,11.15; 10,2; 12,13. In 10,2 und 12,13 ist die Präsenz der Pharisäer obligatorisch, um die Vielzahl der jüdischen Schulen oder Sekten zu vervollständigen, mit denen Jesus sich nach und nach auseinandersetzt, um jeder von ihnen die Zweifelhaftigkeit ihrer Überzeugungen nachzuweisen.

336 Vgl. trotzdem Mk 3,6 (siehe auch Mt 27,62).

337 Vgl. Anthony J. Saldirini, *Pharisees, Scribes and Sadducees in Palestinian Society: A Sociological Approach*, Wilmington 1988.

338 Zum Bewusstsein „jüdisch" zu sein als Frage der ethnischen Identität siehe: Philip F. Esler, *Conflict and Identity in Romans: The Social Setting of Paul's Letter*, Minneapolis 2003, 19–76; Steve Mason, *Jews, Judaeans, Judaizing, Judaism: Problems of Categorization in Ancient History*, in: Journal for the Study of Judaism 38 (2007), 457–512.

339 Santiago Guijarro Oporto hat die These aufgestellt, dass sich der vormarkinische Text, der sich in Mk 2,13–28 verbirgt, über die Pharisäer hinaus auch auf eine andere judenchristliche Gruppe bezieht. Man „muss sich fragen, […] ob diese Pharisäer die Pharisäer im Allgemeinen darstellen oder vielmehr diejenigen, die sich der Bewegung Jesu angeschlossen hatten. […] Es ist gut möglich, […] dass die Gegner derjenigen, die diese

Einstellung der Pharisäer, z.B. in Mk 2,1–3,6, wo Jesus einen Skandal und einen Konflikt provoziert, indem er diese sozialen Werte in Frage stellt, was eine wirklich vernichtende Ablehnung der typischen Praktiken des eigenen Volkes darstellt, so dass man sie als ersten Ausdruck eines christlichen Antijudaismus betrachten könnte, der für uns heute zu Recht so abstoßend ist.[340]

Trotzdem kann diese Haltung Jesu im Markusevangelium auch „nur" ein weiterer Reflex des schweren kulturellen Traumas sein, das die Zerstörung des Tempels bei allen Bewohnern bzw. „Juden" der Region ausgelöst hatte. Zweifelsohne sind im Markusevangelium, wie in einigen Paulusbriefen, die verschiedenen Sitten und Bräuche des jüdischen Volkes für das Christentum kein unverzichtbares Element mehr. Aber im Unterschied zu Paulus, der das Gesetz nicht in Frage stellt und darauf besteht, dass sich diejenigen, die Juden sind, an das ganze „Gesetz" halten müssen, das heißt alle Sitten und Bräuche des jüdischen Volkes befolgen (vgl. Gal 2,7), zeigt sich das Markusevangelium in diesem Zusammenhang viel weniger „ökumenisch".

Der Evangelist macht sich fast über diesen „jüdischen" Glauben lustig. Er kritisiert seine exegetische Basis und die theologische Begründung, die ihm ein ideologisches Fundament gegeben hätten. Für den Evangelisten repräsentieren die Pharisäer nur die Vergangenheit. Die pharisäische Auffassung darüber, was das Judentum war und sein sollte, scheint der Evangelist des Markusevangelium für eine antiquierte Einstellung zu halten. Die Präsenz der Pharisäer hat deswegen fast etwas Folkloristisches in diesem Werk. Sie stellen keine richtige Beunruhigung für den Evangelisten dar.

Die Schriftgelehrten sind die einzigen jüdischen Autoritäten, die im ganzen Markusevangelium erscheinen. Manchmal sind sie mit den Pharisäern zusammen.[341] Sehr oft treten sie zusammen mit den (Hohe) Priestern (und auch mit den Ältesten) auf[342] Doch darüber hinaus können die

---

Auseinandersetzungen schriftlich festgehalten und überliefert haben, nicht die Pharisäer im Allgemeinen waren, sondern christliche Pharisäer, die mit der Jerusalemer Gemeinde in Verbindung standen." Um diese These zu belegen, bezieht sich Guijarro Oporto auf das Zeugnis von Apg 11,2; 15,5; Gal 2,11–15; Flavius Josephus, *Ant.* 20, 199–203. Siehe: Santiago Guijarro Oporto, *Jesús y sus primeros discípulos*, Estella (Navarra) 2007, 222; sowie H.-W. Kuhn, *Ältere Sammlungen im Markusevangelium*, Göttingen 1971, 84–85. Doch was soll auf der Erzählebene des Markusevangeliums die Bedeutung dieser expliziten Bezugnahmen auf die Pharisäer in 2,1–3,6 sein?

340 Siehe auch Mk 7,1–23.

341 Vgl. 7,1.5, auch 2,16; 9,11.

342 Vgl. 8,31; 10,33; 11,18.27; 14,1.43.53; 15,1.31.

Schriftgelehrten selbstständig auftreten und dies scheint mir kein Zufall zu sein. Die Schriftgelehrten sind die Ersten, die im Markusevangelium mit Jesus und seiner Macht verglichen werden: Seit dem ersten Erscheinen Jesu als Lehrer in der Synagoge in Kapernaum waren „die Zuhörer sehr beeindruckt von dem, was er lehrte. Denn anders als ihre Schriftgelehrten redete Jesus mit einer Vollmacht, die ihm Gott verliehen hatte" (Mk 1,22). In Mk 2,6 sind die Schriftgelehrten diejenigen, die Jesus befragen, nachdem er einen Gelähmten geheilt hat, und sich auf die Zusage Jesu beziehen: „Mein Sohn, deine Sünden sind dir vergeben." In Mk 3,22 sind die Schriftgelehrten, die „von Jerusalem herabgekommen waren", diejenigen, die Jesus beschuldigen, die Dämonen durch die Macht Beelzebubs, des Chefs der Dämonen, auszutreiben.

Trotz alledem bezieht sich Jesus in anderen Texten des Markusevangeliums[343] auf die Schriftgelehrten als die gelehrtesten Autoritäten bei der Interpretation der Heiligen Schriften, die Jesus trotzdem kritisiert, um sie in die Schranken zu weisen. Es ist bemerkenswert, dass es ein Schriftgelehrter ist, zu dem Jesus sagt: „Du bist nicht fern vom Reiche Gottes" (Mk 12,34), und dass es wiederum die Schriftgelehrten sind, vor denen Jesus warnt: „Hütet euch vor den Schriftgelehrten! Sie laufen gern in langen Gewändern herum und genießen es, wenn die Leute sie auf der Straße ehrfurchtsvoll grüßen. In der Synagoge sitzen sie stets in der ersten Reihe, und es gefällt ihnen, wenn sie bei euren Festen die Ehrenplätze bekommen. Gierig reißen sie den Besitz der Witwen an sich; dabei tarnen sie ihre bösen Absichten mit langen Gebeten. Gottes Strafe wird sie besonders hart treffen" (Mk 12,38–40).[344] Keine andere Gruppe jüdischer Führer erfährt von Jesus im Markusevangelium so viel Wertschätzung und so viel direkte Kritik. Als ob die Gruppe der Schriftgelehrten dem Evangelisten am nächsten stünde. Als ob dieser noch gehofft hätte, bei ihnen eine gewisse Zustimmung zu finden.

Ebenso scheint derselbe sich verpflichtet zu fühlen, eine deutliche Distanz zu den Schriftgelehrten einzunehmen.[345] Auf jeden Fall verleihen weder sie noch die anderen jüdischen Gruppen der Erzählung des Markusevangeliums einen roten Faden. Der Konflikt Jesu mit fast all diesen Gruppen steht nicht im Mittelpunkt des Werkes. Die anderen Juden sind, wie wir bald sehen werden, wie das Römische Reich im Markusevange-

---

[343] Vgl. Mk 9,11.14; 12,28.32.35.38.

[344] Dieser Text ist einer derjenigen, die das Markusevangelium mit dem Dokument Q „teilt".

[345] Siehe auch die Figur des Jairus: *eis tôn archisynagôgôn* (Mk 5,22).

lium.[346] Sie sind, so könnte man sagen, ein Teil der soziopolitischen Landschaft, in der sich eine andere Geschichte entwickelt, die ungewöhnlicher und von größerem Interesse für den Evangelisten war. Diese andere Geschichte ist diejenige, durch die der Verlust dieser früheren Welt überwunden werden kann.

3. *Über das Thema des Römischen Reiches im Markusevangelium*

Der Diskurs des Markusevangeliums über das Reich Gottes könnte zu der Annahme führen, dass der Evangelist einen Konflikt mit dem Römischen Reich gesucht hat. Doch trotz der These, die z.B. Richard A. Horsley in seinem Buch *Hearing the Whole Story: The Politics of Plot in Mark's Gospel* vertritt, scheint das Römische Reich weder der Fokus noch der theoretische Rahmen für die verschiedenen Polemiken, die man im Text findet, zu sein.[347] Ich sage nicht, dass der Evangelist positiv über das Römische Reich geschrieben hat, wie es z.B. im Lukasevangelium der Fall ist.[348] Doch ich glaube auch nicht, dass das Markusevangelium in der Absicht hergestellt wurde, einen bewussten Widerstand gegen das Römische Reich zu leisten, zumindest nicht explizit.[349]

Außerdem finde ich keine Beweise für ein Anliegen dieser Art, die belegen, dass man von ihm als etwas sprechen könnte, das die Entwicklung des Textes implizit bestimmt hat. Ohne Zweifel hat das Römische

346 Vgl. Marcus, *Mark 1–8* (wie Anm. 62), 33: „Im Evangelium bezieht sich die eigentliche Verbitterung auf die Juden, nicht auf die Römer." Ich stimme mit Marcus überein, dass sich das Markusevangelium nicht gegen die Römer richtet. Doch ich stimme der Schlussfolgerung nicht zu, dass es deshalb gegen die Juden gerichtet ist. Nach meiner Auffassung ist es weder gegen noch für, sondern ungeachtet der Juden geschrieben worden.

347 Vgl. Richard A. Horsley, *Hearing the Whole Story: The Politics of Plot in Mark's Gospel,* Louisville 2001, bes. 121–148; auch Adam Winn, *The Purpose of Mark's Gospel: An Early Christian Response to Roman Imperial Propaganda, Tübingen 2008; Theissen, Gospels in Context* (wie Anm. 86), 271. Vgl. Stephen D. Moore, *Mark and Empire,* in: Werner G. Jeanrond/Andrew D. H. Mayes (Hg.), Recognising the Margins: Developments in Biblical and Theological Studies; Essays in Honour of Seán Freyne, Columba 2006, 70–90.

348 Vgl. Paul W. Walasky, *„And So We Came to Rome": The Political Perspective of St. Luke,* Cambridge 1983. Vgl. Jeffrey Brodd/Jonathan L. Reed (Hg.), *Rome and Religion: A Cross-disciplinary Dialogue on the Imperial Cult,* Atlanta 2011.

349 Vgl. A.Y. Collins, *Mark: A Commentary*, Minneapolis 2007, 269; auch Arthur J. Droge, *Ghostlier demarcations: The „gospels" of Augustus and Mark*, in: Early Christianity 3 (2011) 2, 335–355, 336, Anm. 4.

Reich den historischen Kontext geprägt, in dem der Evangelist seine Vorstellung von einem anderen möglichen (urchristlichen) Leben entwickelt hat. Das Römische Reich war auch der politisch-militärische Hintergrund, von dem der Diskurs des Markusevangeliums über das Reich Gottes ausgehen musste. Doch all dies gilt nur auf einer ziemlich abstrakten Ebene. Es beschreibt den Bericht des Markusevangeliums nicht sehr genau. Konkret waren es vielmehr die „Nachbarn“, die Menschen aus der nächsten Umgebung des Evangelisten, die wir nun „Juden“ nennen, und insbesondere, wie wir schon gesehen haben, die anderen Nachfolger Jesu, gegen die sich der Evangelist abgrenzte und mit denen er sich auseinandersetzen wollte.

Denn vor der Leidensgeschichte Jesu im Markusevangelium gibt es praktisch keinen expliziten Bezug und keine impliziten Anspielungen auf das Römische Reich. Ich erinnere mich, dass ich sehr überrascht war, als ich zum ersten Mal diese exegetische Tatsache bemerkte. Und danach hatte ich immer mehr den Eindruck, dass dies ein Aspekt des Textes ist, der uns etwas zu sagen hat. Vor dem vorletzten Kapitel des Werkes gibt es nur die Gestalt des Königs Herodes (Antipas), der nach unserem modernen Urteil als Klientelkönig des Römischen Reichs verstanden werden sollte.[350] Die Figur des Herodes erscheint in zwei verschiedenen Episoden der Erzählung. Doch außer Herodes – zu dessen Darstellung im Text ich mich gleich äußern werde – erscheint nirgends ein anderer „Römer“, bis Pilatus in 15,1 die narrative Bühne des Markusevangeliums betritt.

In der ersten Episode (6,14–29) wird Herodes als Verantwortlicher für die Gefangennahme und den Tod Johannes des Täufers dargestellt. In der zweiten Episode (8,15) soll man sich vor seinem „Sauerteig“ wie vor dem der Pharisäer hüten. In beiden Episoden gibt es kein Indiz dafür, dass der Evangelist Herodes als Repräsentanten des Römischen Reiches verstanden hat (vgl. Lk 23,6–12). Vielmehr wird Herodes direkt als „der König“ beschrieben.[351] Und die Kritik Johannes des Täufers an Herodes ist auf

---

350 Hier wird die Diskussion des zweiten Kapitels dieses Buches über den Entstehungsort des Markusevangeliums vorausgesetzt. Wenn man die traditionelle Annahme teilt – die mir, wie gesagt, nicht wahrscheinlich erscheint –, dass das Markusevangelium in Rom verfasst wurde, könnte man sich zahlreichere Anspielungen auf diesen Kontext vorstellen, weil das Römische Reich in diesem Fall den Alltag des Verfassers und der Leser, an die er sich wandte, bestimmt hätte. Trotzdem müsste man noch erklären, warum es in dem Text vor dem vorletzten Kapitel so wenig explizit römische Inhalte gibt. Zum Bezug auf die Figur des Caesar in Mk 12,14–17 siehe weiter unten. Zum Dämon, der sich in Mk 5,9 als „Legion“ vorstellt, und zur Bedeutung der sogenannten Latinismen siehe Kapitel II dieses Buches.

351 Mk 6,14.22.25.26.27.

seine Heiratspolitik bezogen (Mk 6,18). Eine Kritik, die nach Auffassung des Evangelisten Herodes nicht veranlasst hätte, ein Todesurteil zu fällen, wenn dies nicht durch die Intervention seiner Frau Herodias und durch die Aktion ihrer Tochter sowie durch seine überstürzte Antwort auf ihre Bitte geschehen wäre.

In diesem Sinn ist es wahr, dass die Darstellung des Herodes eine bestimmte Parallele zur Darstellung des Pilatus in der Leidensgeschichte Jesu aufweist. Denn auch Pilatus hätte Jesus nicht kreuzigen lassen, wenn ihn nicht die Intervention anderer dazu veranlasst hätte. In beiden Fällen handelt es sich also nicht um eine Kritik am Römischen Reich.

Der einzige Protagonist, der im Markusevangelium einen deutlich römischen Namen trägt, ist Pilatus, der wie gesagt in 15,1 zum ersten Mal erscheint.[352] Das bedeutet, dass es vor dem vorletzten Kapitel des Werks nichts gibt, was uns direkt an das Römische Reich denken lässt. Außerdem stellt Pilatus im Markusevangelium keine narrative „Achse" dar. Nach dem Bericht des Evangelisten ist nicht Pilatus derjenige, der den Tod Jesu veranlasst.[353] Vielmehr sind es „die Hohenpriester, die Ältesten und die Schriftgelehrten, also der ganze Hohe Rat", die Jesus zu Pilatus bringen (15,1), damit er tut, was nur er tun kann. Und als das erste Verhör zu keinem eindeutigen Ergebnis geführt hat, weil Pilatus keine Lust hat, Jesus zum Tode zu verurteilen, sind wiederum die Hohepriester diejenigen, die „viele Anklagen gegen ihn vor[brachten]" (15,2).

Diese Szene wiederholt sich danach mehrmals. Pilatus stellt Jesus und anderen Personen verschiedene Fragen[354] und versucht mit allen Mitteln zu vermeiden, den ihm ausgelieferten Mann verurteilen zu müssen. Noch einmal sind es die Hohepriester, die, nun durch die Stimme des Volkes (15,8.11.13–15), darauf bestehen, dass Jesus gekreuzigt wird. Der Evangelist unterstreicht die Tatsache, dass Pilatus merkte, „dass die Hohenpriester nur aus Neid Jesus an ihn ausgeliefert hatten" (15,10). Pilatus weiß, dass sich Jesus dessen, was ihm vorgeworfen wird, nicht schuldig gemacht hat. Und nicht nur das, sondern Pilatus ist auch „verwundert" über das Verhalten Jesu während des Gerichtsprozesses.[355] Eine Reaktion,

---

[352] Es gibt auch den Namen Rufus in Mk 15,21. Doch diese Person erfüllt keine narrative Funktion. Außerdem ist nicht klar, ob es hier um einen Römer geht. Man beachte, dass sein Bruder, der den gleichen Vater zu haben scheint, Alexander heißt.

[353] Ich beziehe mich nicht auf den historischen Pilatus, sondern auf die Figur des Pilatus, wie sie in der Erzählung des Markusevangeliums dargestellt wird.

[354] Mk 15,4.9.12.14; siehe auch 15,44.

[355] Mk 15,5; siehe auch 15,44.

die anderswo im Markusevangelium den ersten Schritt darstellt, den jemand in Richtung Glauben geht.

Zweifelsohne ist Pilatus derjenige, der schließlich den Befehl gibt, Jesus zu kreuzigen (15,15).[356] Deshalb ist es schon wichtig zu sagen, dass es für Pilatus keine Entschuldigung und keine Ausrede gibt. Zum Schluss aber sieht er sich fast gezwungen, das negative Ergebnis eines doppelten Gerichtsverfahrens zu vollstrecken, das er selbst eingeleitet und geführt hat: das formale Urteil auf der Grundlage der Vorwürfe, die die Hohepriester gegen Jesus erhoben haben, und das volkstümliche Urteil, das sich aus dem Motiv ergibt, ein Fest feiern zu wollen. Zum Schluss bleibt Pilatus derjenige, der er im Markusevangelium immer gewesen ist: ein Funktionär des Römischen Reiches und der Einzige, der nach dem Gesetz befugt ist, Jesus zum Tode zu verurteilen.[357] Er ist eindeutig kein Heiliger. Trotzdem ist er wiederum nicht der Böse in diesem Film. Denn ab Mk 15,16 wird die Figur des Pilatus überhaupt nicht mehr erwähnt, bis Josef von Arimathäa es wagt, Pilatus „um den Leichnam Jesu zu bitten“ (15,43). Pilatus übergibt ihm diesen, nachdem Pilatus festgestellt hat, dass Jesus schon tot ist.

Es mag sein, dass die Szene historisch gesehen unwahrscheinlich ist. Doch genau aus diesem Grund ist das Thema des Römischen Reiches wahrscheinlich auch nicht eines der Hauptanliegen des Evangelisten gewesen. Mit anderen Worten: dieses Reich zu kritisieren war nicht das Ziel des Markusevangeliums. Diese Schlussfolgerung wird zuvor in 12,13–17 durch die bekannte Auseinandersetzung über das Zahlen der Steuer an den Caesar klar. Es ist vor allem wichtig, sich in Erinnerung zu rufen, dass das Thema Caesar/Römisches Reich in diesem Text als „Falle“ dargestellt wird. Es ist ein Teil der Auseinandersetzung zwischen Jesus und „einige[n] Pharisäern und einige[n] Anhängern des Herodes“. Das wichtigste Anliegen des Evangelisten in diesem Fall ist also nicht der spezielle Inhalt der Kontroverse, sondern die beschriebene Konfrontation und der Ausweg, den Jesus in der Gefahr findet.[358] Zweitens ist es wichtig festzuhalten, dass die Antwort Jesu mit einer Aussage endet, dass man dem Caesar geben soll, was dem Caesar gehört (12,17). Auf diese Weise wid-

---

356 Die schwerfällige Konstruktion des Satzes im Griechischen deutet darauf hin, dass Pilatus selber Jesus gegeißelt hatte, bevor er ihn den Soldaten übergeben hat, die ihn kreuzigen. Zu diesem Aspekt des Markusevangeliums siehe John C. Meagher, *Clumsy Construction in Mark's Gospel: A Critique of Form- and Redaktionsgeschichte*, New York 1979.

357 Siehe auch Mk 15,44–45, wo Pilatus nachforscht, ob sein Befehl ausgeführt worden ist.

358 Vgl. Kapitel VII dieses Buches.

met der Evangelist dem Thema „Steuern“ keine große Aufmerksamkeit.[359] Er bestreitet weder seine Existenz noch seine Bedeutung im Alltagsleben, verleiht ihm aber auch nicht die Bedeutung, die es sicher für viele in dem soziopolitischen Kontext des Evangelisten hatte. Das heißt: Wenn der Evangelist eine Kritik am Römischen Reich in den Fokus seines Werkes hätte stellen wollen, hätte er wahrscheinlich nicht hingenommen, dass dieses Reich alles, was man ihm schuldete, kassierte.

Diese Schlussfolgerung gilt auch für die Soldaten, die in der Erzählung über die Kreuzigung Jesu erwähnt werden. Sie erscheinen im Text zum ersten Mal, als sie Jesus in Empfang nehmen (15,16), und zum letzten Mal, als sie ihn zusammen mit zwei Räubern kreuzigen, einen zur Rechten und einen zur Linken Jesu (15,27). Diese Soldaten tun alles, was ein römischer Soldat normalerweise tat, insbesondere als Teil eines Hinrichtungskommandos. Sie sind im Markusevangelium brutal, jedoch auf ziemlich stereotype, fast routinierte Weise. Als ob ihre Präsenz in der Erzählung lediglich einer narrativen Notwendigkeit geschuldet wäre, nämlich die Rolle des Scharfrichters zu erfüllen, der nur tut, wozu die anderen ihn veranlassen.

Außerdem sind diejenigen, die Jesus beleidigen, als er am Kreuz hängt, nicht diese römischen Soldaten, sondern diejenigen, die sich an die Rede Jesu über den Jerusalemer Tempel erinnern, zusammen mit den Hohepriestern, den Schriftgelehrten und anderen, die Elija kannten. Mit anderen Worten, es sind die Feinde unter den Juden, die Jesus in der Stunde seines Todes quälen.[360] Und als Jesus schon tot ist, legt der Evangelist dem Vorgesetzten der römischen Soldaten – dem Zenturio – eine Art Anerkennung der wahren Identität Jesu in den Mund (Mk 15,39).[361]

Es hat also keinen Sinn, das Markusevangelium zu lesen, als ob es ein Text wäre, der sich grundlegend gegen das Römische Reich richtet. In der Erzählung glänzt dieses Thema vielmehr durch seine Abwesenheit. Das Römische Reich hat in dem Text wenig rhetorisches Gewicht, zumindest als Ziel von Kritik.[362] Das konkrete Motiv des Evangelisten für seinen so anspruchsvollen und nicht selten in verletzendem Ton verfassten Diskurs muss ein anderes gewesen sein.[363]

---

359 Siehe auch die Figur des Levi, Sohn des Alphäus, in Mk 2,14–17.

360 Wie Jesus drohte, die feindlichen Dämonen zu quälen, siehe z.B. in Mk 5,7.

361 Ich glaube nicht, dass man diese Anerkennung als ironische Aussage verstehen muss.

362 Vgl. Droge, *Ghostlier demarcations* (wie Anm. 349).

363 Alles mag politisch sein, aber die Politik ist nicht alles.

4. *„Ni chicha ni limonada"*

Was ich in diesem Kapitel zu erklären versucht habe, ist zuerst das begrenzte Interesse des Evangelisten im Markusevangelium und damit auch mein eigener, begrenzter Horizont in diesem Buch. Das Markusevangelium „aus amerikanischer Perspektive" zu interpretieren bedeutet nicht, obwohl es eine Reihe anderer Verständnismöglichkeiten einschließt, alles Mögliche zu thematisieren. Z.B. ist die Frage nach der Beziehung zwischen Christentum und Judentum oder zwischen dem historischen Jesus (Christus) und seinen (nichtchristlichen) Glaubensgenossen meines Erachtens keine Fragestellung, mit der sich der Evangelist im Markusevangelium beschäftigt hat. Historisch betrachtet gab es für ihn noch kein Christentum. Für ihn gab es nur die Vielfalt der Tradition Israels, über deren damalige Bedeutung sowohl der Galiläer Jesus von Nazareth (bzw. von Kapernaum) mit seinen Zeitgenossen als auch der „urchristliche" Evangelist mit seinen Zeitgenossen nach der Zerstörung des Jerusalemer Tempels heftig diskutiert haben. Auch die Frage nach der Bedeutung des damaligen Imperialismus des Römischen Reiches scheint den Evangelisten nicht beschäftigt zu haben. Oder besser gesagt, für dieses Thema findet sich in seinem Werk exegetisch fast kein Anknüpfungspunkt, obwohl das Römische Reich eindeutig für die Zerstörung der „alten" Welt des Evangelisten verantwortlich war. Obwohl dieses fast vollständige Verschweigen des Markusevangeliums als Zeichen eines fortwährenden Traumas der Niederlage verstanden werden könnte, muss man anerkennen, dass der Evangelist kein „revolutionärer" Intellektueller – kein „Linker" *avant la lettre* – war. Sein Hauptinteresse ist offensichtlich nicht die Weltpolitik seiner Zeit gewesen. Man kann das als ideologischen Mangel beklagen, insbesondere wenn man der Meinung ist, dass wir diese Art von Kritik im Namen des „Evangeliums von Jesus Christus dem Sohn Gottes" bzw. des Gottesreiches brauchen. Der Evangelist scheint aber ungefähr so zu sein, wie das Volk – *el pueblo* – in Lateinamerika den verschiedenen Politikern oft erschienen ist, nämlich jemand, der nicht sehr interessiert an ihrem Thema war. Sowohl der Evangelist als auch das lateinamerikanische Volk scheinen sich viel mehr für das, was das tagtägliche Leben angeht, zu interessieren oder sich damit beschäftigen zu wollen. Weder der Evangelist noch dieses Volk bestreiten die Wichtigkeit der anderen Themen, bei denen es immer um Machtpolitik geht. Aber ... ab und zu sollte man auch das Leben einfach genießen, solange man noch leben kann. Und wenn man noch keine sichere Existenzgrundlage bekommen hat, muss man sich zuerst mit diesem Thema beschäftigen, d.h. wie man auf dem Weg des Alltags als Übriggebliebener weiterkommt, solange man noch weiterlaufen kann.

Nachwort

In diesem Buch wird man schon gemerkt haben, dass ich ab und zu übertreibe, d.h. ich übertrage. Die Grenzen der normalen Bibelwissenschaft werden gelegentlich überschritten, um etwas mehr entdecken zu können. Um nicht nur den biblischen Text in seinem dreifachen „geschichtlichen" Sinn zu erklären, sondern auch heute noch durch diese Erklärung eine weitere Möglichkeit des Menschseins kennenzulernen. Um uns befreien zu lassen. Um mich von mir selbst befreien zu lassen.

1. Im übertragenen Sinne

Wenn ich die vorausgegangene Interpretation des Markusevangeliums „aus amerikanischer Perspektive" auf ein „allgemeineres" Niveau übertragen würde, könnte die Übertragung vielleicht so aussehen wie in diesem (vorletzten) Gedicht, das *Die Gewalt der Liebe* heißt.[364]

Nachdem ich gelernt hatte,
fleischlich zu sehen, auch das zu hören,
was nicht gesagt wurde und dennoch geschah;
nachdem ich mit Zorn und Verzückung
alles, was aus dem Elend übrigblieb,
gesiebt habe bis zur Aufnahme
meiner ganzen Verantwortung –

als ich da lag, völlig
erschöpft, dem Tode geweiht und schließlich
entlastet, bist du
eingedrungen, wie ein Messer,
um die Eingeweide von der Haut zu trennen,
oder ein Stein, um das Glas zu zerschmettern,
eindringt. Schwebend, wie der Falke
unter sich noch Zeit sammelt
vor dem Angriff, hast du
gewartet. Dann, als

[364] Über diese Art der Übertragung als Teil einer Grenzlandexegese siehe Vaage, *Borderline Exegesis* (wie Anm. 24), 29–30. Vgl. Thomas Schreijäck (Hg.), *Spuren zum Geheimnis: Theologie und moderne Literatur im Gespräch*, Ostfildern 2000.

ob es wäre,
um zu stillen oder irgendein
Band zu schließen, hast du,
als du leise heruntergetrieben kamst,
mich weggenommen.[365]

Im Stil des Markusevangeliums heißt das, dass man alles, auch das eigene Selbst mit seiner Kultur, verlieren muss, um das (ewige) Leben bzw. „Theologie interkulturell“ gewinnen zu können. Gewinnen heißt in diesem Fall nicht zurückgewinnen. Das gewohnte Ich, das selbstverständlich zuerst da gewesen sein muss, wird damit durchaus abgebaut oder vernichtet, um etwas anderes, das diesem Ich mit seiner Kultur nicht entspricht, kennenzulernen, etwas, das ganz anders sein soll, etwas, das wie im oben zitierten Gedicht „Liebe“ heißen könnte.

Man macht diese Erfahrung, die auch eine Art der Selbstentfremdung bzw. Selbstüberwindung darstellt, normalerweise nicht, weil man dazu Lust hatte, sondern weil es keinen anderen Ausweg gibt. Trotzdem kann es sein, dass man danach den Eindruck hat, irgendwie erlöst worden zu sein. Vom eigenen Selbst „into life’s largesse“ befreit worden zu sein.[366]

2. *Im weiteren Sinne*

Sechs Monate, nachdem ich die Vorlesungsreihe beendet hatte, die die Vorlage für dieses Buch ist, bin ich wieder von dem Programm „Theologie interkulturell“ eingeladen worden, um einen Vortrag in Verbindung mit dem dreißigjährigen Jubiläum des Projekts zu halten. Dieser Vortrag sollte sowohl die gegenwärtige Situation der Ureinwohner – First Nations – Kanadas als auch ihre Zukunft, die trotz des kolonialen Erbes der Wirklichkeit noch möglich ist, behandeln. Ich bin von der Vermutung ausgegangen, dass diese traumatisierte und traumatisierende Geschichte auch etwas Wichtiges zur Sache „Theologie interkulturell“ beitragen konnte. Wie immer habe ich die Einladung sofort mit großer Dankbarkeit akzeptiert, ohne zu wissen, was ich dazu eigentlich sagen könnte, denn ich

---

[365] Vgl. Leif E. Vaage, *The Violence of Love*, in: Poems for an Anniversary, Toronto 2013, 18. Diese „Gewalt der Liebe“ ist eine besondere Form der Wut im letzten Roman von José María Arguedas, *El Zorro de arriba y el Zorro de abajo*, Nanterre 1990. Vgl. Gutiérrez, *Calandrias* (wie Anm. 1), 59–60.

[366] Vgl. Vaage, *Borderline Exegesis* (wie Anm. 24), 154.

besitze für diesen Bereich keine besondere wissenschaftliche Befugnis. Ich würde sozusagen ganz nackt auf die Bühne treten müssen.

Obwohl ich in der ersten Vorlesung versucht hatte, mich als repräsentativen Kanadier vorzustellen, ohne aber den zugrundeliegenden Begriff „Kanada“ genauer bestimmen zu können, habe ich später bei der Vorbereitung dieses Buches gedacht, dass es vielleicht hilfreich wäre, einige Gedichte, die ich in Peru geschrieben hatte, im Vorwort zu veröffentlichen, um dem Begriff „Kanada“ zumindest einen persönlichen Inhalt zu geben, um die zugrundeliegende (ehemalige) Lebenswelt dieses Kanadiers darzustellen. Aber erst bei der Vorbereitung des Vortrags wurde mir plötzlich und zu meiner großen Überraschung bewusst, wie sehr der in diesen Gedichten beschriebene Alltag – meiner eigenen Kindheit! – durch die Anwesenheit der örtlichen Urbevölkerung geprägt war. Als ob es um eine schlechte Erinnerung ginge, die ich mir erst jetzt eingestehen und vielleicht durcharbeiten könnte.[367] Beispielhaft zitiere ich hier nur einige Auszüge aus denselben Gedichten:

Damals
Wir kamen, als die Fußwege noch
    Holzwege waren. Das Baum-Fort im Hinterhof, sagte man mir
    eines Tages, gehöre immer noch denen, die dort
    zuerst gespielt hatten. …

Reise ins Dorf
Immer wenn sie wusste, die Zeit ist gekommen,
    brauchten sie wieder zwei Tage mit dem Hundeschlitten aus dem Tal
    hinaus, wo sie eingeschneit sechs Monate im Jahr lebten,
    mit Qualen auf dem ganzen Weg,
um am Ziel anzukommen. […]

Früh geschafft
Zweifelsohne eine Hausaufgabe – Beschreibe etwas.
[…]
Wie die Eskimos erfinden meine Mutter und ich tausende Wörter
    für weißes, wirbelndes Zeug. […]

---

[367] Vgl. John Ralston Saul, *The Unconscious Civilization,* Ontario 1995; ders., *Reflections of a Siamese Twin: Canada at the End of the Twentieth Century,* Toronto 1997; ders., *A Fair Country: Telling Truths About Canada,* Toronto 2008; ders., *The Comeback,* Toronto 2014.

Rite de passage
[…]
Aus den Klippen über dem Stampedegelände
    wuchsen Tipis über Nacht.
Wenn man nach Anbruch der Dunkelheit
    in den Kreis hinunterstieg, stieg
    eine Lichtkuppel wie Pilz vor dem Auge auf,
    die dann zu vier kopflosen
    Wänden wurde, die eine nervöse Nacht
    ausgossen. Ein Hämmern und Zittern.
    Es war ein Tanz. Beim Auftakt schwebten
    die Flaschen hoch, dann stürzten sie
    innen musikalisch ab.
Am nächsten Morgen hat Charlie Harry
    die ganze Straße als Bett in Beschlag genommen.
    Der Verkehr stand still, bis ein Bruder kam und ihn,
    mit dem Gesicht nach unten, zum Bordstein
    schleppte.

Zuckerrohr-Reservat
Weil er neugierig war, fuhren wir eines Sonntags hinaus,
    um zu gucken.
Zusammengepferchte Häuser mit zerbrochenen Augen.
Eine alte Frau starrte, verwirrt, aus dem schmutzigen Fenster.
Ich habe gar nicht gehört, dass jemand in der Lotterie gewonnen hat.
Wie sollte man sonst den weißen Mercedes Benz erklären,
der auf der ungepflegten Allmende graste wie ein Pferd,
das fett von süßem Gras ist und langsam, am Gestrüpp
    zupfend, herumscheißt.

Nicht nur diese klar ausgesprochenen Aspekte der Gedichte, die ich im Vorwort dieses Buches veröffentlicht habe, verweisen auf einen kulturellen Hintergrund, in dem es eine engere Verbindung mit der örtlichen Urbevölkerung gegeben hat, als ich es mir vorgestellt hatte. Auch andere Gedichte wie z.B. *Irgendwo* und *Stör* haben mit dieser Umgebung zu tun. In der Tat ist mein Leben als Kanadier enger mit dem Leben (einiger) der First Nations Kanadas verwoben, als mir bewusst war, weil ich diese Tatsache entweder vollständig ignoriert oder verdrängt hatte oder vielleicht nicht ernst nehmen wollte.

Irgendwie hat mir aber die Vorlesungsreihe an der Goethe-Universität in Frankfurt über das Markusevangelium „aus amerikanischer Perspektive“, besonders aber der zusätzliche Vortrag über koloniales Erbe und First Nations in Kanada, im Namen von „Theologie interkulturell“ erlaubt oder ermöglicht oder mich dazu gezwungen, eine Relektüre des eigenen Selbst und damit auch der eigenen Kultur vorzunehmen. Dieses Ergebnis – allein die Möglichkeit dieses Ergebnisses – war von mir überhaupt nicht vorgesehen. Und trotzdem, glaube ich, war es genau diese Art von Erinnerung, die das Markusevangelium zu schaffen versuchte. Es gibt dort, wo alles schon vorbei zu sein scheint, wo man jetzt kein Zuhause mehr hat, noch etwas „mehr“ zu erleben, zu erforschen, wiederzusehen, wenn man sich wieder einmal neu in diesem Lande des „unbekannten Bekannten“ befindet.[368]

3. *Im letzten Sinne*

Hoffentlich gibt es keinen letzten Sinn. Man kann schließlich – Gott sei Dank – nicht alles sagen, was gesagt werden müsste, um endgültig zu erklären, was man sich anfänglich z.B. mit diesem Buch vorgestellt hatte. Man kommt nur irgendwann zum Schluss. In seiner Erzählung *Ein Bericht für eine Akademie* ist Kafkas Affe, der die Rede hält, letztlich mit seiner Menschwerdung nicht zufrieden. Das kann ich von mir nicht sagen. Zumindest bin ich ganz zufrieden mit meinem Aufenthalt unter den Menschen bzw. Schwaben, Bayern und Badenern am Fachbereich Katholische Theologie der Goethe-Universität in Frankfurt am Main gewesen. Und mehr als zufrieden bin ich auch mit der Aufnahme, die meine halbwilden Berichte für die Akademie „Theologie interkulturell“ gefunden haben. Ich habe den Austausch von Grenzüberschreitungen, die menschliche Herausforderung, den gelegentlichen Widerstand und die aufmerksame und großzügige Gastfreundschaft wirklich genossen. *Det var deilig. Berre deilig.* Ins Deutsche übersetzt: Bärig wunderbar.

Wenn man aber wie ich norwegischer Abstammung ist, und schlimmer noch, wenn man sich „im Herzen peruanisiert“ fühlt, wie es auch bei mir der Fall ist, und sich deshalb aus freundschaftlicher Treue immer dazu verpflichtet fühlt, sich richtig zu verabschieden, dann passiert es leicht, dass es „nicht so leicht“ ist, das letzte Wort zu sagen. Auf jeden

[368] Als ich im Wintersemester 2013 Gastprofessor an der Goethe-Universität war, habe ich auch die umgekehrte Erfahrung gemacht, nämlich: Ich hatte oft das Gefühl, im Land des „bekannten Unbekannten“ zu sein. Das hat mit der Erziehung zu tun, die ich als ältester Sohn frommer Lutheraner genossen habe.

Fall hoffe ich, in diesem Buch genug „Anstöße" gegeben zu haben, um den Appetit des Lesers oder der Leserin anzuregen, das Markusevangelium auch in Deutschland „aus amerikanischer Perspektive" zu kosten. Dieses provozierende Lebensbrot zu schmecken. An dem Gottesgetränk, das in diesem Werk aus dem Scheitern verschiedener Lebensprojekte gepresst wurde, zwanglos zu nippen und es vielleicht auch ab und zu feierlich zu schlürfen. Das wäre genug für mich, um glauben zu können, dass ich als interkultureller Exeget das Zeugnis des Evangelisten verständlich gemacht habe.

Dann hätte ich alles gesagt, was von mir gesagt werden muss, um das Buch zu einem annehmbaren Schluss zu bringen. Das heißt:

Komm nicht mit der ganzen Wahrheit,
komm nicht mit dem Meer, wenn ich Durst habe,
komm nicht mit dem Himmel, wenn ich Licht erbitte,
komm aber mit einem Wink, einem bisschen Tau, dem kleinsten Bisschen,
wie die Vögel Wassertropfen vom Meeresspiegel mitnehmen,
und der Wind ein Körnchen Salz.[369]

[369] Vgl. Olav H. Hauge, *Dikt i samling*, Oslo 1994, 153; außerdem: Robert Bly, *Trusting Your Life to Water and Eternity: Twenty Poems of Olav H. Hauge*, Minneapolis 1987, 11.